[개정 증보판]

언어와 언어생활

언어와 언어생활 [개정 증보판]

2013년 8월 28일 개정 증보판 1쇄 인쇄
2016년 2월 26일 개정 증보판 3쇄 발행

지은이 김형철·김정대·김정우·김형태·김혜영
펴낸이 박재규
펴낸곳 경남대학교출판부

주소 경남 창원시 마산합포구 경남대학로7 (월영동)
전화 055-249-2074
팩스 0505-999-2115
홈페이지 www.kyungnam.ac.kr/press
전자우편 ko10@kyungnam.ac.kr

등록번호 ISBN 978-89-8421-356-2-03700

값 13,000원

[개정 증보판]

언어와 언어생활

김형철·김정대·김정우·김형태·김혜영 편저

경남대학교출판부

책을 내면서

어느 날의 일이었다. 두 돌을 갓 지나서 말을 하나씩 배우는 단계에 접어든 아기에게 말 한 마디를 가르쳤다. 디즈니의 비디오 영화 '라이온 킹'을 어찌나 좋아하던지 밥도 안 먹고 잠도 설쳐가면서 보겠다고 하기에, "밥 먹고 보세요."라고 하면서 밥을 먹였다. 그랬더니 아기는 "네."하는 대답 대신 긍정의 뜻으로 "밥 먹고 보세요."하는 부모의 말을 다시 반복했다. 그래서 '아하, 얘가 말귀를 알아듣는구나!' 생각하고 비슷한 상황이 발생할 때마다 같은 말을 써먹었다. 한 사나흘이 지난 어느 날 여느 때와 마찬가지로 "밥 먹고 보세요."하고 말했다. 그랬더니 이번에는 같은 말을 반복하는 대신 놀랍게도(?) "밥 먹고 볼게요."라고 대답하는 것이었다. 그 사이 집에서든 어린이집에서든 그런 '고차원적인(?) 말'을 가르친 적은 없었다. 이 광경을 보면서 아기가 자라는 건 그야말로 말을 배우는 과정 그 자체라는 다소 성급한 생각까지 들었다.

언어가 우리의 일상 생활에서 얼마나 중요한 역할을 하는가에 대해서는 새삼 맞다 틀리다를 따지는 논쟁 자체가 무의미하다. 이는 너무나 진부한 이야기이기 때문에 일일이 사례를 들어가면서 설명할 필요성을 느끼지 않는다. 다만 방금 위에서 말한 것처럼 갓난 아기가 자라는 모습을 지켜보면 이 '언어의 중요성'이 정말로 무섭도록 실감이 난다. 걸음마를 시작하던 아기가 어느 틈에 '엄마, 아빠'를 시작하는가 싶더니, 곧 '물 줘. 밥 줘.'처럼 간단한 문장을 만들 줄 알게 된다. 이런 모습을 보고 '야! 참 놀랍구나!'하고 감탄하는 사이에 아기는 다시 한 걸음을 훌쩍 건너뛰어, 보이는 사물 하나하나의 이름을 물어보면서 자기 나름대로 이름을 짓고 이 세상에 질서를 부여한다.

언어는 모든 사고 활동의 기반이자, 도구이다. 특히 지적인 활동이라는 측면에서는 그 역할이 상상 이상이라고 할 수 있다. 여기서 말하는 언어의 역할이란 '겉'과 '속' 양쪽에서 살펴볼 수 있다. 우선 '겉'으로 보면 모든 지적 활동은 언어를 통해서 바깥으로 표현된다. 수학이나 과학에서 사용되는 수식이나 부호 등도 사실은 언어의 일종이 아닌가! 다시 이번에는 '안'으로 보면 언어의 밑바탕에는 사고가 자리하고 있다. 이는 다시 말해서 언어의 훈련이 곧바로 사고의 훈련이 될 수 있다는 뜻이다. 이처럼 언어란 지성을 활용하는 모든 활동과 밀접한 관계를 맺고 있다. 학문하는 사람들이 자신의 전공 분야를 막론하고 언어에 일차적인 관심을 가져야 하는 이유가 바로 여기에 있는 것이다.

이 책은 우리 대학의 교양 과목인 〈언어와 언어생활〉을 강의하기 위해서 편찬된 교재이다. 편자들은 이 강좌가 교양 과목이라는 점을 생각하여 편찬에 앞서 다음과 같은 몇 가지 원칙을 세웠다.

첫째, 수강생들의 전공 배경이 각기 다를 수 있으므로 가능하면 전공에 상관없이 읽고 이해할 수 있는 분야와 내용을 취급하기로 했다. 따라서 어느 한 분야에 치우친 전문적인 내용은 피하기로 했다. 예를 들어 '국어의 특성'을 다루는 글에서도 전문적인 국어학적 지식을 전달하는 태도를 버리고 일반인들이 읽을 수 있는 신문 기사 정도의 수준을 유지하기로 했다.

둘째, 교재 전체로 보아 여러 분야의 글을 실었으나, 읽는이들이 전체적으로 '한국인의 언어생활'이라는 하나의 커다란 흐름을 놓치지 않도록 유기적인 연결에 힘쓰기로 했다. 그리고 각 분야별로 가능하면 최근의 글을 실어서 관련 학계의 연구 성과를 최대한 반영할 수 있도록 했다.

셋째, 가급적 언어 생활과 관련된 '다양한' 주제를 다루어 보고자 노력했다. 따라서 기존의 〈언어학 개론〉류의 교재들에서 볼 수 있는 이론지향적인 주제나 특정한 어학 능력이 있어야만 이해할 수 있는 전문적인 주제는 피하기로 했다.

넷째, 교재 전체의 구성은 우선 우리가 일상생활에서 듣고 말하고 읽고 쓰는 한국어의 정체성을 밝힌 다음, 입말과 글말의 순서로 풀어나가며, 마지막으로 직접적인 언어 활동은 아니지만, 간접적인 언어 생활의 범주에 들어가는 네 가지 주제를 자유롭게 전개해 보았다. (이 마지막 제4부의 글 네 편은 강의 시간 중에 전부 다루지 않아도 좋다. 따라서 학생들은 자신의 관심 분야에 따라 이 가운데서 한두 편을 선택하여 읽어도 될 것이다.)

다섯째, 학생들의 학습 편의를 위해서 각 단원의 첫머리에 해제를 붙여서 이해를 돕는 한편, 다 읽고 난 다음의 내용 정리를 위해서 각 단원의 끝에 연습문제를 덧붙였다. (이 〈연습 문제〉는 강의 시간에 다루지 않고 과제물로 부과해도 좋다.)

이 책이 모쪼록 읽는이들의 일상 언어생활은 물론 이어지는 학문 연마에 적으나마 도움이 되었으면 하는 바람이다. 이 교양 강좌를 듣는 학생들이야말로 이 교재의 '존재 이유'의 처음이자 마지막인 만큼, 학생들이 제기하는 책의 내용에 대한 질문이나 비판에 대해서는 언제든지 귀를 활짝 열어 놓고 있을 것이다.

끝으로 귀한 글을 게재할 수 있도록 허락해 주시거나 직접 글을 써 주신 여러 필자 분들께 심심한 감사의 말씀을 올린다. 한여름 무더운 가운데서도 까다로운 편집과 조판 작업에 힘써 주신 경남대학교출판부 관계자 여러분께도 감사의 말씀을 전하고 싶다.

2010년 8월

김형철 · 김정대
김정우 · 김형태 씀
김혜영

차례 _ 언어와 언어생활 [개정 증보판]

제1부 _ 언어와 한국어

언어란 무엇인가 _ 심재기

인간의 언어는 인간이 다른 동물들과 구별되는 중요한 특징 중의 하나이다. 그렇다면 인간의 언어는 동물의 언어와 무엇이 다른 것일까? 여기에서는 언어란 무엇이며, 인간들이 언어를 어떻게 습득하고 표현하는지를 살펴보기로 한다.

우리는 매일같이 '말'을 하고 산다. 인간을 일컬어 '말을 하는 동물'이라고도 한다. 말을 할 수 있다는 것이 인간이 다른 동물과 구별되는 뚜렷한 특징의 하나이기 때문이다. 그러면 이 '말'이란 무엇인가? 사람이 사상과 감정을 전달하기 위하여 입으로 내는 음성 체계라고 간단히 말해 버릴 수는 있으나, 우리는 이 정도의 설명을 가지고 '말'이 무엇인지를 알았다고 할 수 없다. 우리는 언어가 무엇인가를 알기 위하여 여러 각도에서 생각을 정리해 보아야 한다.

먼저 분명히 해 두어야 할 것은, 인간의 언어가 이 세상에서 가장 정교한 의사 전달 체계라는 점이다. 원숭이 가운데서도 가장 지능이 발달한 침팬지 같은 동물도 그들 나름의 언어를 가지고 있다. 개, 소, 말 같은 가축도 인간과의 의사 소통이 가능하다는 점에서 유치한 단계이고 불완전하기는 하지만 언어 능력이 있다고 할 수 있으며 참새나 까치도 그들 나름의 의사 전달 체계가 있다. 그러나 그러한 짐승들의 의사 전달은 몇 가지 기본적인 감정, 즉 놀라움, 기쁨, 두려움 같은 것을 전달하는 데 그치기 때문에 그것을 인간의 언어와 나란히 '언어'의 차원에서 생각할 수는 없다. 수천 수만 가지의 생각과 느낌을 상황에 따라 실로 정교하게 전달하는 인간의 언어는 그야말로 하느님이 인간에게만 준 특별한 은총이라고 생각할 만하다. 그래서 사람들은 사람으로 태어난 것 자체가 곧 언어 능력을 가지게 된 것이라고 생각하였었다. 물론 인간으로 태어나면 누구나 말을 할 수 있게 되니까 그런 생각이 잘못이랄 수는 없을지 모른다. 그러나 사실은 인간으로 태어났다고 해서 언어 능력이 저절로 드러나는 것은 아니다. 1927년에 인도에서 발견된 이리(狼) 소녀의 예는 언어 능력이 흉내내기와 거듭 연습하기 같은 훈련에 의해 비로소 실현될 수 있다는 것을 증명하였다. 태어난 지 얼마 안 되어 이리에게 채여 가서 이리의 젖을 먹고 이리들의 굴에서 여덟 살까지 자란 이리 소녀는 여덟 해 만에 사람들에게 발견되었을 때, 네 발로 뛰어다니고 밤이 되면 꼭 이리처럼 세 번씩 짖어대었다고 한다. 다른 어린이가 낮에 가까이 접근하면 이빨을 드러내고 이리와 똑같이 으르렁거렸고, 닭을 잡아 먹는데, 물론 날 것으로 내장도 빼내지 않고 깃털만 뽑아내고 먹었다고 한다. 육체적으로는 분명한 사람이었지만 이리의 무리 속에서 8년간이나 이리와 함께 생활하는 동안 말을 하기는커녕 모든 행동이 이리와 똑같은 동물이 되어 있었던 것이다. 이 사실은 인간이 아무리 만물의 영장이 될 수 있는 천부적인 능력을 타고 났다고 할지라도 알맞은 환경에서 제대로 훈련을 받지 않으면 사람이 될 수 없음을 말해 주는 것이다. 그러므로 언어 능력도 인간으로 태어남으로써 그 잠재력을 가지게 되지만 훈련 과정을 거쳐서야 완전하게 발휘된다는 것을 알 수 있다. 따라서 훈련의 중요성에 대하여 우리는 관심을 쏟아야 한다. 언어 훈련은 대개 특별히 의식하면서 진행되는 것은 아니다. 아주 어려서 엄마의 젖을 빨며 옹알거리기 시작하면서, 우리들은 무의식적으로 언어를 습득한다. '엄마, 맘마, 지지' 같은 낱말을 말하게 되는 한 살 무렵부터 언어 습득 능력은 급속도로 발달하여 대여섯 살이면 자기의 어머니말(母語, mother tongue)을 자유롭게 사용할 수 있게 된다. 이 때에 만일 엄마, 아빠가 한국 사람이지만, 미국에 살고 있었기 때문에 영어를 사용하면서 아기를 키웠다면 그 아기는 무슨 말을 할 것인가? 두말할 것도 없이 영어를 어머니말로 사용할 것이다. 이런 경우를 본다면 말이 반드시 핏줄이나 민족과 떨어질 수 없는 관계에 있는 것은 아님을 알게 된다. 그러나 대부분의 사람들은 자기가 태어난 고장이 자기 나라요, 자기 민족이 사는 곳이므로 어머니말은 곧 모국어(母國語)라고 말할 수 있다.

말을 배우는 어린이가 유치원에 다닐 정도의 나이가 되면 누구나 비슷한 정도로 자기의 모국어를 습득한다는 사실도 대단히 중요한 점이다. 육체적으로나 정신적으로 말을 잘 하기에 어려운 점이 있는 사람이 아니라면, 자기의 모국어를 말하고 듣는 면에서 누가 더 잘 하고 못 하고 없이 골고루 비슷한 능력을 갖는다. 이것도 인간이 받은 축복 가운데 빼놓을 수 없는 사항이다. 만일에 말하고 듣는 능력이 사람마다 차이가 생긴다고 가정해 보자. 원만한 의사 소통이 불가능해질 것이 아닌가? 이 때에 우리는 각기 자기의 모국어밖에 모르는 각 나라 사람이 한자리에 모여 회의를 하겠다고 둘러앉은 모습을 상상해 볼 수 있다. 제각기 남이 알아듣지 못하는 소리를 지껄일 터이니 그 때의 말은 말이라기보다는 차라리 듣기 싫은 잡음이라고 하는 것이 나을 것이다. 같은 언어 집단 사이에서는 그런 정도로 심하게 의사가 통하지 않는 상태는 되지 않겠지만 불편하기 짝이 없는 사회가 될 것이다. 이런 점으로 미루어 볼 때, 하나의 모국어를 쓰는 단일한 사회의 한 사람, 한 사람이 모두 비슷한 정도로 말하기와 듣기의 능력을 갖고 있다는 사실은 인간의 생활이 얼마나 말로 말미암아 편하게 되어 있는가를 알게 해 주는 좋은 예라 하겠다. 그러나 교육의 정도가 다르고 관심이 달라지면 그 비슷한 정도의 말하기와 듣기의 능력에도 변화가 온다는 것을 주의해 둘 필요가 있다. 우리는 모두 어렸을 때, 어른들이 분명히 우리가 잘 아는 한국말을 하시지만 우리가 그 말이 무슨 뜻인지 알 수 없어서 속상하고 답답해 했던 기억을 가지고 있다. 말을 하고 듣는 기본 능력에 있어서는 누구나 평등하게 태어났지만 많은 공부를 하면 할수록 우리의 생각은 무궁무진하게 발전해 나아간다는 것을 언어 능력의 관점에서도 배우게 된다.

한편, 일단 배운 말은 나이가 들고 공부한 것이 많아서 생각이 깊어질수록 아무리 추상적이고 복잡한 내용이라도 대단히 만족할 만한 정도로 표현하게 된다는 것도 아울러 알아두어야 한다. 말은 분명히 배운 것을 반복함으로써 그 말하기의 능력을 키우는 것이지만, 다른 한편으로는 누구든지 자기가 새롭게 생각한 바를 처음으로 말할 수 있는 능력도 키우게 된다. 누군가 과거에 사용했던 표현만 배워서 사용할 수 있다면, 이 세상에 새로운 문학 작품은 전혀 생겨날 수가 없을 것이다. 이런 관점에서 본다면 말을 배운다는 것은 동시에 새로운 문장, 새로운 표현을 찾아내고 만들어내는 창조 능력도 배운다는 것을 뜻한다. 이처럼 말을 할 수 있다는 인간의 기본적인 능력은 새로운 세상을 만들어내는 능력까지도 갖고 있다는 엄청난 비밀을 간직하고 우리 인간을 끝없이 보다 아름답고 훌륭한 세상으로 이끌어가고 있다.

[한국사람의 말과 글], 지학사, 1985.

연습문제

1. 인간의 언어와 동물의 언어의 차이점을 설명해 보자.
2. 언어 습득 능력과 언어 표현 능력을 구체적으로 설명해 보자.
3. 인간의 언어는 어떠한 특성을 가지는지 자신의 견해를 밝혀보자.

한국말과 한국인의 마음 _ 조명한

말과 생각은 아주 밀접한 관계를 맺고 있다. 즉 말은 우리의 마음에 이미 자리잡고 있는 생각들을 말의 논리에 맞게 표현하기 때문이다. 바깥 세계와 접촉하는 동안 우리의 머리 속에서는 많은 삶의 틀을 마련하고 그것을 각각 세분하여 개념화한다. 그리고 그것을 논리적으로 말로 표현한다. 여기에서는 심리적인 현실이 잘 드러나는 우리말이 우리 생각을 어떻게 이끌어 가는지를 살펴보며, 우리말의 논리적 특성을 알아보기로 한다.

1. 사람에게는 사람만의 고유한 삶의 울타리가 있다. 바깥 세계와 접촉할 때에 우리는 바깥 세상을 사진을 찍듯이 그대로 베껴 지각하지 않는다. 책을 바로 앞에서 보면 그것은 우리 눈의 망막에 네모로 비친다. 그러나 비스듬히 보면 그것은 사다리꼴로 비치기 마련이다. 그런데도 우리는 책을 늘 네모꼴로 지각한다. 이렇게 사람은 지각의 수준에서부터 바깥의 대상을 수동적으로 그대로 받아들이지 않고 창조적으로 다시 엮어 지각한다.

2. 우리의 개념 세계도 이와 비슷하다. 사람은 바깥의 대상을 지각하고 그것을 어떤 틀에 따라 갈라서 인지한다. 이를테면 라디오와 텔레비전을 하나의 틀로 묶어 개념화한다. 전보의 경우 그것을 편지와 같은 개념으로 짤 수도 있다. 그런데 이러한 인지의 특성은 종마다 특이하다고 한다. 사람은 박태기 나무와 도라지를 같은 유목으로 묶을 수 있으나, 가령 원숭이에게는 박태기와 도라지가 같은 범주로 지각될 수 없을 터이다. 말하자면 환경에서 얻어진 감각 재료를 엮어 짜는 방식에서 사람과 원숭이가 각기 다르다.

3. 그러므로 사람은 사람만의 고유한 세계에서 살고 있다. 그리고 이것이 사람됨의 신비이기도 하고 제약이기도 하다. 따지고 보면 이러한 사람의 울타리는 대개 말이 있으므로 말미암아 세워진 것이다. 사람만이 말을 할 수 있다. 물론 어느 정도 서로 뜻을 통할 수 있는 동물도 있기는 하다. 침팬지에게 몇 마디 낱말을 가르칠 수도 있고, 이들은 터득한 낱말들을 두세 개 엮어 낼 줄도 안다. 그러나 침팬지가 낱말들을 엮는 방식은 고정된 틀에 매어 있다. 이와는 달리 사람은 끝없이 긴 문장을 들을 때에도 그것을 엮어 내는 규칙을 가지고 있다. 따라서 사람의 말과 동물의 말은 그 구조가 다르다고 하여야 옳다. 차라리, 동물의 말은 말이 아니고 한낱 욕구와 감정의 표현일 뿐이며 행위를 이끌어 내는 신호의 구실을 할 뿐이다.

4. 무엇보다 사람 말의 특징은 그것이 바깥 세계와 접촉하는 삶의 방식의 틀이오 내 생각의 전개의 길잡이라는 점이다. 말이 없다고 생각 자체가 없다고 할 수는 없지만 말이 없는 생각은 마치 모양이 없는 그림과 같은 것이다. 빛깔의 뒤범벅을 보고 구조를 갖추었다고 할 수 없듯이 말이 없는 생각은 방향도, 목표도, 길도 없다고 할 수 있다.

5. 말과 생각이 얼마나 밀접한 관계를 맺고 있는지는 어린이를 관찰해 보면 쉽사리 알 수 있다. 어린이는 두세 살쯤이 되면 자기 나라의 말의 기본을 터득한다. 과학자들은 오랜 세월을 두고 침팬지에게 말을 가르치려 애를 썼지만 그것은 헛수고에 지나지 않았다. 그러나 어린이는 봉오리에서 꽃이 터지듯이 말을 할 줄 안다. 이 때의 어린이들에게는 말이 곧 생각이며 생각이 곧 말이다. 혼자 앉아서 그림을 그리거나 장난감을 가지고 놀면서도, 그들은 천연덕스럽게 중얼거린다. 그 또래의 동무들이 모여 있을 때에는 저마다 무슨 이야기든지 해대며 법석을 떤다. 그러나 그것은 자기 생각을 남에게 이해시키려는 태도가 아니라 마치 연극에서 독백을 하는 배우와 같은 태도이다. 따라서 이 시기의 어린이의 말을 자아 중심의 말이라고 한다.

6. 자라서 일곱 살쯤이 되면 어린이의 말은 또 다른 모습을 보여준다. 어떤 어려운 문제나 난처한 상황에 부딪치면 말을 머금고 곰곰이 궁리할 줄 알게 된다. 말이 밖에서 속으로 들어가서 작용하게 된다. 속에서 말로 생각하여 그것을 바깥말로 표현한다. 바깥말은 생각의 전달 수단이 되어 객체가 되고 속내말은 생각의 길잡이가 되어 주체가 된다.

7. 속내말에서야 비로소 생각과 말은 살아 있는 관계를 맺는다. 곧, 말은 생각이 없이는 죽은 물건이며, 생각은 말로 모습이 주어지지 않고서는 그늘에 묻혀 버리게 된다. 그러므로 사람의 사람됨의 신비는 바깥 세계를 인식하고 개념화하는 데에 있다. 우리는 영어나 러시아어가 아닌 한국어를 쓰며 산다. 따라서 우리의 우리됨을 우리는 우리말의 특성에서 찾아야 한다.

8. 가장 흔히 들추어지는 우리말의 특징은 주어가 생략되고 서술부가 중심이 된다는 데에 있다. 주어 가운데서도 특히 "나"와 "너"의 1인칭과 2인칭이 쓰이지 않는 보기는 아주 잦다. "내가 너를 사랑한다" 따위의 표현에서처럼 "나"와 "너"를 돋보이면 오히려 우리로서는 거북하기 마련이다. 그러나 이런 현상은 반드시 1인칭과 2인칭에서만 생기지는 않는다.

(1) 가. 추워요. 　　나. 날씨가 추워요. 　　다. 내가 추워요.

이와 같이 삼인칭 주어도 곧잘 빠진다. 이 때문에 흔히 우리말이 비논리적이고 비과학적이라는 평을 받고 있는 형편이다.

9. 그런데, 대개의 문법 연구자들은 우리말에서 주어가 겉으로 씌어지지 않았을 따름이지 본래 주어를 갖추고 있다고 주장한다. 변형문법 이론에 기대면, 우리가 실제로 쓰는 말이나 글은 겉으로 떠오른 표면구조일 따름이다. 그 밑바닥에는 심층구조가 있어서 여기에는 반드시 주어가 있다고 한다. 다만, 심층구조에서 표면구조로 옮아가는 과정에서 그것이 지워져 버렸을 뿐이라는 것이다. 그래서 박창해는 한국어가 논리의 바탕에 어긋난다는 비판에 맞서, 우리 심층구조에서도 그대로 주어가 있으므로 이러한 비판은 맞지 않다고 하

였다.

10. 그러나 문장의 심층구조에서조차 반드시 주어가 있어야만 한다는 가정은 그 가정 자체가 매우 의심스럽다. 분트(Wundt)의 언어심리학에서는 문장을 전체 표상이라고 뜻매긴다. 보기를 들면, “추워요”라는 문장의 표상은 “춥다”라는 느낌이 그 모두이다. 이것에 구태여 “내가 춥다”라든지 “날씨가 춥다”라 표현하는 것은 논리의 군더더기에 지나지 않는다. 다시 말하면 이 때에 나의 심리적인 현실에는 “춥다”라는 느낌의 표상만이 있을 뿐이다. 구태여 “내가 추워요”라든가 “날씨가 추워요”처럼 표현하는 것은 나의 심리적인 현실에 주어진 것을 다시 형식 논리로 판단하여 정리한 결과일 따름이다.

11. 말을 갓 익히기 시작한 어린이들은 곧잘 주어를 쓰지 않는다. 이 현상은 어느 나라의 어린이말에서나 두루 보인다. 대체로 어린이말은 심층구조를 그대로 드러내는 말이라는 것이 일반론이다. 그러므로 말에는 반드시 주어가 있어야 한다고 주장하기 어렵다. 차라리 말의 심리적인 현실에는 주어가 없는 경우가 꽤 흔한 듯하다.

12. 우리말이 술어 중심의 언어라고 하는 것은 자주 주어가 쓰이지 않고 서술부만이 말하여진다는 뜻 말고도 몇 가지 다른 중요한 특징에서도 찾을 수 있다. 우선 의성어와 의태어가 풍부하다.

(2) 밴둥밴둥 거리지만, 제 할 일은 다하는 사람이야.

13. 이것을 심리학에서는 음성상징성이라고 일컫는다. 소리 속에 대상이 지닌 뜻이 담겨 있기 때문에 붙여진 이름이다. 말하자면 소리와 뜻이 하나가 되어 있는 상태이다.

14. 음성상징성은 대체로 성도의 조음 위치와 입안의 혀의 위치로 말미암아 소리가 뜻을 지닐 수 있음을 말한다. 곧 “반둥반둥, 핀둥핀둥”의 소리를 낼 때에 입을 벌린 모양의 크기와 소리의 여림과 강함이 갖다 주는 뜻이다. 이것은 곧 근육운동의 의미이기도 하고 공감각의 의미이기도 하다. 한쪽으로는 몸의

근육 움직임 자체가 뜻을 지녀 가짐이요, 다른 쪽으로는 촉각을 거친 감각 내용을 귀로도 더불어 들을 수 있고 혀로도 맛볼 수 있는 것과 같다. 이것이야말로 소리와 뜻이, 그리고 형식과 내용이 함께 어울린 가장 원초적인 모습이다.

15. 서술부 중심의 우리말이 가진 이 밖의 특징은 문장 안에서 낱말들이 놓이는 차례가 자유롭다는 점과 토씨나 다른 접미사가 다양하게 쓰인다는 점에서도 찾을 수 있다. 이들 특징은 실제로 모든 첨가어에서 보이는 중요한 특징이기도 하다. 영어에서는 낱말의 차례가 문장의 뜻을 크게 결정해 버리고 만다. 그러나 한국어에서는 말하는 이가 자기 속마음으로 무엇에 더 무게를 두고 있느냐에 따라 낱말의 자리를 자유롭게 바꿀 수가 있다. 여기에 토씨나 접미사가 덧붙기 때문에 뜻은 더 미묘해지고 장황해지게 된다.

16. 이것을 박창해는 "첨가적 우회형"이라고 일컬었다. 말하자면 "밴둥밴둥거리지만, 제 할 일은 다하는 사람이야"라는 말에서 "-지만"이 덧붙여지고 그 다음에 다른 구절이 뒤를 이음으로써 생각을 엉뚱하게 돌린다는 뜻이다. 이규호는 이것을 두고, 현상이 바뀌는 모습 그대로 이해하여 여기에 자연스럽게 어울리려는 사고방식이라 하였다. 지준모는 특히 음성상징성을 들추어내어 시적이고 예술적이라고까지 특징지었다. 그러나 나는 이 글에서 무엇보다 우리말이 사람의 심리적인 현실을 가장 잘 비추는 말임을 집어내고 싶다.

17. 물음에 따른 "예"와 "아니오"의 대답이 한국어와 인도·유럽어에서 서로 다름은 잘 알려져 있다. 우리말에서의 "예"와 "아니오"의 대답은 물음의 형식에 그대로 따르느냐, 아니냐에 따라 보통 결정된다. 다시 박창해의 글에서 보기를 끄집어내겠다.

(3) 가. "이것이 연필입니까?", "예."
나. "이것이 연필입니까?", "아니오."
다. "이것이 연필이 아닙니까?", "예."
라. "이것이 연필이 아닙니까?", "아니오."

(가)와 (나)에서는 우리말과 인도·유럽말과의 사이에 차이가 없다. 그런데 (다)의 완전한 대답은 "예, 연필이 아닙니다"이고, (라)의 그것은 "아니오, 연필입니다"이다. "예"와 부정이 또 "아니오"와 긍정이 함께 있을뿐더러 형태가 영어에서와는 반대이다. 영어에서는 대답하는 사람이 객관적인 처지에서 판단한 사실에 따라 "예"와 "아니오"를 말한다.

18. 박창해는 앞의 보기에 비추어 우리 나라 사람들이 묻고 대답하는 꼴을 "구조적 상승형"이라고 특징지었다. 그러나 사실은 반드시 그렇게 단순하지 않다. 이것을 장석진이 아래의 보기로 명료하게 들추어낸다.

(4) 어제 내가 김 사장한테 말하지 않았오?
(5) 가. 네, 회장님께서 저에게 말씀하셨습니다.
나. 아니오, 저에게 회장님께서 말씀하셨습니다.
(6) 가. 네, 말씀 안하셨습니다.
나. 아니오, 말씀 안하셨습니다.

앞에서 우리말에서는 묻고 대답하는 방식이 질문을 주로 하여 결정된다고 하였는데 이 규칙에 맞는 대답은 (5의 나)와 (6의 가)이다. (5의 가)와 (6의 나)는 이 규칙에 어긋난다. 이들 후자는 묻는 이가 (4)의 물음을 중립의 태도로써 사실을 알고파 묻는 것이 아니라 이미 "말했다"라는 것을 앞세워 물을 때 나오는 대답이다. 또는 듣는 이가 말하는 이의 물음이 말했음을 앞세우고 있다고 판단할 때에 나오는 대답이다.

19. 우리는 말하는 이와 듣는 이 사이의 관계를 중요하게 본다. 그런데 인도·유럽말을 쓰는 사람들은 이 관계를 떠나서, 마치 제 삼자의 처지에 서는 것처럼 가정하고 묻고 답한다. 서로가 남이라는 것을 억지로라도 지켜서 되도록 객관적으로 판단하고 말한다. 그러나 우리에게는 말하는 이와 듣는 이가 결코 서로 남남이 아니다. 이 두 사람의 사이는 온전히 "우리"의 관계이다. 나아가서 말이 통하고 정이 통하는 사람들끼리는 전부 우리가 된다. 심지어 무남독녀도 자기 어머니를 "우리 엄마"라고 하고 꽁생원도 자기 부인을 "우리 여편

네"라고 말한다.

20. 그러므로 우리들의 대화에서 가장 중요한 것은 서로의 마음이요, 우리가 있는 상황이요, 말이 오고가는 문맥이다. 대화에서 문맥의 중요성은 국어의 말의 수준과 서법에서 더욱 돋보인다.

21. 다시 장석진의 보기를 들어보자.

(7) 가. 미아는 매일 가- [요, 지〈요〉]
나. 지금 비가 오고 있- [어〈요〉, 군〈요〉]
다. 미아는 자고 있- [네〈요〉, 데〈요〉]
라. 미아는 그 돈을 갚아주- [겠어, 마, 께]

여기에서는 말할 이와 듣는 이의 관계에 따라 단정, 의문, 명령, 권유의 서법을 공손, 추측, 감탄, 회상, 약속으로 표현하고 있다. 그래서 말하는 이가 듣는 이를 어떻게 대접하는지를 표시하며, 더불어 듣는 이의 감정과 반응을 결정하게 된다.

22. 이규호가 국어를 술어 중심의 말이라고 규정하는 것도 말의 수준과 서법이 여러 가지임에 그 까닭이 있다. 마틴이라는 서양 학자는 〈한국어와 일본말의 경어법〉에서 특히 한국말의 이 특성에 놀라움을 표시했다. 이 분야에서는 경어법의 연구는 상당히 활발하게 진행되었다. 최현배는 〈우리 말본〉에서 경어법의 수준을 (1)아주높힘(합쇼꼴) (2)예사높임(하오꼴) (3)예사낮춤(하게꼴) (4)아주낮춤(해라꼴)으로 나누고 이 밖에 (5)반말꼴을 따로 마련하였다. 한창기는 우리말 경어법의 역사를 따로 훑으면서 한국말이 알타이말에서 떨어져 나온 뒤로 독자적으로 발전된 것이며, 사회의 영향을 크게 받은 것으로 분석하였다.

23. 국어에서는 너와 나의 관계가 우리의 우리됨에 가장 큰 구실을 하는 듯하다. 생활하면서 우리는 말에서 빚어지는 인간 관계의 중요성을 자주 보게 된다. 말 한 마디로 천 냥 빚을 갚을 수도 있으며, 배고픈 사람에게는 밥을 주

면서도 "잡수세요" 하지 않고 "먹거라"했다고 뺨을 맞는 수도 있다. 우리 대화에서는 아예 너와 나의 만남의 맥락을 바로 보지 못하고서는 대화의 장에 끼일 수조차 없다.

24. 오우프의 언어상대성 이론은 인디언 언어를 연구하여 인도·유럽말과 비교하여 얻어진 업적이다. 그는 시간, 수, 개념 및 시간의 표현을 특히 중요하게 분석하였다. 유럽어에서는 복수의 표현이 실수와 허수로 나누어진다. 곧, "열 사람"이라는 복수 개념은 사람 열 명을 객관적으로 지각한 내용이다. 그런데 "열 날들(열흘)"이라는 표현은 인위적인 논리에 좇아 분석한 것이다. 본래 시간은 수레바퀴 돌듯이 돌고 흘러가는 것이다. 그런데도 서구인들은 시간을 양으로 셀 수 있는 개념으로 객관화하거나 대상화한다.

(9) 그들은 "열 날들을" 머물렀다.
(10) 그들은 "열 한째 날이 오기까지" 머물렀다.
(11) 그들은 열흘 머물렀다.

위에서 (9)는 영어에서 있을 수 있는 표현이고, (10)은 호피·인디언말을 억지로 국어로 옮긴 것이다. 호피말에서는 허수의 복수 표현이 없다고 한다. 우리말에서는 반드시 그런 것이 아니나 (11)의 글월은 우리말인데도 오히려 (10)과 비슷하다. 시간이란 흐르는 물과 같다는 것이 우리의 주관적인 체험이다. 그런데도, 서구인은 시간과 날짜를 달력에서처럼 하나하나 줄을 긋듯이 대상화하여 말로 표현한다. 곧, 말의 굴레 때문에 시간을 토막으로 쓸 수 있게 되었다.

25. 따라서, 인도·유럽어의 때매김은 세 갈래로 나누어졌다. 과거와 현재와 미래로 시간이 갈라져 객체화되어 있다. 오우프의 분석에 따르면, 호피말에서는 때매김이 세 갈래로 나누어지지 않는다. 우리말에서도 삼분시제를 반대하는 이들이 많다. 박창해는,

(12) 가. 그이가 일을 다 마치었다.
나. 그이는 내일도 오겠지.

다. 이제는 그 일을 다 마치었겠다.
라. 그이가 내일도 오시었으면 좋겠다.

이와 같은 보기를 들고 "-았-"은 과거, "-겠-"은 미래, "-았겠-"은 미래 완료의 시제라는 나눔에 반대하고 위의 것들이 저마다 완료, 추정, 완료 추정이라고 주장하였다. 이규호도 생각이 같아서, 과거는 이미 없는 것을 말하는 것이 아니고 기억과 이룩된 전승으로서 현재에 살아 있고, 미래는 아직 없는 것이 아니라 희망, 기대, 또는 계획으로서 현재에 살아 있다는 주장을 폈다.

26. 오우프는 명사의 유목도 이와 비슷한 성질로 분석하였다. 인도·유럽말에서는 명사를 개체 명사 또는 보통명사와 집합명사로 나눈다. 전자는 나무나 사람 따위이며, 후자는 물이나 모래 따위이다. 그런데 유럽말에서는 이 모든 사물들을 한정한 테두리를 가지고 있으며 얼마만한 크기의 몸뚱이를 갖춘 것으로 친다. 이를테면 "물 한 그릇", "커피 두 잔"이라는 표현을 쓴다. 물의 양뿐이 아니라 물의 모양까지 말로 표현한다. 오우프가 들추고 있는 재미난 보기가 서구인의 몸짓이다. 우리에게 의태어가 많듯이 서구인에게는 몸짓이 풍부하다. 눈앞에 있는 사물이 아니고 짐작할 수밖에 없는 것이 부딪치면 이것이 더욱 두드러진다. 곧, "나는 너를 사랑한다."고 표현할 때에 두 팔을 모두 휘두르면서 이렇게 굉장하게, 그리고 어떠어떠한 모양으로 사랑한다는 표시를 한다.

27. 오우프는 이들 표현을 미국 인디언 언어와 비교하고 있으나, 한국말과 비교하여도 좋을 것이다. 우리말에서 들춰지고 있는 특징 가운데의 하나가 복수 개념이 모자람이다. "물이 많다"라고 말하는 것과 마찬가지로 "나무가 많다"라고 표현한다. "그 집 정원의 나무가 좋아"라고 할 때에 어떤 한 그루의 나무가 좋다는 것인지 또는 여러 그루의 나무들이 모두 좋다는 것인지를 도저히 구별할 수가 없다. 여러 그루의 나무들도 하나의 범주로서의 나무이고 어떤 양의 덩어리로서의 물도 하나의 범주로서의 물이다. 모두 집합적으로 친다.

28. 오로지 예외가 있다면 자기와 관계 있는 사람의 표현에서나 찾을 수가 있다. 우리는 올케를 "그 여자"라고 결코 부르지 않으며 자기 형제를 일반 사람의 유목에 웬만해서는 포함시키려 하지 않는다. 나와 관계있는 사람은 하나하나 관계를 특별히 갈라내어 가리켰다. 앞에서 들추었듯이 너와 나의 관계 혹은 우리의 관계 속에서가 아니면 대체로 우리말은 사물을 잘게 나누는 데에 약하다. 오히려 이들을 종합으로 또 전체로 파악하는 데로 기울어진다.

29. 어떤 언어가 더욱 논리에 맞고 과학에 바탕을 둔 것이냐의 논의는 자칫 독단론에 빠지기 쉽다. 지나친 일반화는 과학을 미신으로 이끄는 악덕이다. 우리의 언어 표현은 두루뭉술해서 혼합주의에 빠질 위험을 안고 있는 것 같다. 마찬가지로 인도·유럽어에서도 또다른 논리의 잘못을 저지르고 있다. 언어 상대성이란 이름은 언어가 인식에 대하여 상대적이란 뜻에 붙여진 것이기도 하려니와, 유럽 사람은 유럽말 때문에 뉴톤의 개념 세계에서만 살 수 있고 아인슈타인의 세계에서는 살기 어렵다는 것을 빗대어 붙인 이름이기도 하다. 인도·유럽어에서는 몸뚱이와 테두리를 가진 사물과 몸뚱이가 없는 질료로 현실을 분석한다. 그러나 우리말에서는 모든 것을 일원론으로 파악한다.

30. 깁슨이라는 서양 학자는 시각장과 시각세계를 나누어 놓았다. 우리가 기차길을 바라볼 때 두 선로는 멀어질수록 그 폭이 좁아져 끝내는 합쳐진다. 그런데도 우리는 두 선로가 간격이 일정하다는 것을 안다. 깁슨은 앞의 개념적인 체험을 시각세계라 부른다. 그에 따르면 시각장과 시각 세계는 사실의 두 가지 다른 모습이다. 그 둘이 다 우리의 현실이다. 마음가짐에 따라 이것도 체험할 수 있고 저것도 체험할 수 있다. 말하자면 주관화와 객관화 사이의 이동이다.

31. 언어는 우리의 감각 재료를 우리의 체험이 되게 하는 역동적인 체험이다. 사람이 대상을 지각하고 개념화한 내용에 말이 딱지를 붙이는 것이 아니라, 바로 그 과정 속에서 말은 작용한다. 말이 없더라도 우리는 나무가 나무임을 알 수 있다. 그러나 말이 있음으로써 나무를 풀과 같은 개념으로 묶기도 하

고 또는 나무와 풀이 저마다 다른 개념이라는 것을 알 수도 있다. 나아가서 우리의 체험은 시각장으로 이끌기도 하고 시각 세계로 이끌기도 한다.

32. 이러한 관련 속에서 이 글은 다른 이들이 국어의 특성이라고 들추어낸 것들을 간추려 우리말이 우리 생각을 어떻게 이끌어 가는지를 살펴보았다. 우리말은 심리적인 현실을 매우 잘 드러내는 말이다. 서로의 생각을 나누는 알맹이는 너와 나를 앞세우고 있는 맥락이다. 우리말의 논리는 주관성에 있다. 주체의 체험에 직감적이고, 밖에 있는 사물이나 사건을 객관화하거나 대상화하지 않는다.

33. 말하자면, 우리말은 시각 세계에 알맞은 언어 체계이다. 따라서 자칫 우리의 개념 세계가 시각장에 소홀하거나 너와 나 사이에서 우리라는 의식이 행여 망가지면, 의사 소통에 큰 혼란을 빚을 가능성이 짙다. 이에 견주어서 인도·유럽말은 시각장에 알맞게 그들의 생각을 이끌어 갈 가능성이 짙다. 이들 언어를 쓰는 사람들은 자기가 몸소 겪어 아는 눈 앞의 사실을 보는 것이 아니라 그것을 뒤집어 분석한 환원된 대치물을 보기가 십상이다. 그런데 우리는 한국어를 통해 어떤 사건이나 현상이 우리에게 주어지는 대로 보고 안다. 그것이 소재와 책임이라든가 원인과 결과보다는 어떻게 일어난 것인지가 더 중요하게 체험된다. 한국말의 논리는 이를테면 "ㄱ이 ㄱ이다"이지 "ㄱ이 ㄱ이 아닌 것이 아니다"라는 초인지적인 분석논리가 아니라, 나와 너의 일원론적이고 심층적이고 종합적인 논리이다.

34. 말과 생각은 서로 얽히어 바깥의 대상을 나누거나 바꾸어서 개념화하기 마련이다. 이것은 새로운 창조이기도 하고 사람이 지니고 있는 제약이기도 하다.

35. 우리는 우리의 고유한 울타리가 있어야 하지만, 이 울타리 속에서만 사는 것은 우물 안의 개구리의 삶이기 십상이다. 하기야 사람은 사물 자체를 아예 알 수 없는 존재일지도 모르겠다. 그럴수록 적어도 시각 세계와 시각장을 쉽게 오갈 수 있어야 한다. 판에 박히는 것이야말로 가장 경계해야 할 적인 것

같다. 언어로 하여금 개념 세계를 어느 한쪽으로만 이끌도록 강요하면, 우리의 체험은 사실의 반쪽밖에 보지 못한다.

[뿌리깊은 나무], 1976, 5월호.

연습문제

1. 일상생활에서 우리들이 사용하는 말을 통해 바깥말과 속내말의 상호연관성에 대해 설명해 보자.
2. '개념화'란 무엇인지 구체적인 예를 들어 설명해 보자.
3. 오우프의 언어상대성 이론이란 무엇인지 설명해 보자.

국어란 무엇인가 _ 김수업

●
여기 실린 글은 국어 교육의 관점에서 국어란 무엇인가에 대한 해답으로 쓰여진 글의 일부분이다. 필자는 먼저 국어를 '우리 겨레가 쓰는 공용의 말'로 정의하고, 이것은 고정되고 유형한 사물로서 존재하는 것이 아니라 끊임없이 살아 있는 정신의 그릇으로 존재하는 것이기 때문에 시간과 공간의 제약을 초월하는 성질을 지녔다고 했다. 나아가 '입말과 글말', '토박이말과 들여온 말', '대중말과 사투리', '있는 말과 있어야 할 말' 등 네 부분으로 나누어 '국어란 무엇인가?' 라는 물음에 해답을 제시하고 있다. 더 자세한 내용을 알고자 하는 사람은 '국어 교육의 길'이라는 책을 참고하면 좋을 것이다.

1. 입말과 글말

말이란 애초에는 입말뿐이었다. 입으로 내는 소리에다 신비스럽게 뜻을 실어 드러내는 입말만이 곧 말이었다. 사람들은 이 입말을 주고 받을 때에 이렇다할 어려움을 느끼지 않는다. 몸에 고장이 없는 사람이라면 조물주가 만들어 준 귀로 듣고 조물주가 만들어 준 입으로 말하면서 별스런 힘을 들이지 않는다. 어떤 형식의 소리에는 어떤 내용의 뜻을 담도록 하겠다는 의식을 가지고 애쓰는 법도 없이 그저 사람들 가운데 태어나서 자라는 동안에 저절로 입말은 주고 받을 수 있게 되는 것이다. 일부러 애써 배우고 가르치지 않아도 자연스럽게 주고 받을 수 있는 까닭에 입말의 능력을 조물주의 은혜로운 선물이라고 할 수 있는 것이다.

한편, 글말은 사람들이 생각하고 애를 써서 만들어 낸 글자에 실린 말이다. 입말을 글자라는 수단에 실어서 주고 받는 말이라는 뜻이다. 글자는 조물주가 거저 내려준 선물이 아니라 사람들이 애를 써서 만들어낸 것이므로 아무나 저절로 쓸 수가 없다. 값을 톡톡히 치르면서 애써 배우지 않으면 제대로 쓸 수 없는 하나의 도구다. 글자는 그 성질에 따라 배우기가 무척 까다로운 것도 있고 훨씬 쉬운 것도 있지만 아무리 쉬운 글자라도 입말처럼 저절로 익혀지는 것은 아니다. 글자를 잘 배웠다고 하더라도 그것으로 글말이 되는 것은 아니다. 글자를 부려 쓰자면 또 다른 도구들의 도움을 받아야 한다. '문방 사우(文房四友)'니 '필기 도구(筆記道具)'니 하는 말들이 지난날 그런 것들을 가리켰다. 사람들은 지혜와 기술이 나아짐에 따라 이 도구를 손쉬운 것으로 끊임없이 바꾸어 왔는데, 그 길을 더듬으면 사람들이 도구 때문에 얼마나 힘겨워했는지를 짐작할 수 있다. 이처럼 힘들고 어려운 고초를 겪으면서 입말을 글자에 담아 붙들어서 주고 받는 말이 글말이다.

사람들이 조물주의 선물인 입말만으로 만족하지 않고 글말의 필요성을 느끼게 된 데에는 물론 입말에 모자라는 구석이 있었기 때문이다. 입말의 모자람이란 곧 그 형식인 소리의 성질에서 오는 것으로 시간과 공간의 제약임을 누구나 잘 알고 있다. 소리로써 나타나는 입말은 말하는 바로 그 순간을 넘길 수 없는 시간의 한계와 귀에 들리는 범위를 벗어날 수 없는 공간의 한계에 갇혀 있는 것이다. 이 한계를 벗어나 입말을 더 오래 잡아 두고 더 멀리 보내고 싶어서 사람들은 글자를 생각하게 된 것이다.

그러나 오늘날 사람들이 쓰고 있는 그 숱한 글자들은 길고 긴 세월에 걸쳐 고치고 다듬어 온 것들로서 애초에는 어느 누구도 그것이 입말을 그대로 적을 수 있으리라고는 생각하지 못했다. 입말이 갖고 있는 '소리'와 '뜻'의 두 요소에서 '뜻'만이라도 담아보려고 애쓰는 데서 글자의 발명은 비롯하였다. '소리'는 엄두도 못낸 채 '뜻'만이라도 어떻게 붙들 수 있을까 하여, 애초에는 여러 가지 자연의 실물들(이를테면 돌무더기, 조개껍데기의 꿰미, 새끼나 끈의 매듭 따위)을 써 보았다. 실물에서 비롯한 글자 탐구는 기나긴 세월을 보내고 마침내 그 실물들을 추상화한 형식의 그림에 이르렀다. 오랜 시간이 지나면서 그림은 더욱 간추려지고 줄여져서 그림글자(상형문자)에 다다랐고, 그림글자가 더욱 추상화·

단순화하여 중국의 한자와 같은 뜻글자(표의문자)가 되었다.

사람들은 뜻만이 아니라 온갖 느낌이나 생각과 같은 복잡하고 미묘한 정신 세계의 내용들도 글말로 주고 받고 싶어 했다. 입말로 주고 받는 소리와 뜻의 그 모든 세계를 글말로서도 주고 받으려 한 것이다. 그래서 사람들은 입말의 소리를 그대로 붙들어 놓을 수 있는 소리글자(표음문자)를 만들어내는 기나긴 탐구를 계속한 것이다. 그리하여 마침내 입말의 형식인 소리의 비밀을 알아내면서 먼저 '음절'이라는 도막을 글자로 하기에 이르렀다. 이것이 이른바 음절 글자이다. 그러나 음절은 너무나 다양하고 복잡해서 그 모두를 글자로 만들어서는 입말에 닿을 수 없는 사실을 깨닫고 마침내 음소를 찾아내서 음소글자를 만들게 된 것이다.

그러니까 글말의 수단인 글자는 실물에서 그림으로, 그림에서 그림글자로, 그림글자에서 뜻글자로, 뜻글자에서 음절글자로, 음절글자에서 음소글자로 넘어 왔다. 그 하나씩의 단계를 뛰어넘는 데에는 엄청난 시간이 걸렸을 뿐만 아니라 그 고비마다 사람들은 놀라운 새 삶으로 건너 뛰면서 문화를 진보시켜 온 것이다. 그리고 보다시피 글자가 진화해 온 길의 목표는 입말이었다. 입말의 소리에 더욱 가까워지려는 목표에 매달려 진화해 온 글자는 마침내 음소글자에 와서 그 목표에 닿을 수 있었던 것이다.

사실 조물주의 은혜로 선물받은 입말은 언어상대성 이론이 아니더라도 각종 말들 사이에 고하와 우열을 따질 수가 전혀 없다. 어떤 겨레의 말이라도 입말은 그 조직과 기능과 특징이 고유하고 절대적이며 스스로 만족하여 그들의 삶에 모자람이 없는 것이다. 그러나 글말은 사람들이 그들의 슬기로 생각하고 만들어낸 인공물이기 때문에 품질에 좋고 나쁜 것이 있게 마련이다. 그리고 그 좋고 나쁨은 대체로 입말에서 떨어진 거리, 입말을 어느 정도로 고스란히 적을 수 있는가 하는 기준으로 가늠할 수가 있다. 청각 형식인 입말의 소리를 시각 형식인 글말의 기호로 얼마만큼 고스란히 바꾸어 놓을 수 있는가 하는 정도에 따라 글자의 좋고 나쁨이 가려질 수 있다는 말이다. 그래서 뜻글자보다는 소리글자가 더 좋고, 같은 소리글자라도 음절글자보다는 음소글자가 훨씬 더 나은 글자이다. 또 같은 음소글자라 하더라도 글자로 기호화한 음소의 체계를 어떻게 파악하고 있느냐, 곧 자음과 모음의 체계를 어떻게 밝혀내어서 기호로 바꾸었느냐에 따라 입말을 제대로 적을 수 있는 정도가 달라지게 되고 그것이 바로 글자의 우열이라고 할 수 있다.

그러므로 좋은 글자일수록 어떠한 소리라도 붙들어 적을 수가 있게 되고, 따라서 그런 글자는 여러 겨레들이 두루 함께 쓸 수가 있다. 현재로서는 로마글자가 그렇게 여러 겨레의 말을 적는 데에 널리 쓰이고 있다는 사실을 누구나 안다. 그러나 같은 로마자를 쓰고 있다 하더라도 그것이 여러 겨레의 말들에 두루 감쪽같지는 않다. 자기들의 입말에 맞추어 제 손으로 가다듬었던 이탈리아 사람들의 말을 적을 때에는 아무런 모자람이 없이 온전한 글자이지만(입말을 고스란히 적을 수 있다), 그 글자를 빌려서 자기의 말을 적고 있는 이웃 겨레들에게는 그것이 적잖은 불편을 안겨 주는 불완전한 글자일 수밖에 없다. 그래서 그들은 더러 소리기호를 다시 만들어 써야 하는 어려움을 견디며 쓰고 있는 것이다.

이런 뜻에서 우리의 글말, 글말의 형식이 되는 글자로서의 〈한글〉은 우리의 입말을 고스란히 잡아 붙드는 데에 아무런 부족함도 없는 참으로 뛰어난 글자라 하지 않을 수 없다. 제 겨레의 입말에 맞추어 이만큼 온전한 소리글자를 제 손으로 짧은 기간 안에 만들어 낸 사람들이 인류 가운데 우리 말고는 달리 없다. 뿐만 아니라 하려고만 하면 어떤 겨레의 입말이라도 소리 그대로 적어 글말로 바꿀 수 있는 것이 한글이다. 소리를 내는 입 안의 곳곳이 소리를 낼 때에 움직이는 모양을 그대로 본떠서 글자로 만들었기 때문이다. 우리 한글이 가장 온전한 소리 기호라는 이런 우수성이 이제야 세계의 학자들에게 알려지면서 놀라는 사람들이 늘어나고 있다. 다만 한탄스러운 것은 이처럼 훌륭한 글자를 만들고도 오백 년이 지나도록 지배 계층 사람들로부터 외면당하여 제대로 쓰이지 못하고 썩혀 있었을 뿐 아니라 아직도 우리 겨레 가운데는 한글의 값어치를 올바로 깨닫지 못하고 부끄럽게 여기는 사람들이 없지 않다는 사실이다.

그런데 우리 겨레가 쓴 글말에는 한글로 된 것만이 아니라 또 다른 것이 있었다. 누구나 알다시피 뜻글자인 중국의 한자를 빌려 한문이라는 글말을 오래도록 쓴 사실이다. 그 기간이 줄잡아 이천 년에 이를 것으로 짐작한다. 우리 겨레는 강성하던 고조선이 무너지는 때에 맞추어 중국에서 한나라가 힘을 솟구치며 일어나는 바람에 낭패를 만났다. 발해만 북쪽의 문화 중심지를 한나라에 빼앗겨 저들의 사군으로 내어주고, 우리 겨레는 열국으로 갈라져 서로 다투느라 겹고생을 하게 되었다. 이 소용돌이 가운데서 한나라의 글자(한자)와 글말(한문)이 지배 계층 사회로 흘러 들어온 것이다. 그로부터 이 중국의 글말 기호는 우리 겨레의 지배 계층에게 매력 있는 체제 유지 수단이 되면서 오래도록 유다른 고임을 받았다. 그러나 그것이 우리의 입말에 맞을 리가 없고 너무도 까다로운 까닭에 매력을 느끼는 지배 계층 사람들에게도 엄청난 괴로움을 값으로 치르게 했다.

그런 괴로움으로부터 벗어나려는 몸부림에서 사람들은 그것을 우리의 입말을 적는 기호로만 쓰려고 갖은 애를 쓰기도 했다. 그 몸부림이 오래 이어진 끝에 드디어 상당한 수준까지 우리말을 적을 수 있는 도구로 만들어진 것이 이른바 〈향찰(鄕札)〉이다. 향찰은 글자 그대로 '우리의 글자'라고 할 수는 없지만, 그것으로 적힌 말은 틀림없는 '우리의 글말'이었다. 남북국 시대의 신라, 곧 팔·구 세기의 신라에서는 그것이 널리 쓰일 수 있는 정도가 되어서 이를테면 설총(薛聰)이 중국의 이름난 고전을 모두 그것으로 읽고, 위홍(魏弘)과 대구(大矩)는 임금의 지시에 따라 온 나라 안의 노래를 모아서 「삼대목」 같은 노래책을 엮을 수 있었던 것임을 모르는 사람은 없다.

그러나 중국의 글자로 우리 입말을 적는 이 향찰은 뒤로 오면서 중국의 본토 글말인 한문에게 밀려났다. 신라가 무너지는 시대 쪽으로 내려 올수록 국학 출신과 중국 유학생들이 늘어나자 중국의 글말인 한문에 익숙해진 사람들이 불어났다. 그런 사람들은 우리 본토박이 글말인 향찰을 쓰는 것보다 중국 한문을 바로 쓰는 것을 자랑스럽게 여기게 되었다. 구차하게 향찰이니 방언이니 할 것 없이 막바로 중국 한문을 쓰는 것이 선진화와 세계화의 지름길이라고 여기게 되니까 저절로 향찰은 밀려날 수밖에 없었다. 이 어름에서 우리 겨레의 지배 계층 사람들은 서로 앞다투어 중국 글말 공부에 매달리게 되었고, 이런 흐름을 맨처음 크게 이끈 사람은 중국에 유학해서 활약하다 돌아온 최치원(崔致遠, 857~?)인데, 그를 오늘까지도 '해동 문종(海東文宗)'이라고 떠받들고 있다.

이렇게 해서 지난 일천수백 년 동안 우리 겨레의 지배층 사회에서는 외국어 글말인 한문을 잘하고 못하는 것이 곧 출세와 영달을 좌우하는 열쇠가 되었다. 그 열쇠의 효능이 갈수록 높아지기만 한 것은 모든 벼슬길이 한문이라는 이 외국어 시험에서 좋은 점수를 받은 사람들에게만 열려 있었기 때문이다. 신라 후대에 '독서삼품과'라는 중국 한나라식의 한문 시험제도를 시작한 뒤로 고려 초기에 중국에서 귀화한 사람의 권유에 따라 당나라식의 '과거(科擧)'라는 한문 시험제도를 확립하였다. 이 제도는 조선이 무너지던 이십 세기 초까지 끊임없이 고치고 다듬어지면서 지배 계층 사람들의 등용문으로 버티었다. 이런 역사 안에서 우리의 지배층 사람들은 외국어 글말인 한문을 아예 외국어라고 생각하지도 않는 지경에 이르렀던 것이다.

우리가 우리의 입말과 글말을 생각할 때에 그것들이 모두 중국말의 지나친 간섭으로 깊은 상처를 받았다는 사실에 대해 눈감을 수 없다. 무엇보다도 글말에서는 그 간섭이 더욱 심각하여 겨레 정신의 근본까지 뒤흔들어 놓았다. 그리고 이런 역사는 지난날로서 온전히 그친 것이 아니라 오늘날 서양말의 간섭이 우리들 눈앞에서 엄청나게 벌어지고 있어서 걱정스럽기 그지없다. 우리가 〈무엇이 국어인가〉하는 물음에 올바로 대답하려면 무엇보다도 우리의 '입말'과 '글말'이 어떤 길을 걸어왔으며 걸어가고 있는가를 제대로 꿰뚫어보는 일이 반드시 필요하다고 생각한다.

2. 토박이말과 들여온말[1]

어느 겨레의 말이든 모든 말은 토박이말과 들여온말로 이루어져 있듯이 우리 국어에도 그것들이 섞여 있다. 토박이말이란 애초에 우리 겨레에게서 생겨난 말이다. 어떻게 해서 생겨나게 되는 것인지는 아직 아무도 설명할 수 없지만 쉼없이 줄곧 생겨나기 때문에 아득한 옛날에 생겨난 말도 있고 몇 천 년이나 몇 백 년 씩 된 말도 있고 최근에 생겨났거나 지금 생겨나고 있는 말도 있다. 들여온말이란 본래는 다른 겨레의 말이었으나 우리에게 쓸모가 있거나 좋아 보여서 끌어 들여 쓰다 보니 우리말이 된 것이다. 물리적으로 또는 정신적으로 우리 겨레와 만나고 부딪혀서 무언가를 주고 받았던 모든 겨레들로부터 그들의 말을 끌어들여 토박이말의 부족함을 메우려고 하는 것이다. 그러므로 낱말뿐만 아니라 월을 짜는 걸림 요소라든지 낱말의 차례나 월의 짜임새까지도 들여와서 우리 토박이말의 그것들을 바꾸게도 하는 것이다.

토박이말은 애초에 생겨나면서 우리 겨레 사람들의 감성과 직관에 어울리는지를 검증받은 것이라 할 수 있다. 어떤 말이 새로 만들어진다고 하더라도 쓰는 사람들의 느낌이나 마음에 걸려 좋다는 판단을 받지 못하면 그 말은 살아남지 못하고 슬그머니 사라져 버리게 된다. 논리적으로 설명하기 어려운 이 신비스럽고도 미묘한 겨레의 감각과 직관에 어울리어 생겨난 것이 토박이말이기 때문에 그것은 사람들 사이를 더없이 매끄럽게 오고 간다. 아무런 풀이를 덧붙이지 않아도 시끄러운 오해나 시비가 일어날 구석이 거의 없다. 그 말들이 지닌 복잡하기 이를 데 없는 체험 요소들, 이미지, 연상으로 빚어지는 속살(內包, connotation)의 세계 모두가 겨레 사람들 사이에서는 직관에 의하여 저절로 받아들여질 수 있기 때문이다.

---

1. 〈들여온말〉은 흔히 일본식 한자말로 '외래어'라 하는 그것이다. 그러나 외래어를 꼭 그대로 뒤치자면 '들어온말'이 되겠으나 마음이 들지 않아 구태여 〈들여온말〉이라고 했다. '들어온말'이라면 말이 주체가 될 터이지만 '들여온말'이라면 말을 쓰는 사람이 주체가 된다는 것을 누구나 쉽게 알 수 있을 것이다.

이러한 토박이말의 매끄러운 흐름 속으로 들여온말이 끼어들면 크든 작든 국어라는 세계 전체가 아픔을 겪지 않을 수 없다. 그 진통의 크기는 들여온말의 양과 질 그리고 그 말에 대한 사람들의 반응이 어떤가에 따라 달라질 것이다. 사람들의 반응이 계속 나쁠 때에는 한동안 국어의 유통 과정에 상처만 남겨 놓고 결국은 쫓겨나는 수밖에 없다. 다른 겨레의 말을 들여오는 것은 언제나 구성원들 가운데서 다른 겨레들과 남 먼저 깊숙히 접촉할 기회를 가진 특수층의 사람들에 말미암기 때문에 그들에 의하여 들여온말은 그들을 우쭐거리게 만들기 쉽다. 그래서 다른 사람들을 공연히 주눅들게 하여 겨레의 동아리에 금이 나게 하는 수도 없지 않고, 그렇지 않다 하더라도 상당한 기간 동안, 다시 말하면 국어의 일부로서 자리잡게 되기까지에는 많은 사람들을 괴롭히게 된다. 그 말의 뜻과 쓰임을 제대로 모르거나 적어도 그 말이 지니고 있을 속살을 알지 못하여 의사소통에서 오해나 시비 따위가 일어날 수 있는 것이다. 그래서 말에 대하여 의식이 깨어 있는 겨레들은 모두 자기들 국어에서 들여온말을 여러 가지 제도에 걸러 조심스럽게 다루고 있다.

그러나 역시 들여온말이란 이미 있는 국어의 모자람을 메우려는 정신에서 끌어들이는 것이 사실이고 그로 말미암아 국어의 세계가 더욱 넉넉해질 수가 있는 것이다. 그러므로 들여온말을 제대로 부리려면 먼저 우리의 국어에 대하여 좀더 잘 알고 우리 국어의 좋은 세계는 다치지 않으면서 약점과 부족함을 기우고 메울 수 있도록 한다는 정신이 살아 있어야 하겠다. 이런 뜻에서 우리가 이겨내야 할 과제가 하나 있다. 그것은 남의 것에 대한 지나친 부러움, 곧 우리 것에 대한 그릇된 열등 의식이다.

이것은 역사적으로 상당히 깊은 뿌리를 내리고 있어서 쉽게 극복될 것이 아니기 때문에 애를 쓰고 힘을 쏟아야 할 과제인 듯하다. 아마도 대진국(발해)이 넘어지고 난 어름부터 부쩍 자라나서 지난 일천여 년 동안 뿌리내린 모화 사대 정신, 곧 중국의 문화는 우리의 그것보다 훌륭하다고 믿고 그것을 섬기며 본뜨려는 정신에 말미암은 듯하다. 그리고 이 비참한 정신의 질병은 신분 제도가 뚜렷했던 일천여 년의 왕조 사회에서 높은 자리에 앉은 사람들이 갖가지

방법으로 백성들에게 교육하고 강요한 나머지 더욱 굳건히 뿌리내린 것으로 보인다.

사대 모화 정신은 지금도 우리 겨레의 마음 구석구석에 두루 배어 있거니와 가장 깊이 배어 머리 아프게 남아 있는 구석의 하나가 바로 말의 세계가 아닌가 싶다. 우리 토박이말은 상스럽고 뭇되어서[2] 할 수 있으면 쓰지 말아야 하는 말이요, 중국서 들여온말은 점잖고 아름다우니까 될 수 있으면 많이 써야 하는 말이라고 여기는 그것이다. 우리 토박이말은 나쁜 것이라는 '말의 열등의식'과 중국서 들여온말은 좋은 것이라는 '말의 사대주의'는 지배층 사람들이 계층의 우월성을 드러내려고 끊임없이 되풀이하여 백성들에게 가르쳐 왔던 것이다. 그러니까 우리말의 모자람을 기우려고 중국 한자말을 끌어들이는 것이 아니라 엄연히 좋은 우리말이 있는데도 계층의 우월성을 과시하고 도전을 미리 막으려는 의도로 들여온말을 내세운 것이다. 그래서 마침내 너도나도 토박이말은 버리고 한자말을 써야 더 점잖은 사람이 된다는 착각에 사로잡혀 우리말은 버리고 일부러 한자말 쓰기를 다투게 되어 버린 것이다.

그래서 수많은 우리의 토박이말은 한자말에 짓밟혀 죽어 가고 말았다. 불쌍한 우리 토박이말들이 한자말에 짓밟혀 죽어가고 있는 모습을 오늘날에도 얼마든지 볼 수 있다는 것은 참으로 눈물겨운 일이다. 이를테면 '오누이'는 '남매'에게, '말'은 '언어'에게, '뫼'와 '가람'은 '산'과 '강'에게 짓밟혀 우리들 눈앞에서 죽을 지경이 되어 있는 것이다. 이렇게 해서 우리 토박이말의 이름씨(명사)들은 지난 일천여 년 사이에 한자말에 짓밟혀 수없이 잡아먹혔다. 이러한 사정을 올바로 헤아리지 못하고 '우리말은 애초에 뜻말(개념어, 명사)이 모자라게 되어 있었으나 한자말 덕분에 그 모자람을 메우게 되었다'고 생각하는 이들이 없지 않다.

---

2. '뭇되다'는 말은 사전에도 오르지 못했으나 금세기 중엽까지 적어도 우리 고장에서는 널리 쓰이던 토박이말이다. 사람이 제대로 배우지 못한 탓에 함부로 말하고 행동하는 것을 이르는 그림씨(형용사)다. 한자말로 '천박하다', '조잡하다' 같은 말들과 비슷하지만 거기에다 '순박하다'는 말이 보태어져야 좀더 가까운 뜻이 된다.

학문하는 사람들 가운데는 토박이말로서는 학문을 할 수 없다고 탄식하는 사람들이 매우 많다. 학문을 하자면 뜻을 또렷한 말을 써야 하는데 우리 토박이말은 그렇지 못하기 때문에 어쩔 수 없이 한자말이나 일본말이나 서양말을 들여와서 쓸 수밖에 없다는 것이다. 일리가 있는 주장임에 틀림없다. 그러나 그 일리는 우리 토박이말을 눈앞의 껍데기만 보고서 얻은 것이기에 믿을 만한 것이 못된다. 지금 당장 학문에 쓸 만한 토박이말이 모자라는 것은 우리말의 본질 때문이 아니라 그 역사 때문이라는 사실을 옳게 알아야 한다. 우리 토박이말도 본질로서는 학문할 수 있는 자질과 능력을 얼마든지 지니고 있지만 여태 그 자질과 능력을 파묻어 두고 쓰지 않았기 때문에 지금 학문할 말이 모자란다. 말하자면 학문한다는 지식인들이 지난 이천 년 동안 모조리 중국 한문으로만 학문을 하고 우리 토박이말로서는 학문을 하지 않았기 때문에 지금 당장 학문하는 데 쓸 만한 토박이말을 찾기 어려울 뿐인 것이다.

말도 모든 자연물과 마찬가지로 많이 쓰는 부문은 살아서 불어나고 쓰지 않는 부문은 시들어서 죽는다. 우리 토박이말은 농사 짓는 일에 많이 쓴 까닭에 그쪽에는 아주 잘 발달해 있다. 이를테면 쌀농사를 적게 하는 서양 사람들의 말에는 '쌀(riso, rise)'이라는 낱말 하나 뿐인데, 우리 토박이말에는 그것이 이름씨만으로도 '씻나락', '모', '벼', '나락', '우케', '쌀', '싸라기', '밥', '매', '죽', '미음' 같이 갈라져 있다. 거기서도 '벼'와 '쌀'과 '밥'과 '죽'은 또 그 안에서 온갖 차이를 잡아 낱말을 따로 만들어 쓴다. '찹쌀', '멥쌀', '매', '쌀가루', '쌀겨', '쌀기름', '쌀눈기름', '쌀깻묵', '쌀뜨물' 같은 것은 모두 '쌀'의 어떤 성질을 잡아 나타내는 말들이다. 이처럼 우리 토박이말도 마음을 갖고 부려쓰기만 하면 그 어떤 학문 영역이라도 감당할 만큼 얼마든지 또렷하고 섬세한 듯을 담아낼 수 있는 말이다. 지금 당장 불편하니 손쉽게 들여온말을 쓰자고 할 것이 아니라 학문하는 사람이라면 학문하는 사람답게 우리말을 찾고, 살리고, 만들어 쓰려는 마음을 갖는 것이 마땅한 자세라고 생각한다. 학문하는 말이라고 해서 애초부터 따로 마련되어 있는 것이 아니라 학문하는 사람들이 학문 영역의 뜻을 담아 쓰다 보면 저절로 학문하는 말이 되는 것이기 때문이다. '들머리(서론)',

'마무리(결론)', '갈래(장르)', '노래문학(시가문학)' 같은 낱말은 이제 우리 국어·국문학계에 제법 널리 쓰이는 학문의 말이 되었으나 이십 년 전에만 하더라도 비웃음을 받던 말들이었다.

오늘날 우리말 사전들이 싣고 있는 낱말을 품사별로 보면 어찌씨(부사)나 그림씨(형용사)는 놀라울 만큼 넉넉하면서도 그것들이 거진 토박이말이다. 그것은 조금도 기이한 현상이 아니다. 어찌씨나 그림씨는 음운 조직과 소리결이 미묘하고 독특한 느낌을 드러내는 느낌말인지라 뜻글자로 된 한자말이 잡아먹을 수 없었던 까닭에 그대로 살아 남아 있다. 이를테면 '게슴츠레하다'든가 '노르스름하다'와 같은 그림씨 또는 '어슬렁어슬렁'이라든지 '산들산들'과 같은 어찌씨의 말들은 어떤 한자말로도 바꿔치기할 수가 없다. 그래서 아무리 한자말을 추켜세워도 이런 말들을 잡아먹을 수 없었던 것이다. 이름씨(명사)를 비롯한 뜻말의 토박이말도 한자말에 잡아먹히지 않았으면 이들 느낌말과 마찬가지로 넉넉했을 것임을 짐작할 수 있다. 어느 겨레의 말이든지 그 낱말밭 안에서 이름씨와 대이름씨(대명사)는 턱없이 모자라는데 그림씨와 어찌씨는 넉넉한 그런 불균형 체계가 있을 수 없기 때문이다.

우리 토박이말이 엄연히 있는데도 사대주의나 열등의식에 사로잡혀 분별없이 남의 말을 끌어들이는 것은 이미 있는 우리말을 밟아 죽이는 일일 뿐만 아니라 겨레의 정신 건강에도 한없이 해로운 짓이다. 그런데 이 사대주의라는 고질병이 고쳐지는 기미가 없고 오늘날 더욱 들떠 일어나는 듯하여 참으로 걱정스럽다. 옛날에는 중국쪽으로 바라보던 사대주의가 오늘날에는 서양쪽을 바라보게 되어 그 방향만 바꾸었다. 이제는 서양말이 중국말보다 한층 더 위에 자리잡고 위세를 부린다. '집과 건물과 빌딩', '소젖과 우유와 밀크', '밥집과 식당과 레스토랑', 이렇게 우리말이 삼층 구조로 바뀌었다. 토박이말보다는 한자말이 더 좋은 것을 나타내고, 한자말보다는 서양말이 더 좋은 것을 뜻한다고 생각하면서 이층의 들여온말을 모시게 되었다. 말뿐만 아니라 글자조차 그렇다. 한글보다는 한자, 한자보다는 로마자를 우러러보는 풍토가 판을 친다. 국회의원들이 의사당의 이름패를 한글로 쓰자는 데에 한사코 반대하고, 사회

지도층 사람들의 명함은 모조리 한자와 로마자로만 찍혀 있는 것이 현실이니 지난날 한문을 자랑스럽게 쓰던 선조들과 조금도 다르지 않다. 토박이말을 짓누르는 무게가 오늘날 오히려 더 커졌다고 하겠다.

이처럼 뿌리깊이 박힌 정신의 병을 치료하지 못하면 우리 토박이말에 생기를 불어넣을 수 없다. 우리 토박이말에 생기가 살아나지 않으면 들여온말이 우리말을 풍요롭게 하는 본연의 역할을 하지 못한다. 토박이말은 떳떳하게 제 몫을 다하지 못한 채 주눅이 들어 있고, 들여온말은 으스대고 뽐내며 활개짓하고 있는 상태에서는 겨레의 삶과 문화에 활력과 자존심과 주체 정신이 살아날 수는 없을 것이다.

〈무엇이 국어인가〉하는 물음에는 반드시 토박이말과 들여온말을 싸잡아 놓고 그 둘이 어떤 관계를 맺고 있는지를 살펴 대답해야 한다. 그리고 토박이말이 주인 노릇을 하는 바탕 위에서 들여온말이 귀한 손님 대접을 받을 때에만 국어라는 집안이 오순도순할 수 있다는 사실을 원칙으로 세워야 한다. 그처럼 마땅한 원칙이 안타깝게도 우리의 국어에서는 제대로 지켜지지 않으니 국어 교육으로써 마땅히 바로잡아야 할 일이다.

3. 대중말[3]과 사투리

국어에 대하여 생각할 때에 또 하나 빼놓을 수 없는 것이 '대중말'과 '사투리'다. '대중말'이란 말의 동아리인 겨레에서보다도 정치의 동아리인 '나라' 안에서 사람들이 더 나은 말살이를 하도록 기준과 모범으로 삼은 말이다. 그러므로 나라에서 일부러 약속하고 가꾼 말이다. '사투리'란 좁은 지역이나 계층 안

3. 〈대중말〉은 '大衆語'가 아니다. '대중'은 기준이나 표준이 되는 잣대로서 '대중없다'는 그림씨와 '눈 대중이 맵다' 같은 이름씨로 아직도 쓰이고 있는 토박이말이다. 북한에서는 '문화어'라 하고 남한에서는 '표준어'라 하여 남북이 서로 다른 일본식 한자말을 쓰는데, 우리의 토박이말을 살려서 〈대중말〉로 쓰는 것이 좋다고 본다.

에서만 쓰이는 말로서 한결 자연스럽고 다듬지 않은 말이다. 의식적인 인공이 별로 손닿지 않은 말, 그래서 모든 대중말의 뿌리와 바탕이 되는 말이 바로 사투리다.

사람의 삶이 일정하게 좁은 지역 안에서만 갇혀서 이루어지던 원시 사회의 기나긴 세월 동안에 자그마한 그 동아리들이 나름대로 자기들의 말을 조물주로부터 허락받아 쓰고 있었을 것이다. 시간이 지나면서 인류가 진보하게 되어 삶의 터전이 넓어짐에 따라 그 작은 동아리들이 뭉쳐지는 변화를 겪게 되고 점점 더 큰 동아리를 이루면서 드디어는 나라의 단계에까지 이르렀다. 이러한 인류 역사의 긴 여정 안에서 말도 또한 그와 같은 변화와 통일의 길을 걸었다. 애초에는 따로였던 독립된 말의 동아리들이 몇 개씩 뭉쳐지게 되면 그 가운데서 영향력이 가장 크고 문화가 앞선 동아리가 지배세력이 되면서 그들의 말이 뭉쳐진 동아리의 대중말로 쓰이게 되는 것이다. 그러면 그밖의 동아리들이 예부터 써 오던 그들의 말은 저절로 사투리로서 시작한 것이고, 그 사투리들이 하나의 동아리로 뭉쳐지면서 대중이 된 사투리 곧 인위적인 약속의 대중말이 생겨나게 되는 것이다. 사투리는 국어의 뿌리요 대중말은 국어의 열매라 할 만하다.

나라라고 하는 커다란 삶의 동아리가 이루어지고 나면 여러 가지 이유로 해서 한결 온전한 말의 통일이 절실히 필요해진다. 그 커다란 동아리 안의 모든 사람들이 서로 굳게 뭉쳐 하나로 어우러져 살아가려면 그 교섭의 가장 결정적인 통로랄지 수단은 곧 말이다. 그런데 그 통로와 수단인 말이 통일되지 않아서 소통이 제대로 이루어지지 않으면 서로에게 주는 불편은 말할 나위도 없다. 심하면 결국 나라라는 동아리가 쪼개지는 위험조차 생길 수 있다. 그와 반대로 동아리 안의 모든 사람들에게 조금도 막히지 않고 시원히 뚫린 말의 통로가 열리게 되면 그 동아리의 구성원들은 모두 속이 후련한 삶을 살 수 있다. 모든 사람들의 마음을 하나로 묶을 수 있도록 말이 통로가 잘 가다듬어져 있으면 그 동아리는 무서운 힘을 발휘할 수 있게 된다. 이러한 말의 통로를 마련하기 위하여 '대중말'이라는 것이 요청된 것이다.

그러나 우리 겨레는 일찍이 이 대중말을 마련해 보려고 생각해 보지도 않았다. 이십 세기 초까지 내려온 이천 년의 왕조 사회에서는 동아리 안의 모든 성원들이 하나의 동아리로 친밀히 교섭하는 것을 상층 지배자들이 바라지 않았다고 볼 수도 있다. 그래서 신분 제도를 두고 여러 계층으로 나누어 오히려 하나되는 통로를 막으려고 애썼다. 한없이 까다로운 중국글을 들여 와서 쓴 것은 그것이 겨레가 하나되는 길을 막아 주었기 때문이라고 할 수 있다. 지배 계층 사람들에게는 겨레로서의 동아리 전체가 하나되어 뛰어난 힘을 발휘하는 것보다도 자기들 일부 계층에서 지배권을 오래오래 지키며 휘두르는 것이 더욱 소중했던 것이다. 그래서 겨레는 점점 힘이 빠지고, 압록강 북쪽의 드넓은 땅을 일찍이 중국에게 빼앗기고, 이십 세기에 들어와서는 남은 땅덩이 모두를 일본에게 빼앗기게 되었던 것이다.

그래서 우리는 겨레 생긴 이래 가장 처참한 시절을 맛보게 되었던 것인데, 역설적이게도 이때에서야 처음으로 '대중말'의 필요성을 사람들이 깨닫게 되었다. 나라를 빼앗기니까 나라의 소중함에 눈뜨게 되고, 나라의 소중함을 깨달으니까 저절로 나라말이나 대중말의 중요성을 의식하지 않을 수 없게 된 것이다. 주시경 선생이 씨를 뿌리고 그것이 조선어학회라는 나무로 자라나서 우리 겨레 생기고는 처음으로 일천구백삼십육년에 일제의 핍박 가운데서 '대중말(「사정한 조선어 표준말 모음」)'을 마련하게 되었다. 그리고는 광복이 되고, 우리 정부가 들어서서 나라를 다스리고, 국민 교육을 해 온 지가 거진 반 세기에 가깝도록 대중말을 다시 손질하지 못하더니 최근에야 겨우 우리 나라로서는 처음으로 '표준어 규정'을 마련하였다.[4]

대중말이란 저절로 두어도 되는 것이 아니지만 율법처럼 강요하거나 기계처럼 지정한다고 되는 것도 아니다. 다만 올바른 방향을 찾아 세우고 의도적

---

4. 1970년 2월 국어심의회의 건의에 따라 문교부(교육부)가 국어조사연구위원회, 학술원의 어문연구위원회, 국어연구소에 차례로 위촉하여 표준어 규정을 고쳐 만들게 했다. 그 결과가 1987년 국어심의회의 의결을 거쳐 1988년 1월 19일에 고시하고 1989년 3월 1일부터 시행하게 된 것이다. 제1부 표준어 사정 원칙 3장과 제2부 표준 발음법 7장으로 되었다.

인 노력을 쏟아서 애써 가꾸고 다듬어야 만들어지는 말이다. 산야에 푸나무가 자라듯이 그렇게 두면 되는 것도 아니고 무리하게 비틀고 잡아매어 분재 가꾸듯이 해서도 안 된다. 우리네 정원 안의 나무와 꽃을 가꾸듯이 자연을 존중하면서 정성을 쏟아 아름답게 만들어 가야 하는 것이다. 나라의 공식 통용어로서 표준이 되는 대중말을 가꾸고 다듬기 위하여 그 필요성을 일찍이 깨달은 프랑스나 스페인이나 영국이나 독일같은 이른바 서구 선진국들이 지난날 얼마나 애써 왔는지는 그들의 문화사를 조금만 관심있게 살펴도 당장 알 수 있고, 지금은 그들이 그 일을 어떻게 하고 있는지를 알려면 그들의 국어 정책과 교육을 조금만 살펴보아도 쉽게 알 수 있다. 우리처럼 문화의 전통이 깊은 겨레로서 나라를 자주적으로 다스리면서도 대중말에 대한 이해와 관심이 이처럼 부족했던 것은 참으로 부끄러워할 일이다.

대중말은 본래 나라 안에서 가장 힘이 세고 문화가 높은 한 사투리를 바탕으로 할 수밖에 없지만 그러나 할 수 있는 데까지는 나라 안의 모든 사투리를 싸잡을 수 있어야 바람직하다. 모든 사투리들에 감추어져 있는 갖가지 좋은 점과 가능성을 대중말에 받아들임으로써 풍요롭고 사랑받는 말이 될 수 있기 때문이다. 사투리를 업신여기거나 몰아내는 대중말은 대중말다울 수 없다. 대중말의 중요성을 깨달으면 깨달을수록 사투리의 소중함을 더욱 똑똑히 알 수 있게 된다. 궁극적으로 대중말이란 나라 안의 모든 사람들을 더욱 완전하게 일치시키고 하나의 동아리로서 깊이 어우러져 살아갈 수 있게 하려는 말이기 때문이다.

실제로 사람들을 묶고 서로 사랑하게 하려면 의사소통의 수준으로는 불충분하다. 살을 맞대는 듯한 느낌과 마음이 오고 가야 하고 나아가서는 정신의 깊은 하나됨조차 있어야 한다. 말로써 사람을 그런 경지까지 하나되게 하자면 토박이말의 뿌리인 사투리에 기대지 않을 수 없다. 사투리야말로 말의 고향이기 때문에 마음의 고향이기도 하다. 국어를 언제까지나 살아 있고 풍성한 것이 되게 하려면 먼저 사투리를 사랑하면서 활용하지 않을 수 없는 까닭이 거기에 있다. 결국 대중말과 사투리는 서로 반대되거나 양자 택일을 해야 하는 것이 아니라 한쪽을 아끼면 다른 쪽도 사랑하게 되고 한쪽을 키우면 다른 쪽도 자라게 되는 그런 성질의 것이다.

4. 있는 말과 있어야 할 말

위와 같은 몇 가지 사항들만 살피더라도 〈무엇이 국어인가〉 하는 물음이 결코 단순하지 않다는 사실을 알겠다. 우리가 지극히 단순하게 '국어는 우리 나라 말이다.' 하고 뜻매김할 수는 있지만 그것은 별로 유익한 것이 못된다. 오늘 우리가 주고 받는 이 말은, 그것이 입말이든 글말이든, 지난날 오래도록 써 온 말의 연속이요 결과다. 오늘 현재의 말이 국어임에 틀림없다 하더라도 그것은 어쩔 수 없이 시작을 알 수 없는 지난날의 말을 싸안은 것일 수밖에 없다. 그리고 그 지난날의 말들은 한 순간도 가만히 머무른 적이 없이 줄곧 살아 움직이며 바뀌어 온 것이다.

그 사이 우리 겨레의 삶은 얼마나 엄청나게 흔들리고 바뀌었는가. 나라는 수없이 갈라졌다가 합쳐지고 합쳤다가는 다시 갈라졌으며, 헤아릴 수 없을 만큼 여러 차례 다른 나라와 싸우면서 세상을 뒤흔들었다. 그런 곡절과 변동을 거칠 때마다 사람들의 신분 체제가 뒤집어지고 정치 체제와 권력 구조가 뒤바뀌었다. 따라서 사상과 철학, 신앙과 종교 같은 정신의 깊은 바탕도 변화를 겪지 않을 수 없었다. 이 모든 역사의 곡절과 정신의 변화를 고스란히 간직한 채로 우리말이 오늘에 이른 것이다. 말하자면, 오늘 우리가 쓰고 있는 국어는 입말이든 글말이든 지난날 '있었던 국어'의 결과요 총화이기 때문에 '있는 국어'는 '있었던 국어'를 포함하게 되고 만다는 말이다.[5]

---

5. '있었던 국어'를 생각할 때에 한문에 대하여 다시 짚어보지 않을 수 없다. 우리 조상들이, 우리 땅에서, 우리 생각과 우리 경험을 적고 읽었으니 한문도 당연히 있었던 우리의 글말이라고 여길 수도 있겠기 때문이다. 그러나 우리의 입말을 적으려고 도구로서 중국 글자를 빌렸던 우리의 글말은 '향찰'이다. 향찰은 한자를 수단의 기호로 빌렸지만 '한문'은 한

〈국어〉라면 과거에 있었거나 현재에 있는 국어만으로 충분하지 않다. 미래에 있어야 할 국어, 이상이며 바람인 국어가 반드시 필요하다. 필요하다기보다도 있어야 할 바람인 국어도 실제로 존재하는 국어의 일부이어야 한다. 그러나 그것은 현실로서 존재하는 국어가 아니라 겨레의 얼 안에, 겨레의 상상력 안에, 예언자처럼 희망과 등불로서 존재하는 것이다. 겨레의 얼과 상상력이라는 자궁 안에서 출산일을 기다리며 자라고 있는 국어다. 태중에 있는 국어에 대하여 의식이 없거나 무관심한 것은 결국 국어에 대한 사랑이 모자란다는 증거일 뿐이다. 태어나야 할 아기에게 희망과 애정을 쏟고 있는 가정에서는 산모가 잉태를 하게 되면 곧바로 온 가족이 그 사실을 알게 되고 다같이 정성을 모아 태교에 힘쓰게 된다. 그러나 그 아이의 출생에 아무런 관심이 없는 남들은 출산하는 날까지 아무것도 모르고 지내게 되는 것이다. 이제 우리는 더 이상 우리의 국어에 대하여 무관심하고 냉담한 가족일 수가 없기 때문에 '있어야 할 국어', '이상으로 그리는 국어'에 정성을 기울이지 않을 수 없다.

우리에게 '있어야 할 국어'는 어떤 것인가. 이것은 거창한 물음이고 만만찮은 연구와 논의가 필요한 과제다. 그러나 진리는 늘 상식 안에 머무른다는 것을 믿으면서 소박한 상식으로 몇 가지를 생각해보기로 하겠다. 첫째는 입말과 글말이 하나되는 것이다. 온 겨레가 글쓰듯이 말하고 말하듯이 글쓰는 경지에 이르는 것이 '있어야 할 국어'의 한 요건이다. '말하듯이 글쓰는 경지'에 가면 글자가 한글 아닌 한자나 로마자일 이유가 없다. 말하는 소리에 로마자나 한자가 담겨 있지 않은 까닭이다. '버스'라고 말하면 '버스'라 쓰고 '학교'라고 말하면 '학교'라 쓰는 것으로 '말하듯이' 되었다. '버스'라고 말했는데 'bus'라 쓰

자를 표현의 수단으로 쓴 것이다. 비록 우리 조상들이 우리의 삶을 내용으로 담아 적었다고 하더라도 한문은 표현의 질서와 규칙이 우리 입말과는 전혀 다른 중국의 글말이기에 중국 사람들이 그것을 보면 곧바로 읽어낸다. 자기들의 글말과 다르지 않기 때문이다. 거기에는 우리의 학문이 있고 예술이 있어서 엄연한 우리의 유산이지만 어디까지나 외국어로 적힌 유산이다. 따라서 한문을 '있었던 국어'로서의 '있었던 글말' 안에 넣을 수 없다. 외국어로 적힌 유산, 국어 유산과는 다른 별개의 유산이라고 보아야 정직하고 올바르다.

고, '학교'라 말했는데 '學校'라 쓰는 것은 입말과 글말이 아직 하나되지 못한 상태에 머물러 있다는 사실을 말하는 것이다.

둘째는 토박이말을 살려 쓰는 것이다. 할 수 있는 데까지 들여온말을 줄이고 이미 들여온말이라도 토박이말을 찾거나 만들어서 그것과 바꾸어 가는 것이 바람직하다. 옛날에 쓰이다가 죽어서 버려진 토박이말을 되살려 쓰려는 교육도 필요하다. 토박이말은 거칠고 더러워서 품위가 낮은 말이기 때문에 쓰기가 부끄러운 것이라는 그릇된 생각을 바로잡아 주어야 한다. 농어촌 같은 전통 사회에 아직도 근근이 살아 있는 토박이말들을 모두 떳떳하게 되살려 쓰는 교육이 필요하다.[6] 그래서 '소젖'보다는 '우유'가 좋고 '우유' 보다는 '밀크'가 더 좋다는 생각이 바뀌어 '밀크' 보다는 '우유'가 낫고 '우유'보다는 '소젖'이 훨씬 좋은 것으로 대접받게 되도록 해야 한다. 이런 상태가 '있어야 할 국어'의 두 번째 요건이다.

셋째는 대중말을 일으키고 드높일 일이다. 소리결이 아름다운 중부 지방 사투리를 대중말로 삼았으면, 다른 지방의 사투리들이 지닌 장점들과 좋은 낱말들을 충분히 싸잡아 넣으면서 더욱 넉넉하고 아름다운 대중말이 되도록 쉬지 말고 힘써 가꾸어야 하겠다. 이제 '표준어 규정'이 발표되었으니 끊임없이 토박이말과 사투리를 찾아 살려 내어 그 모자람이 기우면서 대중말을 늘려 나가야 한다. 온 겨레가 함께 쓰는 대중말이라면 마땅히 사투리와 토박이말이 제 힘을 떨칠 수 있는 것이라야 한다. 이것이 '있어야 할 국어'의 세 번째 요건이다.

위의 세 요건들은 우리 겨레의 특수한 역사 때문에 더욱 강조하고 싶은 것이다. 거기에다 이미 말의 소중함을 잘 깨달아 자기네의 국어를 아름답게 가

---

6. 우리는 지금 이십일 세기를 코앞에 두고 있지만 국어에 대한 정신은 프랑스의 십육 세기를 배우지 않을 수 없다고 본다. 장 도라(Jean Dorat)와 그의 제자들이 '북두칠성'이라는 모듬을 만들어 연구하고 토론한 결과로 그때의 프랑스말을 키우고 가꿀 방안을 찾아낸 「프랑스말의 옹호와 현양」(1549)이라든지 몽떼뉴(Montaigne M. E. de)가 「수필(Essais)」(1580)을 쓰면서 '나는 빠리의 시장에서 사람들이 지껄이는 말만을 쓰고자 했다.'고 한 그런 자세와 작업들을 배워야 한다는 말이다.

꾸어 온 서양 선진국들이 일찍부터 적용했던 요건들도 반드시 고려해야 할 듯하다. 서양 사람들이 이상으로 여기는 말의 요건은 네 가지다.[7] 첫째는 쉽게 써야 한다. 우리 겨레의 모든 사람들이 누구나 마음대로 활용할 수 있는 말이 되려면 무엇보다도 어렵고 까다로워서는 안 된다. 말은 입말이든 글말이든 쉬우면 쉬울수록 사람 사이의 장벽을 무너뜨릴 수가 있다. 그것이 동아리를 더욱 완전히 하나되게 하는 길이고, 다 함께 기쁘고 즐겁게 살면서 큰 힘을 떨칠 수 있게 하는 길이다.

둘째는 또렷하게 써야 한다. 뜻이 어름어름하거나 소리가 흐리멍텅한 말은 쓰지 말고, 바로 거기에 꼭 들어맞는 말을 제대로 찾아 또렷하고 똑똑하게 쓰도록 바로잡아야 한다. 사람의 정신 세계는 자체가 한없이 오묘하고, 사람들이 알아내는 우주와 자연의 현상도 더없이 신비스럽기 때문에 그 모든 것들을 드러내고 실어야 하는 말이 흐릿해서는 제 구실을 해 낼 수 없다.

셋째는 올바르게 써야 한다. 이치에 맞지 않는 말, 규칙에 어긋나는 말을 쓰지 않도록 하는 것이다. 입말이든 글말이든 말할 때에는 언제나 사리를 생각하면서 거기에 어긋나지 않은 말을 하는 것이다. 넓고 넓게 생각하지 않거나, 감정에 치우치거나, 자기 이익에 매달리면 올바른 말을 할 수가 없다. 올바르지 못한 말, 그릇된 말은 세상과 이웃에게 도움을 주지 못한다.

넷째는 아름답게 써야 한다. 노래처럼 아름다운 국어를 쓰게 되면 사람들의 마음도 그렇게 아름다워진다. 우리말 안에 감추어진 아름다운 소리와 뛰어난

---

7. 이 요건은 서양에서 비교적 뒤늦게 말의 소중함에 눈뜬 독일 사람들이 마련하여 널리 퍼진 것이다. '누구든지 두 개의 고국이 있는데 그것은 자국과 프랑스다' 또는 '이미 프랑스말은 프랑스말에 그치지 않는다. 그것은 인류의 언어다' 라는 이야기가 유행을 하던 십팔세기, 정확히는 1783년에 독일 사람들은 자기들의 나라말을 드높이고자 하는 운동을 한창 벌이면서 베를린 아카데미를 통하여 〈무엇이 프랑스말을 세계어로 만들었는가?〉 하는 문제를 걸고 우수한 해답을 현상 모집한 바가 있었다. 그 현상 공모에서 최우수로 당선된 논문이 밝혀 내었던 해답이 '정확성', '평이성', '합리성'이란 세 가지였다고 한다. 프랑스말이 또렷하고, 쉽고, 올바르기 때문에 세계어가 되었다고 본 것이다. 거기에다 '아름다움'이라는 하나를 더 보태서 서양 사람들은 말을 갈고 닦는 길잡이로 삼고 있다.

표현 능력을 찾아내고 드높여야 한다. 국어 음성학과 국어 수사법 같은 학문이 일어나서 우리 입말 소리의 세계를 더욱 넓고 깊게 연구하고 우리 글말 표현의 세계를 더욱 넓고 깊게 펼쳐내야 한다. 국어 시학이라든지 국어 미학과 같은 학문도 힘써 일으켜야 하겠지만 무엇보다도 예술 국어에 대한 관심을 드높이고 국어 예술의 창작에 더 많은 사람들이 뛰어들도록 교육해야 한다.

끝으로 우리의 '있어야 할 국어'를 생각하면서 빼놓을 수 없는 것은 우리말 글자의 자모 체계다. 이번에 마련한 '표준어 규정'에 따르면 우리말에는 열아홉 개의 자음과 스물한 개의 모음이 쓰이는 것으로 되어 있다. 그렇다면 우리의 자모 체계는 자연의 이치에 어긋난다고 할 수 있다. 왜냐하면 사람의 발성기관이란 그 생리 구조 자체가 모음을 자음보다 더 다양하게 구분하여 소리낼 수 없게 되어 있기 때문이다. 알다시피 자음은 소리 내는 모든 기관을 할 수 있는 대로 부려서 갖가지 소리를 달리 구별해내도록 만드는 요소이다. 그러나 모음은 그런 자음들을 소리로 드러나게 하려고 목청을 떨어 숨을 내보내는 것에 지나지 않는다. 물론 혀의 위치와 입술의 모양을 바꾸어 그 소리를 달리 내기는 하지만 모음의 소리는 자음의 소리에 견주면 그 차별성이 더없이 단조하다. 한 마디로, 자음이란 말의 소리를 구별해내도록 하려는 차별 인자이고, 모음은 그 자음의 소리를 드러내도록 받쳐주는 도움 인자이다.

그러므로 어떤 겨레의 말이라도 하나의 모음에 몇 개씩의 자음이 달라붙어서 소리(음절)을 만든다. 따라서 사람의 말은 모음의 수가 자음의 수보다 훨씬 적게 마련될 수밖에 없는 것이 자연의 이치다. 그 질서는 우리 입말에서 나는 실제 소리에서도 다를 바가 전혀 없다. 구태여 음성 분석기로 검사하지 않고 귀로 듣기만 하더라도 그 실상은 쉽게 확인할 수 있다.[8] 그런데 우리의 글자

---

8. 오랜 세월에 걸쳐 말의 소리를 따라 적으면서 오늘의 로마자에까지 오게 된 서양의 소리글자 역사에서도 그 사실을 얼마든지 증명할 수 있다. 저들이 뜻글자를 버리고 소리글자로 넘어오던 처음에는 오랫동안 자음을 나타내는 글자밖에 만들어 쓰지 못했다. 그때 저들의 귀에는 뚜렷하게 구별되는 자음 소리밖에 들리지 않았던 까닭이다. 자음 소리밖에 들리지 않았으므로 자음 글자만을 만들었던 것은 바로 자음 소리가 변별 자질을 그만큼

체계는 모음이 자음보다 더 많도록 마련해 놓고 있으니 자연의 질서에 어울리지 않는 것이 아닌가 싶다.

물론 한글의 자모 체계를 고치는 일은 말처럼 쉬운 것이 아니다. 하지만 글자 체계는 고치지 말아야 한다거나 고치지 못할 일이라고 못박아 놓는 생각은 더욱 옳지 않다고 본다. 발성 기관은 조물주가 마련한 것인지라 사람이 고칠 수 없으나, 거기서 내는 소리를 표시하는 글자는 사람들이 만든 것이므로 언제든지 더 마땅한 것으로 고쳐갈 수 있다고 생각해야 한다. 글자의 자모가 발성 기관의 생리 조직과 자연스럽게 어울리지 못하면 그 글말은 그만큼 올바르지 못한 것으로 여길 수밖에 없는 까닭이다. 발성 기관을 골고루 활용해서 더욱 다양하고 뚜렷하고 아름다운 우리의 '있어야 할 국어'를 바란다면, 우리 글자의 자모 체계도 곰곰이 짚고 따져 볼 필요가 있다고 생각한다.

[국어교육의 길], 나랏말, 1998.

연습문제

1. 입말과 글말의 상관성을 설명해 보자.
2. 들여온말(외래어)이 우리 주변에서 얼마나 쓰이고 있는지 알아보고, 토박이말로 바꿀 수 있는 말들을 찾아 고쳐 보자.
3. 대중말과 사투리의 관계에 대해서 알아보고, 사투리를 사용해야 할 상황을 설정하고 각자의 사투리로 말해 보자.
4. '있어야 할 국어는 어떤 것인가'에 대한 이 글의 설명을 요약해 보고, 거기에 각자의 생각을 덧붙여 보자.

크게 지닌 때문임은 두말할 나위가 없다. 모음은 훨씬 뒤에야 소리로 확인되었고, 따라서 모음글자도 뒤늦게 나타날 수밖에 없었다. 그것은 물론 변별 자질이 그만큼 흐릿한 때문이었다.

한국어의 특징 _ 김영태·김형철·김정대·김정우

●

한국어는 어떠한 특징을 가지고 있는가? 여기에서는 한국어의 음운적, 어휘적, 문법적인 특징들을 간략히 살펴보고 이를 밑바탕으로 하여 한국어의 역사를 이해하도록 한다. 한국어는 과연 다른 나라의 언어와 어떠한 차이가 있는지를 확인하면서 한국어를 올바로 사용하기 위한 틀을 마련해 보도록 하자.

1. 음운적 특징

1.1. '퐁당퐁당'과 '찰랑찰랑'

한국어 자음 체계와 모음 체계의 특성

어렸을 때 즐겨 부르던 동요 가운데 '퐁당퐁당 돌을 던지자, 누나 몰래 돌을 던지자'로 시작되는 노래가 있었다. 이 노래는 맨 앞에 나오는 '퐁당퐁당'이라는 의성어 때문에 더욱 단아한 분위기가 느껴져서 그런지 커서도 오래도록 이미지가 사라지지 않고 생생하게 남아 있어서 노래만 들으면 금방 어린 시절로 되돌아간 듯한 생각이 든다. 그런데 만일 '퐁당퐁당'을 '풍덩풍덩'으로 바꿔서 불러본다면 느낌이 어떻겠는가? 전혀 분위기에 맞지 않을 뿐더러 아예 앞뒤 문맥에도 어울리지 못한다.

비슷한 이야기를 하나 더 해 보자. 요즘 많이 불리는 대중가요의 일절에 '찰랑찰랑 찰랑대는'이라는 가사가 있다. 여기서도 '찰랑찰랑'이라는 의성어를 들을 수 있는데, 이 단어는 얕은 물이 물결을 이루며 흔들거리는 소리나 얇은 쇠

붙이가 부딪쳐서 나는 소리를 표현하는 '찰랑'이라는 말을 겹쳐놓은 첩어이다. 여기서도 한번 '짤랑짤랑'이나 '잘랑잘랑'으로 바꿔서 불러보라. 역시 원래 노래의 분위기가 전혀 느껴지지 않는다.

앞의 두 가지 사례에서 우리는 한국어의 중요한 음운적 특징을 발견할 수 있는데, 그것은 **감각어**(의성어, 의태어)**의 발달에 모음 체계와 자음 체계가 관여하고 있다**는 사실이다. 감각어의 발달에 자음 및 모음 체계가 어떻게 관여하고 있는지를 알아보기 위하여 어감의 분화에 나타난 일정한 질서(=규칙성)를 확인해 보자. 아래의 단어쌍을 살펴보자.[1]

(가) 잘랑잘랑 - 찰랑찰랑 - 짤랑짤랑

(나) 퐁당퐁당 - 풍덩풍덩 / 아장아장 - 어정어정

(다) 감감 - 캄캄 - 깜깜 - 검검(?) - 컴컴 - 껌껌

위의 (가)를 보면 **평음과 격음과 경음의 대립**이 감각어의 어감 분화에 결정적인 역할을 수행하고 있음을 알 수 있다. 그러니까 국어 자음의 3지적 상관 체계가 의성어와 의태어의 생성에 참여함으로써 크고 작고 짙고 옅은 따위의 미묘한 뉘앙스 차이를 유발하고 있는 것이다. 다음으로 위의 (나)를 보면 이른바 **양모음과 음모음의 대립**이 밝고 어두운 따위의 어감 분화에 결정적인 역할을 수행하고 있음을 알 수 있다. 그런데 이 양모음과 음모음의 대립은 전통적으로 모음조화라는 이름으로 불렸는데, 모음조화는 기본적으로 모음 체계의 대립을 기반으로 하는 조화 현상이다. 그렇다면 앞서 언급한 자음 체계와 함께 모음 체계도 감각어의 다양한 어감 분화에 중요한 인자로 참여하고 있는 셈이다. (단, 여기서 말하는 모음 체계란 현대 국어의 모음 체계가 아닌 모음조화가 강력하게 적용되던 시기의 모음 체계를 가리키는 것이다. 물론 자음 체계는 시대의 제한을 받지 않기 때문에 그대로 현대 국어의 자음 체계로 보아도 무방하다.) 그리고 (다)는 이러한 두 가지 인자가 복합적으로 작용하여 어감 분화에 참여하고 있는 모습을 보여주고 있다.

1.이러한 분화 양상을 음성 상징이라는 이름으로 부른다.

바로 이 두 가지 사실, 즉 자음 체계가 서로 셋씩 짝을 이루는 3지적 상관 체계이고 모음 체계가 모음조화를 반영하고 있다는 점은 다른 언어의 음운 특징과 뚜렷이 구별되는 우리 한국어만의 특징이라고 할 수 있다. 우리가 익히 알고 있는 영어나 불어, 스페인어 등의 인구어의 자음 체계는 유성음과 무성음의 대립을 근간으로 하는 2지적 상관 체계이기 때문이다. 당연히 다른 언어에 비해서 자음의 수효가 많다. 아울러 마찰음 계열에 /ㅅ/과 /ㅆ/의 대립이 존재한다는 특징이 있다. 이 자음의 대립 역시 다른 언어에서는 찾아볼 수 없는 독특한 양상이다.

1.2. 'coffee shop'을 왜 '커피숍'으로 표기하나?
한국어의 음운 현상

현행 〈한글 맞춤법〉의 외래어 표기법에 의하면 제목에 든 'coffee shop'은 '커피숍'으로 표기하도록 규정되어 있는데, 원어의 둘째 단어 말음이 /p/이므로 한글로 적을 때도 '커피숖'으로 해야 되지 않느냐고 의문을 제기하는 사람들이 적지 않다. 이들의 논리는 외래어 표기법 자체에 /p/를 한글 자모 'ㅍ'으로 적도록 규정되어 있지 않느냐는 것이다. 일견 일리가 있어 보이는 지적이지만, 다음 현상을 한번 들여다보면 사정이 그렇지 않음을 곧 알게 될 것이다.

(갑) "너 어제 어디 나갔다 왔니? 하루 종일 연락도 안 되고 말이야."

(을) "응, 오래간만에 동생한테서 연락이 와서, 학교 앞 'coffee shop'에 갔다 왔지."

앞 (을)의 대답 중에서 밑줄 친 부분의 발음이 어떤지 실제로 해보기 바란다. [커피쇼베]이지, 절대 [커피쇼페]는 아니다. 여기서 우리 한국어에 중요한 음운 현상 하나를 발견할 수 있는데, 그것은 이른바 음절말 자음의 중화 현상으로 경음과 격음이 음절말 위치에 오게 되면 모두 평음으로 되는 현상을 말한다.[2] 이를 영어 등의 외국어와 비교해 보자. 영어의 'bat'라는 단어는 경우에 따라서 말음 /t/가 터지기도 하고(=외파), 안 터지기도 하여(=미파), 발음도 /배트/처럼 들리기도 하고 /뱁/처럼 들리기도 한다.[3] 그런데 우리말에 들어오면 이 단어는 예외없이 미파음으로 발음이 되는 것이다. 결국 우리 한국어에서는 음절말 위치에서 자음의 외파를 허용하지 않는다고 일반화할 수 있다.

또 다른 한국어의 중요한 음운 현상으로는 자음과 자음이 만날 때 일어나는 자동적인 경음화 현상과 유음화 현상, 유기음화 현상, 비음화 현상 등을 들 수 있다.

1.3. 중국 사람은 시끄럽다(?)
한국어의 운율 요소

예전에 우리나라에 들어와서 살던 중국 화교(華僑)들이 모여서 잡담을 나눌 때 옆에서 듣고 있던 우리나라 사람이 이들을 가리켜 '꼭 호떡집에 불 난 것처럼 시끄럽더라'고 했다는 이야기가 있다. 그런가 하면 한국 전쟁 때 압록강 연안에서 처음으로 중공군과 조우한 한국군 병사들도 '도대체 시끄럽고 정신이 사나워서 싸움을 못하겠더라'고 했다는 기록도 있다. 왜 특별히 이들만 시끄럽다고 느꼈을까? 바로 뜻에 따라 높낮이가 오락가락하는 '성조'라는 요소 때문이다. 다른 나라 말이니 뜻은 모르겠고 다만 말소리가 자꾸만 올라갔다 내려갔다 하니 그런 높낮이에 익숙치 않은 우리로서는 당연히 '시끄럽다'고 느꼈을 것이다.[4] 서울말을 기준으로 하면 우리말에는 이러한 성조가 존재하지 않는다. 그리고 모음 길이의 길고 짧은 차이인 장단도 있긴 있지만 그 세력은 대단

---

2. 중화 현상(neutralization)이라는 말은 3지적 대립이 없어지는 '결과'에 초점을 맞춘 음운론적 술어이고, 중화 현상이 일어나는 '원인'에 초점을 맞춘 음성학적 술어로는 '미파화'라는 말이 쓰인다.

3. 빗금 안에 있는 표기는 발음 부호 대신 사용한 것이다. 이 영어 단어의 외래어 표기를 나타낸 것이 아님을 주의해야 한다.

4. 물론 우리도 태백산맥 동쪽 강원 남부, 경북, 동부 경남 등지의 말에는 높낮이가 뜻의 분화에 참여하고 있다. 우리의 이들 높낮이와 중국어의 높낮이는 그 성격이 약간 다른 것으로 알려져 있다.

히 미약해서 상당수의 화자들이 구분하지 못하는 실정이다. 또 다른 운율 요소인 강세 역시 우리말에서는 뜻의 분화에 참여하지 못하고 있다. 그래서 학생들은 영어를 처음 배울 때 이른바 '악센트 찍기'에 상당한 어려움을 겪게 된다. 이처럼 한국어에는 고저(장단), 강세 등의 운율 요소가 발달되어 있지 않으므로 발화를 들어보면 대체로 평탄하고 단조로운 느낌이 든다.

1.4. '리리릿자로 끝나는 말은...'
한국어의 음절

음절이란 자음과 모음이 결합하여 만들어지는 음운 단위이다. 언어학적으로 이 음절을 정의하기는 매우 힘든 작업이라고 하지만, 그 언어의 언중은 비교적 손쉽게 이 음절이라는 요소를 인식하고 있다. 음절이란 한마디로 가장 자연스러운 소리의 토막이라고 할 수 있다. 그러니까 자연 발화 상태에서 가장 쉽게 끊어지는 음운 단위가 음절이라는 뜻이다. 어렸을 적에 누구나 한번쯤 해 본 기억을 간직하고 있을 다음의 언어 유희(language game)를 살펴보자.

(가) 리리릿자로 끝나는 말은 미나리, 고사리, 병아리, ..., 유리, 항아리
(나) 끼토산 야끼토 릎디어 냐느가 ......
(다) 시(시계), 차(기차), 눈(눈물)

위의 (가)와 (나)를 보면 각각의 단어에서 어느 한 부분이 따로 떨어져 나오는 현상을 발견할 수 있는데, 이 부분이 바로 음절이다. 또한 말을 배우기 시작하는 아기들은 처음에 2음절, 3음절 등 다음절 단어를 발음하지 못하고 위의 (다)처럼 어떤 한 음절(주로 맨앞 음절)만을 발음하는 현상을 목격할 수 있는데, 이것도 역시 음절 단위의 독립성을 입증해주는 방증이 된다. 우리말에서는 특히 이 음절이 자모의 분포에 중요한 환경을 제공해주는데, 이를테면 음절말에 /ㄱ, ㄴ, ㄷ, ㄹ, ㅁ, ㅂ, ㅇ/의 일곱 개 자음만이 올 수 있고 음절초에 /ㅇ/이 올 수 없는 등의 제약이 그러하다. 흔히 우리말을 가리켜 음절성이 강한 언어라고 하는데, 그것은 언중이 음절 구분을 강하게 인식하고 있다는 말일 것이다.

이러한 특성은 바로 한글의 표기 방식에 그대로 반영되어 있는데, 영어처럼 자모 문자이면서도 영어식의 알파벳 나열 방식을 택하지 않고 음절 단위로 모아쓰기 방식을 채택하고 있는 표기 체계에 대해 언중이 별다른 불편을 느끼지 않고 있다는 자체가 음절성에 대한 인식의 또 다른 방증이 된다고 할 수 있다.

_ 김정우

2. 어휘적 특징

2.1.

우리말은 민족의 역사와 문화전통을 담고 있는 유산(遺産)이며, 민족의 정신과 정서생활을 반영하는 자산(資産)이기도 하다. 어떤 언어에 있어서나 어휘는 본질적으로 개방적인 성격을 지니고 존재한다. 따라서 그 언어의 어휘의 수가 얼마인지, 또는 어디까지가 어휘인지 그 한계를 분명히 말할 수는 없다. 고유어와 차용어의 한계가 불분명한 것은 말할 것도 없고, 같은 언어 안에서도 단어의 한계가 불분명하다. 따라서 여기서는 한국어 어휘가 다른 언어의 어휘에 비해 상대적으로 두드러지게 지니고 있는 특징을 고유어와 차용어로 크게 나누어 살펴보기로 한다.

2.2.

고유어는 조상 대대로 사용해 온 순수한 우리말을 어휘를 가리키는 것인데, 한국어 고유어의 어휘적 특징은 유연성이 강하고, 의성·의태어와 감각어가 풍부하다는 사실이다.

2.2.1. 한국어 어휘는 유연성(有緣性) 또는 배의성(配意性)이 강하다.

낱말의 형태분석을 통하여 의미분석이 가능한 경우를 낱말의 유연성이라 한다. 낱말에 유연성이 강한 언어를 투명어 혹은 문법적 언어라 부르고, 유연성이 약한 언어를 불투명어 혹은 어휘적 언어라 부른다. 국어는 전자에 속하는데, 국어 어휘의 유연성은 음운론적 유연성과 형태론적 유연성으로 나누어 볼 수 있다.

음운론적 유연성은 하나의 낱말에서 대립되는 음운들이 서로 바뀌어 사용됨으로써 어감의 차이를 나타내거나 나아가 낱말의 의미분화를 초래하는 현상을 말한다. 어감의 차이를 나타내는 경우에는 "팔랑팔랑-펄렁펄렁, 촐랑촐랑-출렁출렁, 감감하다-캄캄하다-깜깜하다" 등이 있으며, 의미분화를 하는 경우에는 "곧다(直)-굳다(堅), 곱다(曲)-굽다(屈), 나(我)-너(汝), 녹다(鎔)-눅다(緩), 맛(味)-멋(風流), 살(歲)-설(元旦), 밝다(明)-붉다(赤)" 등이 있다. 국어의 형태론적 유연성은 하나의 낱말에 대등한 자격의 다른 낱말이 결합하거나 또는 하나의 낱말에 종속적인 요소가 그 앞이나 뒤에 결합하여 새로운 낱말을 만들어 내는 현상을 말하는데, 전자를 복합법 후자를 파생법이라 구분하기도 한다. 복합어에는 "거짓+말(僞+言), 눈+물(眼+水), 손+목(手+頸), 한+숨(大+息)" 등이 있으며, 파생어에는 "잠, 웃음, 슬픔; 내기, 보기; 덮개, 집게; 노래, 마개; 미닫이, 놀이; 꾸중, 마중; 주먹, 가죽; 모가지, 강아지" 등과 "개살구, 날짐승, 한여름, 생고기, 숫처녀, 풋고추, 새빨갛다" 등이 있다.

2.2.2. 한국어 어휘에는 의성·의태어가 발달되어 있다.

한국어 어휘의 두드러진 특징의 또 하나는 의성어와 의태어가 많다는 사실이다. 의성어와 의태어는 어떤 언어에나 나타나지만, 한국어의 경우에는 모음과 자음의 교체 및 반복을 통해서 어감을 표현함으로써 의성어와 의태어가 매우 다채롭게 나타난다. 웃음소리 하나라도 '하하-허허-호호-후후-흐흐-히히-해해-헤헤'로 가능한 단모음이 모두 동원되어 각각 다른 맛을 나타내고 있으며, 의태어는 개념적 의미보다 감정적 의미를 표현하는 것이 일차적인 목적이며, 우리의 언어생활을 풍부하고 여유있게 해 준다.

의성어, 의태어를 몇 가지 유형으로 나누어 제시하면 다음과 같다.

단독형: 꾹, 툭, 쭉, 날름, 샐쭉, 풍덩, 꼬끼오, 푸드득, 후루룩
동음(同音)반복형: 멍멍, 솔솔, 펄펄, 곰실곰실, 두근두근, 펄렁펄렁,
두리번두리번, 어슬렁어슬렁
유음(類音)반복형: 티격태격, 아기자기, 옹기종기, 어슷비슷, 허둥지둥
부분반복형: 두둥실, 따르릉, 번지르르
유의(類義)반복형:시시콜콜, 옴짝달싹, 우당탕퉁탕

2.2.3. 한국어 어휘에는 감각어가 발달되어 있다.

감각어란 우리들의 육감(六感)을 통하여 받아들인 자극들을 표현할 수 있는 말을 뜻한다. 여기서는 '색채어, 미각어, 온도어' 등을 통해 한국어에 감각어가 얼마나 풍부한지 구체적으로 살펴보기로 한다.

한국어에서의 고유어 색채는 '검다, 희다, 붉다, 푸르다, 누르다'의 다섯가지가 있는데, 각각 동일한 파생접사를 취함으로써 체계적인 감각의 대립양상을 보이는 것이 특징이다. 여기서 '-스름, -데데, -죽죽' 등은 채도(彩度)를 나타낸다기보다, 대상에 대한 좋고 싫은 감정을 동반하는 것으로 보인다.

검다; 거무스름하다, 거무데데하다, 거무죽죽하다…
붉다; 불그스름하다, 불그데데하다, 불그죽죽하다…
푸르다; 푸르스름하다, 푸르데데하다, 푸르죽죽하다…
누르다; 누르스름하다, 누르데데하다, 누르죽죽하다…
희다; 희스름하다, 희끄무레하다, 희득스레하다…

한국어에는 맛을 나타내는 어휘들이 아주 다양하게 발달되어 있다. 아래 예들 가운데서 맨 앞에 제시한 여섯 개의 말이 기본어휘가 되고, 나머지의 말들은 접미사를 부가함으로써 감정표현을 다양하게 하고 있는 데 지나지 않음을 알 수 있다. 그런데, 이것은 다른 여러나라의 미각어 체계에 비교하면 놀라우리만치 다양하며 조직적인 체계라 할 것이다.

달다; 달짝하다, 달브레하다, 달디달다…
짜다; 짭짤하다, 짭찌레하다, 짜디짜다…
쓰다; 쓰릿하다, 씁쓰레하다, 쓰디쓰다…
시다; 시큼하다, 새콤하다, 시적지근하다…
맵다; 매콤하다, 맵싸하다, 매우하다…
떫다; 떨떠름하다, 떨뜨레하다, 떨쩍지근하다…

한편, 한국어에는 온도를 나타내는 어휘들도 "덥다, 뜨겁다, 따갑다, 따시다, 따뜻하다, 따스하다, 따사롭다, 뜨뜻하다, 뜨끈하다; 춥다, 차갑다, 차다, 싸늘하다, 써늘하다, 선들하다, 썰렁하다, 시원하다" 등 다양하게 발달되어 있다.

이와 같이 국어의 감각어들은 의미분야를 분명히 구별하는 것이 아니라, 감정을 동반하고 있어서 표현을 다양하게 해 주는 데 더 큰 기여를 하고 있음을 알 수 있다.

2.3.

한국어의 어휘 속에는 많은 차용어가 포함되어 있다. 차용어는 우리 민족이 살아오면서 다른 민족으로부터 빌어다가 우리말 어휘체계 속에 함께 쓰게 된 어휘를 가리킨다. 19세기 이전에는 주로 중국어 차용어가 대부분을 이루었으나 현대에 와서는 서구계 차용어(특히 영어)가 큰 비중을 차지하고 있다. 차용어 중에는 언중들이 전혀 외래 요소임을 의식하지 못할 정도로 한국어에 동화된 것이 있는가 하면, 토착화 과정에 갈등을 겪으면서 외래 요소를 지닌 채 동화된 것도 있다. 대체로 한자어는 전자에 속하는 것들이 많고, 서구계 차용어는 후자에 속하는 것들이 많다.

2.3.1.

한국어 어휘에는 한자어가 많은데, 이들은 우리말 어휘체계에서 독특한 위치를 차지하고 있다. 한자어도 본래는 차용어이지만, 오랜 세월에 걸쳐 한국어 속에 유입되어 쓰이는 동안 본래의 중국음으로 읽히지 않고 모두 한국어의 음운체계에 동화되어 한국한자음으로 읽힌다. 뿐만 아니라, 고유어와 자유롭게 결합되어 새 단어를 형성하는 등 한국어 속에서 활발한 생산력을 가지고 있어, 대부분의 경우 언중들에게 외래요소라는 이질적인 느낌도 주지 않는다.

한자어는 오랫동안 사용되면서 한국어와 놀라운 친화력을 지니게 되었다. 첫째, 한자어는 고유어와 대등한 자격의 어휘 형태소로 "밥상(밥床), 약밥(藥밥), 색종이(색色종이)"처럼 자연스럽게 복합어를 만든다. 둘째, 한자어구(漢字語句)가 우리말 어휘체계 안에서는 "어차피(於此彼), 심지어(甚至於)"처럼 하나의 낱말처럼 사용된다. 셋째, 한자어가 본래의 한자음을 포기하고 국어의 음운현상에 따라 "성냥(←石硫黃 석류황), 숭늉(←熟冷 숙냉), 누비(←衲衣 납의)"처럼 발음되기도 한다. 넷째, 한자가 고유어와 동의중복(同義重複)의 형식으로 어울리어 "굳건(健)하다, 익숙(熟)하다, 온전(全)하다, 농(濃)익다"처럼 새로운 고유어를 만들어내는 자원의 구실도 한다. 이와 같이 한자어는 한국어 속에 섞여 쓰이는 데 아무 지장이 없을 정도로 한국어에 동화되었지만, "등산(登山), 애국(愛國)"에서처럼 중국어의 어순(주어+서술어+목적어)을 유지하는 경우도 있다.

2.3.2.

한국어 어휘에는 몽고계 차용어와 일본계 차용어도 있다. 몽고계 차용어들은 13, 4세기에 몽고의 침략기간에 주로 들어왔다. 당시의 정치, 사회적인 환경에 따라 관직명, 군사 용어를 비롯하여 말, 매에 관련된 어휘가 주류를 이루었으나, 오늘날에는 '보라매, 보라색, 수라' 등 소수의 어휘만 남아 있다. 일본계 차용어는 개화기로부터 일제 식민통치 기간 동안 사회 전반에 걸쳐 마구잡이로 유입되었으며, 해방 이후에는 그것을 정리하여 순화하는 작업에 정력을 쏟아부었다.

2.3.3.

한국어 어휘에는 서구계 차용어가 많다. 서구계 차용어는 그것이 원래의 말에서 어떤 문법적 기능을 가진 것이건 명사로 받아들인다는 사실이 특징이다. 즉 동사, 형용사의 경우에 그것들을 어간으로 직접 차용하는 것이 아니고, 어근의 자격으로 바꾸어 차용하기 때문에 그 뒤에 '하-'를 덧붙여 어간처럼 사용한다. '스마트(smart)'의 경우, '스마트-다, 스마트-고, 스마트-면'으로 사용하지 않고, '스마트하-다, 스마트하-고, 스마트하-면'으로 사용한다.

한편 차용어가 2음절 이상인 경우에는 2음절로 줄여서 사용하는 경향이 있는데, '슈퍼마켓(supermarket), 바겐세일(bargain sale)'을 '슈퍼, 세일'로 사용하는 것이 그러한 경우이다. 서구계 차용어의 차용경로는 '서구→중국→한국, 서구→일본→한국, 서구→한국'과 같이 다양하기 때문에, 'rail'처럼 '철로(중국계), 철도(일본계), 레일'과 같이 3중의 어휘체계를 이루는 경우가 있는가 하면, 'band'처럼 일본을 거친 '반도'는 '허리띠'의 뜻을 지니고, 바로 들어온 '밴드'는 '악단, 악대'의 뜻을 지니고 있어 의미상 서로 구별되는 경우도 있다.

2.4.

앞으로 서구계 차용어의 증가는 예측할 수 없을 만큼 빠른 속도로 진행되며, 고유어 그 중에서도 의성어·의태어, 감각어 등은 이에 상응하는 속도로 소멸되어 갈 것이다. 차용어의 증가 자체는 막을 수 없다 하더라도, 차용어들을 우리말에 적절하게 동화시키고, 고유어 사용에 관심을 가져 우리말 어휘 자산을 늘이는 데 힘을 쏟아야 한다. 이렇게 함으로써 우리들의 언어생활은 더 풍요로와 지며, 민족문화도 육성될 것이다. 나아가 우리의 고유한 언어문화를 국제화하는 방법도 진지하게 생각해 보아야 한다.

_ 김형철

3. 문법적 특징

3.1.

세계의 언어를 첨가어(添加語, agglutinative language)·굴절어(屈折語, inflectional language)·고립어(孤立語, isolating language)로 나눌 때, 한국어는 전형적인 첨가어에 속한다.

첨가어는 어근(語根)이나 어간(語幹)에 굴절접미사들이 첨가되거나, 체언이나 체언상당어에 조사가 첨가되어 접미사나 조사가 문법적 기능을 나타내는 언어인 것이다. 이러한 첨가어적 특성에서 한국어의 문법적 특징을 찾을 수 있다.

먼저, 어근(뿌리, root)에 접미사나 어미가 붙어서 단어를 이루는 것을 보기로 하자.

> "깨 뜨리 시 었 겠 더 군 요."
> ① ② ③④⑤⑥⑦⑧

①의 '깨-'는 어근(어간이기도 함)이며, ②의 '-뜨리-'는 힘줌의 뜻을 나타내는 접미사, ③의 '-시-'는 높임의 선어말어미, ④⑤⑥의 '-었-', '-겠-', '-더-'는 모두 시간을 보이는 선어말어미들이며, ⑦의 '-군'은 감탄의 뜻을 보이는 어미로서 문장을 끝맺는 기능을 하는 것이다. ⑧의 '-요'는 문장을 끝맺는 어미의 역할을 하거나 연결어미에 다시 덧붙어서 말 듣는이를 높이는 뜻을 나타내는 조사의 기능을 하는 것이다. 즉, '좋지: 좋지요', '좋아: 좋아요', '갔는데: 갔는데요'에서 보는 바와 같다. 그 외에도 어근이나 어간에 여러 접미사나 선어말어미 또는 파생접사들이 첨가되어 단어를 이루고 있다.

조사(助詞)는 체언에 첨가되어 그 체언의 격(格, case)을 표시해 주는 격조사(格助詞) 7가지와 체언의 격을 표시하기도 하면서 뜻을 더해 주는 보조사(補助詞)—이는 여러 격에 두루 쓰이기도 하고, 체언 이외의 품사에도 붙는데 특수조사(特殊助詞)라고도 한다—와 둘 이상의 체언을 같은 자격으로 접속시켜 주는 접속조사(接續助詞)가 있다.

한국어의 격조사에서 특이한 것은 서술격조사 '-이다'다. '-이다'는 체언에 첨가되어 용언의 주기능인 서술어가 되기도 하고, '-이-'가 어간이 되어 활용하는 형태는 용언의 그것과도 비슷하다. 이를 계사(繫辭, copula)라 하는 이도 있다. 첨가어인 한국어의 문법 특징을 형태론적인 면과 통사론적인 면으로 살펴보자.

3.2.

형태론적인 면에서 한국어의 품사 분류는 앞의 조사를 포함하여 9품사로 나눈다. 첨가사 격인 조사의 품사 설정 문제는 초기 문법학자들 사이에 많은 논란을 거듭했지만 학교문법에서는 긍정적 입장에서 9품사에 포함시키기로 했다. 9품사(명사, 대명사, 수사, 동사, 형용사, 관형사, 부사, 감탄사, 조사)를 간략히 살펴보기로 하자.

3.2.1. 명사(名詞)

명사는 일반적으로 "사물의 이름을 가리키는 품사"로 정의되고 있다. 명사는 뒤에 격조사를 붙여 문법적인 기능을 표시하는 것이 원칙이나 조사를 생략하기도 한다. 명사는 사용 범위에 따라 보통명사와 고유명사로 나누고, 자립성의 유무에 따라 자립명사와 의존명사로 나누어진다. 그리고 다른 품사에서 전성되었는지의 여부에 따라 본래명사와 전성명사('파생명사'라 하기도 하며 전성어미 '-ㅁ/기'가 담당한다)로 나눌 수 있다. 전성명사와 명사형('동명사'라 하기도 하는데 이는 명사가 아니고 동사나 형용사이다)의 구별이 어려울 때가 있다. 이 둘의 변별 방법은 아래의 예문에서 보는 것과 같이 관형어의 수식을 받으면 전성명사이고, 부사어의 수식을 받으면 명사형이 되는 것이다.

예_ 많은 <u>그림을</u> 잘 <u>그리기는</u> 어렵다.

3.2.2. 대명사(代名詞)

대명사는 사물에 이름을 붙이지 않고 다만 가리키기만 하는 품사로 정의되고 있다. 한국어 대명사의 대표적인 형태를 보면 다음과 같다.

[인칭대명사]

1인칭: 나, 저; 우리, 저희

2인칭: 너, 자네, 당신, 댁, 어르신; 너희

3인칭: 얘, 이이, 이분 ; 걔, 그이, 그분(그); 쟤, 저이, 저분

미지칭: 누구, 어느분, 어느 어른

부정칭: 아무, 아무분, 아무 어른

[지시대명사]

사물표시: 이것, 그것, 저것; 무엇, 어느것; 아무것

처소표시: 여기, 거기, 저기; 어디, 아무데(아무쪽)

[재귀대명사]

자기, 저, 제(저의), 당신; 저희

한국어의 대명사에는 대우법의 구분이 있다는 점이 특기할 만하다.

3.2.3. 수사(數詞)

수사는 사물의 수량이나 순서를 가리키는 품사로 정의되고 있다. 수사는 사물의 수량을 지시하는 양수사(量數詞; 하나, 둘, 셋 …… 한둘, 두셋 …… 일, 이, 삼 ……)와 대상의 순서를 가리키는 서수사(序數詞; 첫째, 둘째, 셋째 …… 한두째, 두어째 …… 제일, 제이, 제삼 ……)로 나눌 수 있다. 그런데 여기에서 한 가지 주의를 환기해 둘 것이 있다. 그것은 양수사의 '하나, 둘, 셋, 넷'이 관형사가 되면 '한, 두, 세, 네'로 되는데, '다섯'부터는 그 형태의 변화가 없다. 즉 수사의 관형사가 모두 '다섯, 여섯 ……'의 형태이다. 그러나 조사의 첨가 여부로 수사와 관형사를 구분지을 수 있다. 관형사는 조사를 첨가할 수가 없다.

3.2.4. 동사(動詞)와 형용사(形容詞)

동사는 사물의 움직임을 과정적으로 표시하는 품사이고 형용사는 사물의 성질이나 상태를 표시하는 품사다. 동사는 그 움직임이 주어에만 미치느냐 주어 이외 목적에도 미치느냐에 따라 자동사(自動詞), 타동사(他動詞), 능격동사(能

格動詞; 중립동사라고도 하는데, 이는 다른 어떤 접사가 붙지 않고 자동사와 타동사로 공용되는 동사다)로 나눈다.

동사와 형용사는 어미변화를 하는 방식이나 문장 안에서의 기능에 있어서나 매우 흡사하다. 그러나 몇 가지 차이만은 분명하여 이를 동사, 형용사의 변별 기준으로 삼는 일이 많다.

그것은 동사에서는 가능하지만 형용사에서는 불가능한 몇 가지 활용형이다. 형용사는 명령형과 청유형으로 활용하지 않으며, 접사를 붙여 피동, 사동형을 만들지 못한다. 또한 형용사는 어미 '-ㄴ다/는다'(현재진행형), '-는'(관형사형)을 취하지 못한다.

동사와 형용사는 그 자체로서 자립적으로 서술어의 기능을 하는 것이 원칙이지만, 독자적인 의미기능을 하지 못하고 다른 동사나 형용사에 의존하여 의미를 보충해 주는 구실을 하는 경우도 있다. 그러한 것들을 보조동사, 보조형용사라 부르며, 이에 따라 이들의 도움을 받는 선행 동사를 특별히 지칭하고자 할 때는 본동사라 부른다.

동사와 형용사는 활용의 중심이 되는 줄기 부분인 어간과 가지나 잎사귀처럼 붙는 많은 종류의 어미가 일정한 모습으로 결합하는 규칙활용(規則活用)과 어간이나 어미가 형태를 바꾸는 불규칙활용(不規則活用)이 있다.

3.2.5. 관형사(冠形詞)

관형사는 체언 앞에서 그 체언이 뜻을 분명하게 제한하는 품사이다. 한국어의 품사 중 그 규모가 가장 작은, 그러면서도 가장 독특한 품사라고 할 수 있다. 다음 (ㄱ)~(ㄹ)에 제시하는 것이 관형사 목록의 거의 전부다.

(ㄱ) 이, 그, 저, 요, 고, 조

(ㄴ) 다른, 딴, 여느, 어느, 무슨, 웬, 각(各), 별(別)

(ㄷ) 모든, 온, 갖은, 온갖, 전(全)

(ㄹ) 새, 헌, 옛, 순(純)

관형사는 성질이나 상태 등의 나타냄에 따라 성상관형사(性狀冠形詞), 수관형사(數冠形詞), 지시관형사(指示冠形詞)로 나누기도 하고 다른 품사에서의 전성 여부에 따라 본래관형사와 전성관형사로 나누기도 한다. 관형사는 접두사와 혼동되는 경우가 많으므로 주의해야 한다.

3.2.6. 부사(副詞)

부사는 용언이나 다른 말 앞에 놓여 그 말의 뜻을 분명히 제한해 주는 품사이다. 부사는 한정의 범위 등에 따라 성분부사, 문장부사, 접속부사로 나누기도 하고, 다른 품사에서의 전성 여부에 다라 본래부사와 전성부사로 나누기도 한다.

3.2.7. 감탄사(感歎詞)

감탄사는 화자가 자신의 느낌이나 의지를 특별한 단어에 의지함이 없이 직접적으로 표시하는 품사이다. 감탄사는 관형사, 부사처럼 활용하지 않는다. 또 관형사처럼 조사가 붙는 일이 없다. 감탄사는 감정을 나타내는 것, 의지를 나타내는 것, 입버릇 및 더듬거림, 부르거나 대답하는 소리 등이 모두 감탄사가 된다.

3.3. 다음은 한국어 단어 형성의 원리 [조어법(造語法)]에 대하여 간략히 살핀다.

단어를 조어법의 관점에서 분류하면 단일어(simple word)와 복합어(compound)로 가를 수 있다. 단일어는 형태소 하나로 이루어진 단어를 가리키며, 복합어는 두 개나 그 이상의 형태소로 이루어진 단어를 말한다. 그리고 복합어는 합성어(complex word)와 파생어(derivative)로 나뉜다. 합성어는 어간의 직접구성요소(immediate constituent; IC)가 모두 어근이나 어간이거나 그보다 더 큰 단위로 이루어진 단어를 말하고, 파생어는 어간의 직접구성요소 중 하나가 파생접사인 단어를 말한다.

3.4. 한국어의 문장 성분은 ①주어 ②서술어 ③목적어 ④보어 ⑤관형어 ⑥부사어 ⑦독립어 등 7성분으로 나눈다.

①~④를 주성분이라 하는데 그 중 ①②를 절대적 주성분, ③④를 상대적 주성분이라 한다. ⑤⑥은 부속성분이라 하고, ⑦을 독립성분이라 한다. 이러한 문장 성분은 어떤 품사, 품사에 조사를 붙인 것, 품사의 활용형 등이 그 재료가 되는데, 이 성분의 자리에 한 문장이 대치될 때 이 문장을 절(節) 또는 내포문(內包文)이라 한다. 절도 문장의 한 성분이 되는 것이다.

① 주어는 체언이나 체언이 기능을 하는 말에 주격조사가 붙어서 된다.
② 서술어는 동사, 형용사 그리고 체언 또는 체언 구실을 하는 말에 '-이다'(서술격조사)가 붙어서 된 말들로 이루어진다.
③ 목적어는 주어의 경우와 마찬가지로 체언이나 체언 구실을 하는 말에 목적격조사 '-을/를'이 붙어서 이루어진다.
④ 보어는 체언뿐만 아니라 명사구, 명사절을 비롯하여 체언 구실을 하는 말에 보격조사 '-이/가'가 붙어서 이루어진다. 보어의 서술어는 '되다'와 '아니다'만이 선택될 수 있다.
⑤ 관형어는 관형사, 용언이 관형사형, 그리고 체언이나 체언 구실을 하는 말에 조사 '-의'가 붙은 것으로 이루어진다.
⑥ 부사어는 여러 가지 방식으로 복잡하게 이루어진다. 부사와 체언에 여러 가지 부사격조사가 붙은 것이 부사어가 된다. 특히 부사어에는 보조사가 붙어서 뜻을 돕기도 한다.
⑦ 독립어는 감탄사나, 체언에 호격조사가 붙은 것, 그리고 접속부사로 이루어진다.

3.5. 다음, 한국어의 어순(語順)을 보자. 굴절어, 고립어와는 달리 한국어는 주어(S)+목적어(O)+서술어(V) 구조의 언어이다.

나는	너를	사랑한다	(SOV)	〈첨가어〉
I	love	you	(SVO)	〈굴절어〉
我(wǒ)	愛(ài)	你(nǐ)	(SVO)	〈고립어〉

한국어는 어순이 SOV언어로 목적어가 동사에 앞서고, 꾸미는 말이 꾸림을 받는 말 앞에 놓인다는 특징도 가진다. 한국어의 어순은 '자유 어순' 언어라는 언급은 영어와 같이 어순이 고정된 언어에 비해 융통성이 있다는 뜻이지 문자 그대로 자유로운 것은 아니다. 수식어의 어순, 관계절의 어순, 주어-보어의 어순 등은 고정 어순으로서, 정상적인 상황에서는 도저히 어순이 변이를 허용하지 않는다.

3.6.

이상으로 한국어의 문법적 특징을 간략하게 끝내면서, 앞에서 언급된 것 이외에도 한국어는 사동과 피동, 시제와 동작상, 복잡한 대우법 체계가 있으며, 문장의 짜임도 홑문장(단문)과 겹문장(복문; 안은 문장과 안긴 문장, 이어진 문장)으로 이뤄지고 있는 점 등을 첨기하여 둔다.

김영태

4. 국어의 역사

"십 년이면 강산도 변한다."는 말이 있다. 흐르는 시간 앞에 변하지 않는 것이 어디 있으랴. 말(언어)도 마찬가지다. 15세기 중엽에 만들어진 『용비어천가』나 『석보상절』 등의 문헌을 살펴 보면, 오늘날에는 이해하기 어려운 말들이 한둘이 아님을 발견하게 된다. 그때 말과 지금 말 사이에는 적잖은 차이가 있었음을 보여 주는 대목이다. 그래서 언어학자들은 '변화성(changeability)'을 말의 중요한 특성의 하나로 치기도 한다.

그렇다면, 우리가 사용하는 국어는 어떤 변화 과정을 거쳐 오늘에 이르게 되었을까? 여기에서는 우리 국어가 역사적으로 흘러 온 과정을 간단히 알아보기로 한다.

4.1. 국어의 계통

국어의 흐름을 알기 위해서는 먼저 그 '뿌리'부터 이해해야 한다. 한 집안으로 치면, 시조 할아버지에 해당하는 '공통 조어'에 대한 이해가 필요하다는 것이다. 현재까지의 연구에 의하면, 국어는 알타이 어족(Altaic family)에 속한다는 것이 정설이다.

알타이 어족은, 그 이전부터 있어 왔던 우랄·알타이 어족(Ural- Altaic family)에서 분리된 것으로, 20세기 초엽에 알타이 어학의 개조(開祖)로 불리는 G. J. 람스테트(Ramstedt) 박사에 의해 구체화되었고, 그의 제자 N. 포페(Poppe) 등에 의해 더욱 정밀화되었다. 그들의 주장에 따르면, 알타이 어족은 중앙 아시아의 어느 위치에서 발흥하여 사방으로 퍼져 나간 한 무리의 어족인데, 전통적으로 몽골어, 터키어, 퉁구스어 등이 이에 속했고, 국어는 1928년에 람스테트 박사에 의해 본격적으로 이 어족에 소속되기에 이르렀던 것이다.

그러나 국어는 나머지 세 언어와는 달리, 알타이 어족으로서의 친족 관계가 분명하지 않은 면이 많다. 그리하여 국어가 알타이 어족에 속한다 해도, 거기에서 가장 먼저 분리되어 나갔을 것이라는 가설들이 끊임없이 제기되어 왔다. 국어를 일본어나 고대 아시아 언어의 하나인 길랴크(Gilyak)어 등과 연관시키는 작업이 나온 것도 이와 무관하지 않다.

이상을 종합해 보면, 옛날 한반도와 만주 벌판에는 서로 다른 언어를 사용한 여러 종족들의 교체가 있었고, 상대적으로 후대에 이곳에 정착한 알타이족의 지배를 받음으로써, 알타이 계통의 언어가 중요한 언어가 되었을 것이라고 추론할 수 있다.

4.2. 선사 시대 및 고대 국어

역사 이전의 시대에 알타이 공통 조어, 또는 고아시아어로부터 갈라져 나온 국어는 어떻게 발전해 왔을까? 이 부분의 논의 역시 추상적인 것이 될 수밖에 없지만, 우리 학계에서의 지배적인 견해는 다음과 같이 정리된다.

알타이 조어에서 분화한 국어는 서력 기원을 전후하여 북방계(부여어계) 언어와 남방계(한어계) 언어로 갈라지기 시작했다. 만주와 한반도 북반부에 분포한 북방계 언어에는 부여어·고구려어·옥저어·예어 등이 있었고, 남방계 언어에는 삼한의 언어들이 있었다. 이후 북방계 언어는 고구려어로 대표되기에 이르렀는데, 이는 고구려가 북방 지역을 통합하게 된 역사적 사실에서 기인한 것이다.(중국의 고대 역사책들은 부여어·고구려어·옥저어·예어 등이 근본적으로는 서로 다르지 않았다고 적고 있기도 하다.)

한편, 남방계 언어는 마한 지역을 대표하는 백제어, 변한 지역을 중심으로 하는 가야어, 진한 지역에서 비롯한 신라어로 분화되었다. 이 중 가야어는 오히려 북방계 언어적인 요소가 있다고 주장되기도 하고, 백제어는 지배족의 언어는 북방계 언어이고 피지배족의 언어는 남방계 언어였는데, 점차 후자 쪽으로 언어 통일이 되어 간 것으로 기술되기도 했다.

이후 6세기에 신라가 가야를 정복함으로써 가야 지역도 신라어 권역에 들어 가게 되었고, 이로써 당시 한반도와 만주 벌판에는 북쪽의 고구려어, 남쪽의 백제어·신라어가 주요 언어로 존재하게 대립하게 되었다. 이 세 언어 중 백제어와 신라어 사이에는 방언 정도의 차이가 있은 반면, 고구려어와 이 두 언어 사이에는 방언 이상의 차이가 있었다고 보고 있다. 그러던 것이 7세기 후반에 신라가 백제와 고구려를 멸망시킴으로써 한반도에 언어의 통일이 이루어지게 되었던 것이다.

공통 조어로부터 분화하여 10세기까지 이어져 온 국어를 보통 고대 국어라 부른다. 이 기간에는 여러 언어가 있었지만, 그 언어들은 결과적으로는 신라어에 흡수·통합되었고, 이 신라어가 중세를 거쳐 오늘날 국어의 근간이 되었다고 보기 때문에(후술 참조), 고대 국어를 좁게는 신라어만을 가리킬 때가 많다.

4.3. 중세 국어

중세 국어는 10세기에서 16세기 동안의 국어를 가리키는 말이다. 대체로 말하면, 통일 신라가 멸망하고 고려가 건국하던 때가 고대 국어와 중세 국어가 나뉘는 시점이 된다. 이는 행정 중심지의 이동, 즉 한반도 동남쪽에 위치한 경주에서 그 중부에 위치한 개성으로 수도가 옮겨 간 것과 연관이 있는 것이다.

그런데 개성 지역은 원래 고구려 땅이었기 때문에, 개성 지역어가 중앙어가 된 고려 시대는 고구려어 중심의 시대라고 할 수 있을지 모른다. 그렇다면, 오늘날의 국어는 신라어가 중심이 된 것이 아니라 고구려어가 중심이 된 것이라고 해야 할 것이다. 왜냐하면, 고려 시대의 중부 지역어가 조선을 거쳐 오늘날의 중앙어로 이어졌기 때문이다. 그러나 여기에서 주목되는 것은, 고려 건국 당시의 개성 지역에는 고구려어적 요소보다는 신라어적 요소가 많았다는 사실이다. 신라의 삼국 통일에서 고려의 건국까지는 200년 이상의 시간이 있었고, 그 기간 동안에 개성 지역에도 신라어가 지배자의 언어로 득세하게 되었음을 생각하기란 어렵지 않은 일이기 때문이다.

따라서 중세 국어는, 비록 옛 고구려 땅에 도읍한 고려 시대의 언어로부터 시작하긴 해도, 개성 지역에 고구려어는 그 흔적만 남기고 신라어가 보편화되었기 때문에, 오늘날의 국어는 신라어 중심이라고 하는 것이 합리적이다.

그러나 북한의 학자들은 남한 학계의 이러한 태도에 근본적인 이의를 제기하고 있다. 그들의 주장은 삼국 및 그 이전 시대에 북방계 언어와 남방계 언어가 방언 이상의 차이가 난 것이 아니라는 데 기반을 두고 있다. 고려가 개성에 도읍함으로써 중앙어가 된 개성 지역어(고구려어)는 경주 지역어(신라어)와 근본적으로는 같은 언어이지만, 방언 차이는 인정할 수 있기 때문에 오늘의 국어는 신라어가 아니라 고구려어가 중심이 되어 이어져 왔다는 것이다.

중세 국어도 훈민정음이 만들어지기 이전까지는 분명한 모습을 드러내 놓지 않는다. 우리말을 기록한 문헌이 너무나도 부족한 데다, 그 문헌마저 한자·한문 등으로 되어 있어 완전한 이해가 힘들기 때문이다. 그러나 세종 임금이 훈민정음을 반포함으로써 비로소 우리말을 우리말답게 적을 수 있게 되었고,

정음으로 된 다수의 문헌이 존재하기 때문에 훈민정음 창제 이후의 국어 모습은 꽤 자세하게 알 수 있게 되었다.

15, 16세기 무렵의 국어는, 오늘날의 국어와 차이나는 부분이 꽤 있었는데, 그 중 중요한 몇 가지를 정리하면 다음과 같다.

무엇보다 먼저, 지금에는 없는 'ㅸ(β), ㅿ(z), ㆍ(ʌ)' 등이 당시에는 음소로 존재했다는 점을 들 수 있다. 'ㆍ'는 18세기 후반에 중앙어에서 완전히 자취를 감추게 되는데, 'ㆍ'의 소실로 말미암아 국어 모음조화가 심각한 타격을 받게 되었다.

오늘날 단모음 [e, ɛ]로 발음되는 'ㅔ, ㅐ'가 당시에는 [əj, aj]와 같은 복모음으로 발음되었다는 사실도 눈여겨 볼 대목이다.('ㅚ, ㅟ, ㅢ' 등도 당시에는 각각 [oj, uj, ɨj] 등으로 발음되었다.) 'ㅔ, ㅐ'가 단모음으로 바뀐 것은 18세기 말엽의 일이다.('ㅚ, ㅟ'가 단모음으로 발음되기도 한 것은 20세기 이후의 일이고, 'ㅢ'는 아직도 복모음으로 발음되는 경향이 있다.)

오늘날 영어를 보면, '<u>st</u>op, <u>tr</u>ue' 등 말머리에 두 개의 자음이 올 수 있음은 물론, '<u>str</u>ange, <u>str</u>ike' 등 말머리에 세 개의 자음도 올 수 있을을 알 수 있는데, 중세 국어에서도 말머리에 둘 또는 세 자음이 올 수 있었다.(이런 자음을 어두자음군이라 한다.) 'ᄡᆞᆯ(米)'과 'ᄠᅳᆮ(意)' 등 'ㅂ'으로 시작하는 합용 병서는 [psʌl, ptɨt]과 같이 자음군으로 발음되었을 뿐만 아니라, 'ᄯᆞᆯ(女息), ᄯᅥᆨ(餠), ᄯᅩᆼ(糞)' 등 'ㅅ'으로 시작하는 합용 병서도 애초에는 각각 [stʌl, stək, stoŋ]으로 발음되었을 가능성이 있다.(제주도에서는 노인들이 '딸'을 '시똘년'으로, '떡'을 '시떡'으로, '똥'을 '시똥'으로 발음하고 있음을 참조할 수 있다.) 그렇다면, 'ᄢᅳᆷ(隙), ᄣᅢ(時)' 등도 각각 [pskɨm, pstaj]와 같이 세 개의 자음군으로 시작하는 발음이었을 것이다.

현대 국어 '눈(眼)'과 '눈(雪)'에 대한 발음은 서로 다른데, 서울 지역을 비롯한 대부분 지역에서는 소리의 길이(length)로써 이를 구별하지만 — 즉, [눈](眼) 대 [눈 :](雪) — , 경상도 지역에서는 소리의 높이(pitch)로써 이를 구별한다 — 즉, [눈^3](眼) 대 [눈$_1$](雪) — . 중세 국어는 오늘날의 경상도 방언과 같이 높낮이가 있었던 성조 언어였는데, 이런 특성이 대부분의 방언에서는 근대 국어

이후 사라졌던 것이다.

그런가 하면, 명사형 등을 만들 때는 '-오/우-'를 넣어 '막+오+ㅁ → 마곰, 먹+우+ㅁ → 머굼'과 같이 했고, 객체를 존대하고자 할 때는 선어말 어미 '{-ᄉᆞᇦ-} (=-ᄉᆞᇦ/ᄌᆞᇦ/ᅀᆞᇦ-)'을 사용했다는 특징이 있다. 중·장년층에 인기 있는 가요 '칠갑산'의 한 부분인 "홀어머니 두고 시집가던 날"을 중세 국어스럽게 하면, "홀어머니 두ᅀᆞᇦ고 . . . "로 되어 객체인 '홀어머니'를 높일 수 있었는데, 이 용법 역시 근대 국어 이후 사라졌다.

오늘날 경상도 방언의 의문법 어미에는 '오'계와 '아'계가 대립하고 있음을 볼 수 있는데, 의문사가 있으면 '오'계가 선택되고, 그것이 없으면 '아'계가 선택되는 것이다. "니 : 오데 가노? (=너 어디 가니?)" 대 "니 : 집에 가나? (=너 집에 가니?)" ; "이기 누 집고? (=이것이 누구의 집이니?)" 대 "이기 너거 집가? (=이것이 너희 집이니?)" 참조. 그런데 이런 용법은 중세 국어에 이미 존재해 있었던 것이다. 경상도 방언은 다른 방언과 달리 아직 그 옛 형식을 그대로 가지고 있는 것인데, 다른 방언에서는 근대 국어 후반부터 이런 형식이 사라지기 시작했다.

4.4. 근대 국어

17세기부터 19세기까지 3세기 동안의 국어를 근대 국어라 부른다. 근대 국어 시기에 현대 국어의 여러 특징들이 형성되었기 때문에, 이 시기의 국어에 대한 정밀한 연구는 오늘날의 국어 이해에 직접적으로 이바지하는 일이 된다. 앞에서 미리 언급한 것 외의 몇 가지 특징들을 정리해 보기로 하자.

먼저, 현대 국어에서 '굳이 → 구지, 같이 → 가치' 등으로 발음되는 구개음화 현상이 17세기와 18세기 교체기에 완성되었다는 점을 지적할 수 있다. 그 무렵에 경상도 등 일부 지역에서는 '길 → 질, 김 → 짐, 키(舵) → 치'와 같은 'ㄱ'계 구개음화도 일어나고 있었다.

오늘날 주격 조사는 모음 뒤에서는 '가'가 선택되고(소+가), 자음 뒤에서는 '이'가 선택되는데(사람+이), 이런 현상이 완성된 것도 근대 국어 시기였다. 중세 국어 후반에 주격 조사 '가'가 태동하기 시작했던 것이다. 과거 시제를 표시하는 선어말 어미 '-았/었-'의 근원 역시 근대 국어에서 찾을 수 있다. 이 표현은 원래 중세 국어 시기에 '-아/어 잇-' 형식에서 온 것인데, 이것이 그 줄어든 '-앳/엣-' 단계를 거쳐 근대 국어 시기에는 '-앗/엇-'으로 정착되었던 것이다. 따라서 그 뜻도 애초에는 '상태의 지속' 또는 '완료'였던 것인데, 근대 국어 시기에는 이런 뜻보다는 과거 시제를 나타내는 의미가 훨씬 더 강했던 것이다. 현대 국어에서 "지금 우리는 자리에 <u>앉았다</u>."가 '앉아 있다'로 이해되는 것은, '-았/었-'이 역사적으로 '상태의 지속' 등의 의미를 지니고 있었던 것의 영향인 것이다.

순수 우리말 어휘는 중세 국어에서도 한자어에 밀리거나 사어화했는데(즈믄>쳔, 바ᄃᆞ랍다>危殆ᄒᆞ다, 슈룹>우산 등), 근대 국어 시기에는 더욱 가속화하였다(뫼>산, ᄀᆞᄅᆞᆷ>강, 아ᅀᆞᆷ>친척, 이ᇙ다(迷)>×, 외ᄑᆞ다(刻)>×, 혁다(小)>× 등). 서양 문물이 들어오면서 새로운 어휘가 추가된 것(自鳴鐘, 千里鏡 등)도, 흥미있는 의미 변화가 일어난 어휘가 있다는 것(어리다 : 愚>幼少, 어엿브다 : 憐憫>美麗 등)도 근대 국어 시기의 일이었던 것이다.

4.5. 현대 국어

현대 국어는 20세기 초엽 이래 지금까지, 약 1세기 동안의 국어를 가리키는 말이다. 이 시기는 '개화 → 근대화 → 현대화'로 요약될 수 있는 시기이기도 하면서도, 일제의 침탈, 남북 분단, 한국 전쟁 등 시련과 고난이 점점이 박혀 있는 시기이기도 하다.

1933년에 한글 맞춤법이 제정(그 부분적인 수정은 1988년에 이루어졌다.)된 것은 언어 정책적인 면에서 상당한 의미를 지니는 사건이었다.

현대 국어는 19 자음, 최대 10 단모음 체계를 유지하고 있다. 후기 중세 국어의 22 자음, 7 단모음 체계; 근대 국어의 20 자음, 8 단모음 체계와 비교해 보면, 자음의 수는 계속 줄어 들었고, 단모음의 수는 계속 늘어났음을 확인할 수 있다.

형태·통사론적 특성은 근대 국어 시기에 확립된 것이 상당 부분 이어져 온 반면, 학술·예술·스포츠·요리·컴퓨터 관련 어휘 등이 외국으로부터 밀려 오기 시작했다. 이들 어휘는 주로 일본을 통해 들어 와 한자어로 번역된 경우가 제일 많았고, 원어로 받아 들인 경우도 적지 않은 반면, 순수 우리말로 옮겨 온 경우는 거의 없는 실정이라는 점은 새겨 둘 필요가 있는 대목이다.

김정대

연습문제

1. 15세기(훈민정음 창제 당시) 국어와 현대 국어는 어떠한 차이점이 있는지 음운적·어휘적·문법적 차이로 분류하여 설명해 보자.
2. 비판적인 시각에서 우리말을 사용할 때의 불편한 점과 우리말의 기존 틀에서 고쳐야할 점은 무엇이라고 생각하는지 자신의 견해를 밝혀 보자.

제2부 _ 말과 글살이

어떻게 말하고 들을 것인가 _ 임규홍

여기에 실린 4편의 글은 필자의 '어떻게 말하고 들을 것인가?'라는 책에 실린 57편의 글 가운데서 가려뽑은 것이다. 필자는 오늘날 우리의 말살이 교육이 학생들에게 유창성이나 논리성을 강조함으로써 그들을 말하기꾼이나 말하기 기술자로 만들고 있는 현실과, 우리들의 일상 말살이에서 날이 갈수록 도덕과 윤리가 무너져 가고 있는 현실이 안타까워, 모든 사람들이 올바른 말살이를 하는 데 도움을 주기 위해 이 책을 썼다고 한다. 이 책에 실린 글들은 말하기와 듣기를 통하여 말하는 사람과 듣는 사람이 사랑과 협력, 그리고 질서를 이루어내는 활동으로 나아가게 하는 데 초점을 두고 있다. 말살이에 대한 유익한 정보를 더 얻으려면 본래의 책을 참고하면 좋을 것이다.

1. 나의 말을 들어 준 사람에게 고맙게 생각하라.

우리가 남에게 말을 한다는 것은 두 가지로 나눌 수 있다. 하나는 상대가 알고 싶어하는 내용을 말하는 경우이고, 다른 하나는 상대의 요구에 관계없이 당신이 일방적으로 말을 하는 경우이다. 당신이 하고자 하는 말이 상대에게 전혀 도움이 되지 않으면서도 당신은 상대에게 말을 하는 경우가 있다. 그럴 경우 당신은 그 상대에게 고마운 마음을 가져야 한다. 상대는 당신의 고민을 들음으로써 당신으로 하여금 또 하나의 정신적 고통을 짐 진다는 것을 잊지 말아야 한다. 당신이 고통스러워하는 모습에 상대는 잠을 이룰 수 없다. 뿐만 아니라 당신이 상대에게 고통이나 고민을 털어놓는 동안 상대는 당신의 말을 들어야 한다. 상대는 지금 급한 일이 있는데도 당신을 위해 시간을 내어 준 것이다. 상대는 지금 자기의 고민에 가슴아파 하면서도 당신의 말을 들어주고 있음을 잊어서는 안 된다. 상대는 머리가 아프지만 그것을 참고 당신의 말을 들어주고 있지 않는가? 당신은 그러한 상대에게 당신의 고민과 슬픔을 마음껏 털어놓고는 그 답답했던 가슴을 쓸어 내리고 있지 않는가? 당신은 어느 누구에게도 말할 수 없는 가슴 아픈 사연을 상대에게 말을 하면서 위안을 찾으려고 하지 않았던가? 어느 누구도 당신의 말을 들어주지 않는다고 생각해 보자. 당신이 말을 하려고 여기저기 상대를 찾아 전화를 걸고 말을 걸었지만 그들은 나무 인간처럼 지금 시간이 없다는 말 한마디로 당신을 떠났다고 생각해 보자. 이럴 때 당신의 말을 들어준 상대에게 어찌 고마운 마음을 가지지 않겠는가?

당신의 말을 들어줄 사람은 당신과 가장 가까이 있는 사람임을 잊지 말아야 한다. 그는 곧 가족이요, 부부요, 스승이요, 친구이며, 이웃인 것이다. 당신의 말을 기꺼이 받아 주는 사람이야말로 진정 당신을 사랑하는 사람이다. 당신의 고통의 소리를 눈물로써 기꺼이 안아 주는 사람이야말로 진정으로 당신을 사랑하는 사람이다. 당신의 말을 들어준 사람은 그때만큼은 당신과 하나가 된 것이다.

> 나는 오늘도 어머니에게 꾸중을 들었다. 나는 아버지에게는 무서워 말도 못한다. 학교에서는 공부 못한다고 선생님께 꾸중만 듣고 선생님은 나의 말을 들으려고 하지 않는다. 내가 말하면 선생님은 들은 체도 하지 않고 무시해 버린다. 친구들도 나를 무시하는 것 같다. 나는 어느 누구에게도 말할 사람이 없다. 나는 외로운 사람이 되었다. 그 뒤 나는 혼자 있는 날이 늘어나면서 혼자 있기를 좋아하게 되었다. 어느 날 나를 이용하려는 나쁜 학생들이 나에게 접근해 왔다. 그들은 나의 말을 들어주곤 하였다. 그리고 그들은 나의 고민을 이해하면서 위로해 주었다. 나는 그들과 점점 가까워지기 시작했다. 그 뒤 나는 나를 찾아 주고 나의 말을 들어주는 사람을 따라 가게 되었다. 그 길이 어딘지 모르지만 나날이 깊은 골짜기로 걸어가게 되었다. 돌아올 길도 모르면서 자꾸만 나는 어디론지 걸어갔다. 나에게 눈길을 주고 관심을 가져 주는 사람을 따라 갔다. 그 길이 나의 운명을 바꾸어 놓은 길인 줄도 모르게 따라 갔다. 나는 이제 부모도, 사랑하는 동생도, 친구도, 선생님도 원망하게 되었다. 그들 모두 나의 눈길 하나

> 받아 주지 않았던 사람들이었기 때문이다. 이제는 내가 그들에게 눈길을 주지 않게 되었다. 나는 비바람이 세차게 몰아치는 허허 벌판에 혼자 서 있다. 세상을 원망할 뿐이다.

이것은 대화의 상대가 없어 괴로워하는 어느 학생의 고백이다.

당신의 말을 들어주는 사람에게 오늘도 고마운 마음을 가져야 한다. 그들이 진정 당신을 사랑하는 사람이다.

2. 말을 서로 나누어 가져라.

더불어 말을 할 때는 혼자 너무 많은 말을 하지 않는 것이 좋다. 당신이 하고 싶은 말이 많다고 그것을 모두 말해서는 안 된다. 말은 반드시 상대가 있게 마련이다. 상대가 없는 말은 무의미하다. 그래서 말을 할 때는 상대방의 존재를 중요하게 생각해야 한다. 당신의 말이 빛이 나고 상대에게 감동을 주기 위해서는 상대가 당신의 마음을 받아들일 자세가 되어 있어야 한다. 그렇지 않은 상태에게 당신이 아무리 힘과 정열과 시간을 바쳐서 한 말이라도 그것은 부질없는 것이 되고 만다. 더 나아가 당신에 대한 반감만 사게 되어 당신은 큰 손해를 입을 수가 있다.

당신이 말을 많이 하면 상대는 그 다음부터는 당신의 말을 들으려고 하지 않는다. 그리고 당신을 만나는 것을 두려워한다는 것을 알아야 한다. 상대는 당신의 말을 듣고 집으로 돌아가 잠자리에 들 때면 당신의 말을 곰곰이 생각한다. 혼자 너무 많은 말을 하지 않는 것이 좋다. 사람은 남이 많이 알고 있거나 많이 알고 있는 것처럼 보이는 사람을 싫어한다. 군자의 말은 적으나 진실하고 소인의 말은 많으나 진실하지 못하다.(◐君子之言 寡而實 小人之言 多而虛) 공자는 '어진 자는 그 말을 참느니라.', '말이 많으면 허물이 따르게 되고 말을 적게 하면 허물 또한 적게 된다.'고 하였다. 범노공(范魯公)이라는 송나라 재상은 시를 지어 그의 아들 고(杲)에게 경계하여 말하기를 '네게 훈계하노니, 말을 많이 하지 말라. 말 많음은 사람이 싫어하는 것. 진실로 추기(樞機)를 삼가지 않으면, 재액(災厄)이 이로부터 시작되네. 옳으니, 그르니 하며 헐뜯고 기리는 것은 몸에 허물이 되기에 알맞네.'라고 하였다.

솔로몬의 잠언에도 '말이 많으면 허물을 면키 어려우니 그 입술을 제어하는 자는 지혜가 있느니라.'라고 하였다.

이것은 말을 하지 말라는 뜻이 아니다. 때와 자리를 가려서 말을 하라는 뜻이다. 말의 많음에 대한 가르침이 어찌 이뿐이겠는가?

말이 많으면 말에 도취가 되어 자기도 모르게 하지 않아야 할 말도 하게 된다. 말이 말을 이끌고 가기 때문이다. 그래서 자기의 정보를 지나치게 많이 드러내게 된다. 자기의 정보를 상대가 많이 알면 알수록 당신은 상대에게 불리해진다는 것을 알아야 한다. 상대에게 적당한 정보만 말할 수 있는 것도 말을 잘 하는 것이다. 유명한 언어학자인 그라이스는 대화에 참여하는 사람들 상호간에 지켜야 할 원리를 협력 원리라 하면서 그 가운데 '양의 원칙'이 있다고 하였다. 이것은 '현재 대화상의 목적에 요구되는 만큼의 기여를 해야 하고, 요구되는 것 이상의 정보를 기여하지 말라'는 것이다.

말을 많이 하는 사람은 반대로 남의 말은 잘 듣지 않는 경우가 많다. 말을 많이 하는 사람은 지극히 자기 중심적이고 자존심이 강한 사람이 많다. 그래서 그는 남의 말을 귀담아 듣지 않고 모두 자기 쪽으로 생각하고 말을 하며 남의 말을 쉽게 수용하지 않으려 한다. 그것은 자기가 상대보다 더 많이 알고 있고 더 우월하다고 생각하기 때문이며, 상대의 말을 듣게 되면 혹시나 자기가 한 말이 부정되거나 거부되지 않을까 하는 두려움이 있기 때문이다. 말을 많이 하는 사람은 대화의 장을 자기가 주도해 나가야 심리적으로 안정이 된다. 그렇지 않고 남에 의해 수동적으로 이끌려 가는 경우는 매우 불안해 하고 남의 말에 집중을 하지 못한다. 그들은 언제나 대화에서 자기가 주체적, 능동적으로 참여하면서 상대로부터 인정을 받아왔다고 생각하기 때문에 대화에서 수동적으로 이끌림을 받는 것은 자신의 자존심이 상처를 받는 것으로 생각한다. 그래서 말을 많이 하고 대화를 주도적으로 이끌어 나가는 사람은 남의 말이나 대화에 수동적인 태도를 가지기 어렵다.

말은 사슬처럼 얽혀 있다. 고리에 고리를 물고 이어져야 한다. 상대방의 말을 받아 자기의 생각을 말하게 되고 자기의 말을 상대가 받아 말을 하도록 해야 한다. 혼자 말을 많이 한다는 것은 상대의 귀한 시간을 함부로 빼앗는 것이다. 그러므로 말하는 사람은 상대가 당신의 말을 들어주기 위해 시간을 내어주고 있음을 알아야 한다. 때때로 상대가 스스로 마음을 내어 당신의 말을 들으려고 할 때도 있겠지만 모두가 당신의 말을 듣고 싶어할 것으로 착각해서는 안 된다. 우리는 우리의 말을 듣고 있는 상대가 지금 누구와 만나기로 약속을 했거나 바쁘게 할 일이 있는데도 우리의 직위나 권위 때문에 억지로 우리의 말을 들어주는 것은 아닌지 한번쯤 생각해야 한다.

대화에서는 말하는 자기도 중요하지만 상대도 자기만큼 중요하고 상대로부터도 귀중한 정보를 얻을 수 있다는 마음을 가져야 한다. 우리가 알고 있는 것은 진리의 먼지에 불과하다. 그것도 옳은 것인지 모르지마는 말이다.

특히, 말하는 사람이 듣는 사람보다 손위이거나 상사일 경우는 더욱 말을 적게 하고 상대의 말을 많이 듣도록 해야 한다. 상대는 당신의 말을 듣기 싫어도 억지로 들어야 하기 때문이다.

3. 항상 진지하고 겸손한 태도로 말하고 들어라.

말을 하는 사람이나 말을 듣는 사람은 서로가 진지하고 겸손한 자세를 가져야 한다. 말하는 사람이 진지한 자세로 말을 하지 않으면 듣는 사람 또한 진지한 자세로 듣지 않는다. 말을 한다는 것은 상대에게 중요한 정보나 자기의 생각을 주는 것이다. 자기의 중요한 정보를 상대에게 줄 때는 정성을 다해 진지한 자세로 주어야 한다. 자기의 귀한 선물이나 귀한 물건을 다른 사람에게 성의 없이 주는 것은 자기 스스로 그 귀한 선물이나 물건을 하찮은 것으로 생각하는 것이다. 자기의 귀한 것을 상대도 귀하게 받도록 하기 위해서는 주는 자기가 상대에게 줄 때의 자세를 엄숙하고 진지하게 해야 한다. 우리는 제사를 지내면서 조상에게 바치는 술과 음식을 정성을 다해 바치게 된다. 이것은 상대에 대한 예의일 수도 있겠지만 상대에게 바치는 것이 매우 뜻있고 정성을 다했음을 뜻하기도 한다. 자기의 어떤 정보를 상대가 귀하게 여기도록 하기 위해서는 정보를 주는 사람의 태도 또한 진지하고 정성이 들어 있어야 한다.

그리고 자기의 중요한 정보는 상대가 온전히 받아들일 수 있는 상황에서 주어야 한다. 상대가 당신의 정보를 받는 것보다 더 중요한 일을 한다거나 고민에 빠져 있거나 주위의 환경이 당신의 말을 받아들일 수 없는 경우는 당신은 말을 하지 않는 것이 좋다. 그런데도 불구하고 자꾸 말을 하거나 시키는 것은 상대를 괴롭히는 것이며, 결국 상대는 당신을 피하게 되고 그들의 관계는 무너지게 된다. 말하는 사람이든지 듣는 사람이든지 자기가 스스로 귀하게 생각하면 상대도 당신만큼 귀하다는 것을 잊어서는 안 된다.

그리고 말을 듣는 사람 또한 상대의 말을 정성껏 받아야 한다. 상대가 당신에게 그 귀한 정보와 생각을 주고 있는데 당신이 받을 자세가 되어 있지 않으면 상대는 당신에게 더 이상 정보를 주지 않으려 하게 되고, 무척 불쾌하게 생각한다. 그러한 행동은 극단적으로 '나는 너의 말을 듣기 싫다'든가 '너의 말은 들을 가치가 없다'는 표현으로 이해할 수 있다. 그것은 그들이 당신에게 귀한 선물을 주려고 하는데 당신은 그 선물을 받으려고 하지 않거나 받고는 멀리 던져 버리는 것과 같다.

상대가 말을 하면 상대의 눈을 쳐다보고 진지한 모습을 보여야 한다. 그것이 그 사람에 대한 최소한의 예의이며 상대를 존경하는 것이다. 그럴 경우 그들 또한 당신의 말을 진지하고 겸손한 자세로 듣게 된다.

4. 당신과 가까운 사람일수록 말을 많이 나누어라.

흔히 우리는 이상하게도 우리와 가까운 관계에 있는 사람보다 먼 관계에 있는 사람과 말을 더 많이 한다. 부모와 자식 사이, 부부 사이, 형제 사이, 선생과 제자 사이 등 그 관계가 가까우면 가까울수록 훨씬 대화를 많이 할 것 같은데 사실은 그렇지 못하다. 자기 집에 들어와서 부부와 자식들에게는 거의 말을 하지 않는 사람도 밖에 나가서는 말을 많이 하는 사람이 있다. 주위 이웃과 직장 동료와는 온갖 말을 나누고 술잔을 기울이면서도 일 년에 한두 번 만나는 형제들과는 거의 말을 나누지 않고 얼굴만 보고 돌아온다.

어떤 사람은 가까이 있는 사람에게는 눈빛과 느낌으로 알 수 있게 때문이라고 할지 모른다. 아니면 상대가 잘 알고 있겠지 하는 믿음 때문이라고 할지도 모른다. 그러나 사실 우리는 놀랄 정도로 가까이 있는 사람에 대해 잘 알지 못함을 알아야 한다. 부모는 자기 자식이 무엇을 하고 있으며, 어떻게 지내고 있는지, 자식은 부모가 무엇을 하며, 어떻게 지내는지, 형제가 무엇을 하며, 어떻게 지내고 있는지. 우리는 생각만큼 그렇게 많이 알지 못한다.

이것은 서로가 말을 많이 나누지 않았기 때문이다. 사랑할수록 가까이 있는 사람일수록 더 많은 말을 나누어야 한다. 우리는 가까이 있는 사람에게는 언제나 쉽게 말을 할 수 있을 것으로 생각하기 쉽다. 그러나 가까이 있는 사람이 언제나 그대로 우리 가까이 있는 것이 아니다. 돌아서 보면 당신 곁에 있었던 사랑했던 사람들은 이미 당신 곁에서 사라지고 없다.

다음 시구가 떠오른다.

> 심중에 남아 있는 말 한마디
> 끝끝내 마저 하지 못하였구나!
> 사랑하던 그 사람이여!
> 사랑하던 그 사람이여!
>
> _ 김소월의 '招魂' 중에서

[어떻게 말하고 들을 것인가], 도서출판 박이정, 1998.

연습문제

1. 상대의 요구에 관계없이 나의 필요에 의해 말을 할 때는 어떤 경우인지 알아보고, 그 때 주의해야 할 점은 무엇인가에 대해서도 알아보자.
2. '말을 서로 나누어 가져라' 라는 문장의 속뜻은 무엇인지 생각해 보자.
3. 가정(학교)에서 부모님(교수님)과 충분한 대화를 나누고 있는지 생각해 보자. 그렇지 못하다면 그 원인이 무엇인지 찾아보자.

언어 예절 _ 허철구

●

언어생활은 사람과 사람의 관계를 기본으로 하고 있으므로 예절이 필수적이다. 그런데 컴퓨터로 상징되는 정보화 시대에는 정보의 소통에만 초점을 맞추다보니 예절에 대한 관심이 점점 없어져가고 있는 실정이다. 예절은 '나보다 너를 먼저', '너를 편안하게', '지나치지 않게(過恭非禮)'를 근본정신으로 하고 있다. 의사소통과 예절이 상충될 때는 예절을 우선시해야 한다. 언어 예절이란 한마디로 규범에 맞게, 발화장면에 맞게 하되, 화·청자가 편안함을 느끼게 하는 것이라고 할 수 있다. 언어 예절도 시대와 장소에 따라 바뀐다. 그러나 그것의 바탕에는 언제나 상대방을 존중하고 자신을 낮추되, 비굴하지 않게 하려는 정신이 있어야 한다.

1. 언어 예절의 중요성

예의 바른 언어는 사람의 가장 기본적인 덕목이다. 바르고 공손한 말을 쓰는 사람은 품위 있게 보인다. 반면에 예의 바른 언어를 쓰지 않는 사람은 다른 이로부터 호감을 얻기 어렵고 사람됨의 아름다움을 느끼기도 어렵다.

언어 예절의 기본은 상대방을 존중하고 상대방의 처지를 배려하면서 말하는 것이다. 흔히 상대방을 전혀 생각지 않고 함부로 말하여 듣는 사람을 매우 난처하게 만드는 경우를 볼 수 있다. 공공 장소에서 조용히 말하는 것은 기본적인 예절인데도 그것조차 제대로 지켜지지 않는 상황도 쉽게 볼 수 있다. 이러한 것은 다 다른 사람을 배려하지 않는 태도이다. 그런데도 그것을 거침없고 활달한 성격쯤으로 생각하는 잘못된 풍조가 여전히 우리 사회에 남아 있는 것도 현실인 듯싶다.

언어 예절에는 명심할 내용이 많이 있다. 무엇보다도 밝고 부드럽게 말하고 발음은 똑똑하게 하여야 한다. 퉁명스럽게 말하거나 잘 알아듣지도 못하게 중얼거리듯 말하는 것은 좋지 않다.

말할 때 태도는 매우 중요하다. 아무리 좋은 내용이라도 말하는 태도가 공손하지 못하다면 상대방이 기분 좋게 여길 리가 없다. 불손한 자세나 심술궂은 표정으로 말한다면 듣는 사람은 무척 불편하게 느낄 것이다.

말도 좋은 말을 잘 골라 써야 한다. 한 예로 쉽고 고운 우리말을 두고 굳이 일본어 등 불필요한 외래어·외국어들을 쓸 필요는 없을 것이다. 비속어, 은어, 유행어를 삼가야 하는 것도 당연하다. 아마 다음과 같은 말들은 그리 예의 바른 말은 아닐 것이다.

> "어머님, 애가 뗑깡부리면 좀 혼내 주세요."
> "아이고, 우리 사장님은 정말 무데뽀예요."
> "선생님, 이빨이 아프세요?"
> "언니, 이거 짜가잖아?"
> "엄마 때문에 학교에서 쪽팔려서 혼났어."
> "어때요? 한 커피 하실래요?"

한편, 언어 예절이란 말하는 것뿐만 아니라 글로 표현하는 것까지 포함한다. 말은 잘하면서도 글이 엉망인 사람들을 종종 볼 수 있다. 바른 문장으로 제 의사를 올바르게 전달할 수 있어야 한다. 도무지 무슨 뜻인지 모를 글을 읽는 상대방의 기분을 생각해 보라. 하다 못해 편지 겉봉 하나도 상대방의 기분을 상하게 할 수 있다. 이런저런 것을 생각하면 우리가 얼마나 조심하고 가려서 언어 생활을 해야 하는지 알 수 있다.

그런데 예절 바른 언어 생활을 하고자 마음 먹어도 현실에서는 어려움을 느끼는 때가 많다. 상대방을 무어라 불러야 하는지, 어른께 인사를 어떻게 드려야 하는지 등 곤란한 경우가 한두 가지가 아니다. 하지만 무엇이 올바른 말인지 다른 사람들에게 물어 보아도 사람마다 답이 다르고 예절서마다 내용도 같지 않다. 그래서 이러한 혼란을 바로잡고 우리말의 예절을 바로 세우고자 정한 것이 「표준 화법」이다(1992년 10월 19일 심의 확정). 「표준 화법」은 모든 이들이 공감할 수 있는, 품위 있고 정형화된 말을 갖추어 놓은 것이다. 이것은 일종의 화법의 표준어라 할 수 있는 것으로서, 표준어 가운데에서도 한층 품격 있는 말을 가려 뽑고(이를테면 '마누라'는 표준어지만 표준 화법은 아니다), 나아가 인사말 등 문장에까지 그 범위를 넓힌 것이다. 그야말로 표준 화법은 현대인의 언어 생활에 있어서 필수품이라 할 만하다. 이 글에서는 크게 ①호칭어와 지칭어 ②경어법 ③인사말로 나누어 그 내용을 소개하고자 한다.

2. 호칭어와 지칭어

상대방을 어떻게 불러야 할까? 살아가면서 적어도 몇 번씩은 부닥치는 문제이다. 부르는 말에는 직접 상대방을 부르는 호칭어와 그 사람을 다른 이에게 가리켜 말하는 지칭어가 있다. 누군가를 부르는 말은 그 사람에 대한 예의를 반영하므로 매우 조심스럽게 써야 한다. 어떤 경우에는 그 부르는 말이 제대로 알려져 있지 않거나 잘못 알려진 것도 있다. 일례로 시누이의 남편은 여러모로 어려운 사이인데 그 호칭어를 잘 모르는 사람들이 많다. 지칭어는, 예를 들어 자녀에게 시동생을 가리켜 말할 때 "삼촌 어디 가셨니?"처럼 자녀가 부르는 대로 말하면 되는 것처럼, 대체로 듣는 사람의 처지에서 말하거나 관계말로 가리키는 경우가 많아 오히려 호칭어보다 어려움이 덜한 듯 느껴진다. 그러나 지칭어 역시 어려운 경우가 많고 듣는 이나 당사자에 대한 예절의 중요성도 호칭어에 비해 조금도 덜하지 않다.

2.1. 가정에서

● 부모

【사례 1】 "여보, 저희 친정 엄마는요, 일일 연속극이 그렇게 재미 있으시대요."

【사례 2】 출연자: "아빠가 무어 무어라고 하세요."

사회자: "가만, 지금 아빠는 남편을 말씀하시는 거죠?"
출연자: "아니요, 저의 아빠요."
사회자: "예, 요즘 하도 남편을 아빠라고 하는 사람이 많아서요."
출연자: "죄송합니다. 이제 시집갔으니까 아버님이라고 해야 하는 데……."
-어느 라디오 대담 프로에서-

【사례 3】 "사장님, 오는 토요일이 선친의 고희 잔치여서 고향에 좀 다녀오겠습니다."

부모를 가리키는 말은 '아버지, 어머니'이다. 어릴 때는 '아빠, 엄마'라고 할 수 있으나 장성해서는 그와 같이 말해서는 안 된다(사례 1). 그런데 어떤 사람들은 자신의 살아 계신 부모를 가리켜 말할 때 "저의 아버님이 …, 저의 어머님이 …"처럼 '님'자를 붙여 말하기도 한다(사례 2). 이것은 잘못이다. 자신의 가족을 남에게 높여 말하는 것은 예의에 벗어나는 것이다. '아버님, 어머님'은 남의 부모를 높여 말하거나 자신의 돌아가신 부모에 대해서 쓰는 말이다.

과거에는 한자어로 된 말을 많이 사용하였다. '가친(家親)'은 살아 계신 아버지, '선친(先親)'은 돌아가신 아버지를 가리키는 말이다. 살아 계신 어머니는 '자친(慈親)', 돌아가신 어머니는 '선비(先妣)'라고 한다. 이 한자어 호칭어는 현대에서 많이 사라져서 잘 모르는 사람이 많다. 그래서 때로는 살아 계신 아버지를 '선친'이라고 하기도 하고, 남의 아버지를 '선친'이라고도 하는 등 잘못 쓰기도 한다(사례 3). 또 남의 어머니를 높여 부르는 말로 '자당(慈堂)'이란 말도 있는데, 이 말 역시 자기 어머니에 대해서 쓰는 잘못을 저지르지 않도록 해야 한다.

과거에는 조부모에게 말할 때는 부모를 낮추어 '아비, 어미'라고 하였으나 현대에는 맞지 않으므로 그냥 '아버지, 어머니'라고 한다. 언어 예절은 그 시대의 감각에 따라 변하는 것이다.

● 자녀

【사례】 "우리 김 장군이 이 약을 좋다고 먹으래."

자녀는 당연히 이름을 부른다. 결혼해서도 이름을 부를 수 있지만 'ㅇㅇ아비(아범), ㅇㅇ어미(어멈)'처럼 아이 이름을 넣어 부를 수 있다. 때로 '군수'니 '박사' 등 아들의 직함이나 학위로 부르기도 하나 남에게 말할 때 조심하여야 한다. 전통적으로 당상관(정3품 이상)의 아들은 직함을 부르기도 하였지만 공적인 자리에서만 그렇게 하였다고 한다. 자칫 남에게 자랑하는 느낌이 들 수 있으므로 될 수 있으면 삼가는 게 좋다.

● 시부모

【사례】 김경숙 씨는 시어머니를 여의고 홀로 사시는 시아버지께 친밀히 대해 드리고 싶어 "아버지, 오늘 계 모임 가세요?"처럼 '아버님' 대신 '아버지' 라고 부른다. 가끔 잘못이라고 일러 주는 사람도 있지만 크게 개의치 않는다.

시아버지를 부르는 말은 '아버님'이다. 요즘 시아버지를 친밀하게 여겨 '아버지'라고 부르는 경향이 있으나, 지금도 시아버지는 예를 갖추어 대해야 할 어려운 대상이므로 '아버님'으로 불러야 한다. 그러나 시어머니는 부엌 등 같은 공간에서 일하고 대화하는 시간도 더 많아 시아버지보다 친근한 대상이므로 '어머님' 뿐만 아니라 '어머니'라고 해도 된다.

시조부모에게 시부모를 가리켜 말할 때는 '아버님, 어머님'이라고 하되, '아버지, 어머니'라고 다소 낮추어 말해도 된다. 그러나 과거의 예법처럼 '아비, 어미'라고까지 하지는 않는다.

● 며느리

【사례】 이명자 씨는 시어머니가 평소에는 '아가'하고 부르시다가도 가끔 언짢으실 때면 "얘가 왜 이러니, 우유도 제대로 못 먹여?"처럼 '얘'라고 불러 자존심이 상한다.

며느리를 부르는 말은 '아가, 새아가, ㅇㅇ 어미(어멈), 얘'이다. 그런데 '얘'는 친근하게 들릴 수도 있지만 자칫 불쾌감을 줄 수도 있으므로 조심해야 한다. 한편 며느리를 부모와 배우자에게 가리켜 말할 때는 '며늘애, 새아가, ㅇㅇ 어미(어멈)'라고 하거나, 아들 이름을 넣어 'ㅇㅇ 댁, ㅇㅇ 처'라고 할 수 있다. '며느리'라는 말은 남의 며느리인 듯한 느낌도 있고 어른 앞에서는 낮추어야 하므로 쓰지 않는다. 그래서 다소 낮추어 부르는 말로 '며늘애'라고 하는 것이다. 사돈에게도 '며늘애, ㅇㅇ 어미'처럼 가리킨다. 그러나 타인에게는 그렇게까지 낮출 필요가 없고, 또 '며느리'가 높이는 말도 아니므로 '우리 며느리가 …'처럼 말한다.

● 처부모

【사례 1】 이경수 씨는 '장인 어른'이라는 말은 왠지 거부감이 들어 절대로 안 쓴다. 내심 그는 자기가 쓰고 있는 '아버님'이라는 호칭도 불만이다. 이왕이면 "아버지, 바둑 한 수 어떠세요?"처럼 '아버지'라고 부르는 것이 훨씬 친근해서 낫겠다는 생각이다.

【사례 2】 박영희 씨는 남편이 친정 부모를 가리켜 "당신 아버지, 어머니는 …" 이라고 말해서 섭섭했다. 남편이 자기 부모에게 거리감을 두고 있다는 느낌을 받았던 것이다.

장인은 '장인 어른, 아버님'이라고 부른다. 장모는 '장모님, 어머님'이라고 부른다. 과거에는 처부모를 '아버님, 어머님'이라고 부르는 것은 생각할 수도 없는 일이었다. 그러나 근래에 처부모도 자신의 부모처럼 친근하게 느끼고 '아버님, 어머님'이라고 부르는 풍조가 널리 퍼져 이를 인정하게 된 것이다. 그러나 '아버지, 어머니'라고까지 부르는 것은 옳지 못하다(사례 1).

한편 '빙장 어른, 빙모님'이라고 부르는 사람도 있으나 이는 남의 처부모를 높여 부르는 말이다. 또 배우자에게 '당신 아버지, 당신 어머니' 등으로 말하는 것은 남을 가리켜 말하는 듯한 느낌을 주므로 특별한 경우가 아니면 삼가야 한다(사례 2).

● 사위

【사례】 "경수야, 이번에 승진했다며? 대견하네." 이경수 씨의 장인은 사위를 부를 때 늘 이름을 부른다.

사위는 'ㅇ 서방, 여보게'라고 부른다. 때로 사위의 이름을 부르는 경우가 있는데 옳지 못하다.

● 남편

【사례 1】 "아빠, 일찍 들어오세요." 최 대리가 출근길마다 듣는 이 말은 딸이 아니라 아내가 하는 말이다.

【사례 2】 "(시부모에게) 경수 씨가요, 이번에 봉급이 깎였어요." 아직 신혼이라 아이가 없는 박영희 씨가 시부모에게 말할 때 남편의 이름을 부른다. 어떤 사람은 '걔'라고 불러야 한다고도 하지만 도저히 그럴 수는 없어 이름을 부르는 실정이다.

남편은 '여보'라고 부른다. '여보'는 20세기 초·중반에도 그리 보편적이지 않았을 만큼 부부간의 호칭어로 정착된 것은 의외로 얼마되지 않는다. 그러나 지금은 가장 보편적인 호칭어가 되었다. 신혼 초에는 '여보'라고 부르기 어색할 수 있으므로 'ㅇㅇ 씨, 여봐요'라고 쓸 수 있다. '여봐요'는 '여보'로 넘어가기 전 단계의 호칭이라 할 수 있다. 남편에 대한 호칭어는 참 다양한데 대부분 바람직하지 않다. 흔히 쓰는 말로 '자기, 오빠, 아저씨' 등은 호칭어로든 지칭어로든 안 쓰도록 해야 한다. 특히 '아빠'는 자신의 친정 아버지를 부르는 것인지 남편을 부르는 것인지 혼란스러울 뿐만 아니라 일본식 어법으로 알려진 말이다. 이 말은 절대로 써서는 안 된다(사례 1).

한편 신혼 초라 할지라도 시부모 앞에서 남편을 가리킬 때 'ㅇㅇ 씨'라고 이름을 불러서는 안 된다(사례 2). 어떤 지방에서는 '걔'라고 낮추어 불러야 한다고까지 하나 이것도 별로 공감할 수 없다. 아이가 있으면 '아비, 아범'이라고 하면 되고, 아이가 없을 경우 '이이, 그이, 저이'로 부르면 된다.

● 아내

【사례 1】 "자기야, 밥 줘."

【사례 2】 "우리 와이프는 말이야, 아직도 날 보고 오빠라고 해."

【사례 3】 "어머니, 집사람이 며칠 친정에 좀 갔으면 하는데요."

아내를 부르는 말은 '여보, ○○ 씨, 여봐요'이다. 적지 않은 경우 '○○야, 야, 이봐' 등 아내를 낮추어 부르는데 이는 좋지 않다. 또 '자기'로 부르거나 '와이프'로 가리키기도 하는데, 역시 써서는 안될 말이다(사례 1, 2).

부모에게 아내를 가리켜 말할 때는 '○○ 어미(어멈)'이라고 하고, 아이가 없으면 '이 사람, 그 사람, 저 사람'으로 쓴다. 부모 앞에서는 아내를 낮추어야 하므로 '○○ 엄마'라고 하지는 않으며 '집사람, 안사람, 처'라고 하지도 않는다(사례 3). 그렇다고 '걔, ○○[이름]'라고까지 낮추어서도 안 된다.

그러나 처부모에게는 아내를 낮출 필요가 없어 '○○ 어미(어멈), 그 사람'뿐만 아니라 '○○ 엄마, 집사람, 안사람'이라고 할 수 있다. 동기 항렬들에게는 '○○ 엄마, 집사람, 안사람'으로 가리키고, 특히 손위인 경우 '처'라는 말도 쓸 수 있다. 잘 모르는 타인에게는 '집사람, 안사람, 아내, 처'라고 한다.

● 형과 그 아내

형은 '형(님)'으로 부른다. 형의 아내는 '아주머님, 형수님'이라고 부른다.

● 남동생과 그 아내(남자의 경우)

남동생은 '○○[이름], 아우, 동생'으로 부른다. 성년이 되어 혼인을 하면 이름 부르는 것은 삼가고 대우를 해 주는 것이 전통적인 예절이었다. 그 아내는 '제수씨(弟嫂氏), 계수씨(季嫂氏)'라고 부른다.

● 누나와 그 남편

누나를 부르는 말은 '누나, 누님'이다. 그 남편은 '매부, 매형, 자형'이라 부른다. '매부'는 여동생의 남편도 가리키는 말이다.

일부 지방에서는 '妹'가 손아래 누이를 가리키는 말이므로 누나의 남편에 대해 '매부, 매형'이라 할 수 없고 '자형(姉兄)'으로 써야 한다고 한다. 그러나 전통적으로 써온 말은 '매부, 매형'이고 오히려 '자형'은 쓰지 않았다. 다만 최근에 '자형'이 많은 세력을 얻었으므로 현실을 인정하여 표준으로 삼은 것이다.

【참고】 전통적으로 남의 누이를 높여 부르는 말은 손위 손아래 구분 없이 '매씨(妹氏)'이다. 형수를 가리키는 '嫂'는 '제수(弟嫂), 계수(季嫂)'에도 쓰인다. 따라서 단순히 한자의 뜻에 얽매여 '매부, 매형'이 잘못된 말이라고 하기는 어렵다.

● 여동생과 그 남편(남자의 경우)

여동생은 'ㅇㅇ[이름], 동생'으로 부른다. 그 남편은 '매부, ㅇ 서방'으로 부른다.

● 오빠와 그 아내

오빠를 부르는 말은 '오빠, 오라버니(님)'이다. 그 아내를 부르는 말은 '(새)언니'이다. 자기보다 나이가 적어도 그렇게 부른다.

● 남동생과 그 아내(여자의 경우)

남동생을 부르는 말은 'ㅇㅇ[이름], 동생'이다. 그 아내는 '올케'라고 부른다.

● 언니와 그 남편

언니를 부르는 말은 '언니'이다. 그 남편은 '형부'라고 부른다.

● 여동생과 그 남편(여자의 경우)

여동생은 'ㅇㅇ[이름], 동생'으로 부른다. 그 남편은 'ㅇ 서방(님)'으로 부른다. 나이가 더 많을 경우 '서방'이라 할 수 없으므로 '서방님'이라고 높여 부르는 것이다. 한편 일부 지방에서 '제부(弟夫)'라는 말을 호칭어 및 지칭어로 쓰나 이는 바른 말이 아니다. 'ㅇ 서방'이라고 지칭해서 상대방이 알 수 없는 경우에는 '동생의 남편'으로 가리키면 된다.

● 남편의 형과 그 배우자

【사례】 김경숙 씨는 손위 동서가 자기보다 나이가 어리다. 그런데 만날 때마다 저를 '형님'으로 부르라고 해서 기분이 안 좋다.

남편의 형은 '아주버님'으로 부른다. 그 아내는 '형님'으로 부른다. 자기보다 나이가 어려도 그렇게 불러야 하며 존댓말을 써야 한다. 여자의 서열은 시댁의 남편들의 서열에 따라 정해지는 것이다.

● 남편의 아우와 그 배우자

【사례 1】 텔레비전 드라마에서 시동생을 삼촌이라 부르고 시누이를 고모로 호칭하는 대사를 종종 들을 수 있습니다. 그러면 자신의 삼촌과 고모는 어떻게 부르는지 참으로 궁금하더군요.

【사례 2】 이명자 씨는 손위 동서가 나이가 어리다. 결혼한 지 10년이 넘도록 꼬박꼬박 형님이라고 부르고 존대를 해 주었다. 그런데 정말 화나는 것은 그 손위 동서가 자기에게 하대까지 하려 든다는 점이다.

남편의 아우는 미혼인 경우 '도련님'으로 부르고, 기혼인 경우 '서방님'으로 부른다. 아우가 여럿일 때는 'ㅇ째 도련님, ㅇ째 서방님'처럼 부를 수 있다. 그 아내는 '동서'라고 부른다.

한편 적지 않은 사람들이 아이에게 기대어 '삼촌'이라고 부르는데, 이것은 큰 잘못이다. 전통적인 직접 호칭어가 있을 경우 '삼촌, 고모, 큰엄마, …' 등의 간접 호칭어를 써서는 안 된다(사례 1).

또 손아래 동서가 나이가 많은 경우가 있는데, 이 경우 상대방이 아무리 자신을 '형님'으로 부르고 존대해 주더라도 자신도 손아래 동서에게 '동서'라고 부르고 존댓말을 하여야지 하대해서는 안 된다(사례 2).

● 남편의 누나와 그 배우자

【사례】 박영희 씨는 손위 시누이의 남편을 만날 때마다 답답하다. 도대체 무어라 불러야 할지 모르기 때문이다. 그쪽은 "처남댁, 처남댁" 하면서 말도 잘 거는데 말이다.

남편의 누나는 '형님'으로 부른다. 그 남편, 곧 시누이의 남편은 '아주버님, 서방님'으로 부른다. 원래 시누이의 남편은 내외하는 관계여서 그 부르는 말도 없었다. 그런데 현대에 이르러서는 서로 만날 일도 많아 호칭이 필요하게 되었다. '아주버님'은 여러 지방에서 시누이의 남편을 부르는 말로 쓰일 뿐만 아니라, 남편의 형을 가리키는 말과 같으므로 손위 시누이의 남편을 부르는 말로 적당하여 표준으로 삼은 것이다. '서방님' 역시 일부 사대부 집에서 '운니동 서방님, 김 서방님'처럼 시누이의 남편을 가리켜 쓰던 말로서 표준으로 인정된 것이다.

● 남편의 누이동생과 그 배우자

【사례】 주부 이혜미 씨는 아직도 남편의 여동생을 어떻게 불러야 할지 늘 난감하다. 이제 갓 10살이 된 아이에게 '아가씨'라고 하자니 좀처럼 입이 떨어지지 않는 것이다.

남편의 누이동생은 '아가씨, 아기씨'라고 부른다. 당사자가 어리거나 결혼을 해도 마찬가지이다. 그 배우자(손아래 시누이의 남편)는 '서방님'으로 부른다. '서방님'은 손위 시누이와 손아래 시누이의 남편을 두루 가리키는 말인 것이다.

● 아내의 남자 동기와 그 배우자

【사례】 이경수 씨는 어디선가 들은 대로 손위 처남의 부인을 '처남의 댁'이라고 불렀다가 사람들의 눈총을 받았다. 그렇다고 'ㅇㅇ 엄마'라고 하자니 이상하고 …….

아내의 오빠를 부르는 말은 '형님, 처남'이다. 자기보다 나이가 많으면 '형님'이라 부르고, 나이가 적으면 '처남'이라 부른다. 아내의 남동생을 가리키는 말은 '처남'이다. 나이가 아주 어리면 이름을 부를 수 있다. 그러나 손아래 처남의 나이가 자기보다 많다고 해서 '형님'이라고 하지는 않는다.

아내의 오빠의 아내(손위 처남의 댁)를 호칭하는 말은 '아주머니'이다. 당사자 외 남에게 가리켜 말할 때는 '처남의 댁' 등으로 한다. 아내의 남동생의 아내(손아래 처남의 댁)을 호칭하는 말은 '처남의 댁'이다.

처남의 댁은 시누이의 남편과 마찬가지로 전통적으로 호칭어가 없었다. 그러나 역시 시속이 변하면서 호칭어가 필요하게 되었다. '~댁' 하는 것은 '충주댁, 안성댁' 하듯이 다소 낮추는 느낌이 있어 '처남의 댁'이라는 호칭어가 손위 처남의 부인에게는 적당치 않다. 그래서 일부 지방에서 쓰는 '아주머니'를 표준으로 정한 것이다. 다만 '아주머니'는 숙모를 가리키는 말이기도 하므로 당사자 외 남에게 가리킬 때는 적당치 않다. 따라서 지칭할 때는 '처남의 댁'으로 한다.

● 아내의 여자 동기와 그 배우자

【사례】 김 이장댁 둘째 사위 명시훈 씨는 윗동서보다 나이가 두 살이나 많다. 그런데도 손위 동서는 "명 서방, 명 서방" 하고 부르면서 저를 '형님'으로 불러야 한다고 주장한다.

아내의 언니는 '처형'이라 부른다. 아내의 여동생은 '처제'라 부른다. 아내 언니의 남편, 곧 손위 동서는 '형님'이라 부른다. 다만 자기보다 나이가 적을 경우에는 '형님'이라 하지 않고 '동서'라고 한다. 남자들의 서열에서 아무리 손위라 할지라도 자기보다 나이가 어리면 '형님'이라고 부르지 않는 것이다. 아내 여동생의 남편, 곧 손아래 동서는 '동서, ㅇ 서방'이라고 부른다. 자기보다 나이가 많다면 '동서'라고 한다. 나이가 많더라도 서열상 손아래이므로 '형님'이라고 하지도 않고, 또 손아래이긴 해도 나이가 많으므로 'ㅇ 서방'처럼 낮추어 말해서도 안 된다.

【참고】 남자들의 서열에서 '형님'으로 부르는 경우는 상대방이 ①손위이면서 ②나이가 많을 때에 한한다.

● 숙질 사이

아버지의 형은 '큰아버지'라고 부른다. 지방에 따라서 맏형만 '큰아버지'라고 하는 경우도 있으나 일반적으로 아버지의 형은 모두 '큰아버지'라고 한다. 한자어로 '백부(伯父)'[아버지의 맏형만]라고도 하나 지칭어로는 가능하지만 호칭어로는 적당치 않다. 아버지 형의 아내는 '큰어머니'라고 한다.

아버지의 남동생은 결혼하기 전에는 '삼촌, 아저씨'라고 부르고, 결혼한 뒤에는 '작은아버지'라고 부른다. '삼촌'은 촌수이므로 호칭어나 지칭어로 적당치 않다고도 주장하나 이는 '삼촌숙(三寸叔)'의 준말이므로 문제될 것이 없다.

나이가 뒤바뀐 숙질간에도 호칭어와 지칭어는 마찬가지이다. 경어법상으로는 어렸을 때에는 서로 말을 놓고 지내지만, 성년이 되어서는 조카가 아저씨보다 다섯 살 이상이면 서로 존대하고, 다섯 살 미만이면 항렬을 따라서 조카가 아저씨에게 존대를 해야 한다. 장조카인 경우에는 예우를 하는 것이 일반적이다.

아버지의 누이는 '고모, 아주머니'라고 부르고 그 배우자는 '고모부, 아저씨'라고 부른다. 어머니의 자매는 '이모, 아주머니'라고 하고 그 배우자는 '이모부, 아저씨'라고 한다.

어머니의 남자 형제는 '외삼촌, 아저씨'라고 부르고 그 배우자는 '외숙모, 아주머니'라고 한다. 자신의 외삼촌을 자녀들에게 지칭할 때(아버지의 외가는 진외가(陳外家)이므로) '진외종조부(님)'이라고 하거나, 자녀의 편에 서서 '진외할아버지'라고 한다. 곧 '진외할아버지'는 아버지의 외할아버지나 아버지의 외삼촌 모두 가리키는 말이 된다.

조카나 조카딸은 어릴 때는 이름을 부르고 장성하면 '조카' 또는 'ㅇㅇ 아비(아범), ㅇㅇ 어미(어멈)'로 쓴다. 다만 시댁의 조카는 나이가 더 많을 경우 '조카님'이라고 해야 한다.

조카의 아내는 며느리 부르듯 '아가, 새아가, ○○ 어미, ○○ 어멈'으로 부르고 조카사위도 사위 부르듯 '○ 서방, ○○ 아범, ○○ 아비'로 부른다.

● 사돈 사이

【같은 항렬】 밭사돈이 밭사돈을 부르는 경우 '사돈 어른' 또는 '사돈'이라고 하고, 안사돈을 부르는 경우 '사부인'이라고 한다. 안사돈이 안사돈을 부르는 경우 '안사돈'이라고 하고, 밭사돈을 부르는 경우는 '사돈 어른'이라고 한다. 형수나 올케 등의 동기 및 그 배우자를 부를 경우, 남자는 '사돈, 사돈 도령, 사돈 총각'으로, 여자는 '사돈, 사돈 처녀, 사돈 아가씨' 등으로 부른다.

【위 항렬】 며느리·사위의 조부모를 부르는 말은 '사장(查丈) 어른'이다. 할머니를 구별하여 '안사장 어른'이라고 할 수도 있다. 조부모보다 한 항렬 높으면 '노사장 어른'이라고 한다.

【아래 항렬】 며느리·사위의 동기와 그 배우자, 조카 등 아래 항렬의 사람을 부를 경우, 남자는 '사돈, 사돈 도령, 사돈 총각'으로, 여자는 '사돈, 사돈 처녀, 사돈 아가씨' 등으로 부른다.

2.2. 직장과 사회에서

● 직장 사람들

직함이 없는 동료끼리는 남녀 불문하고 '○○○ 씨' 하고 부르면 좋다. 물론 상황에 따라 이름만으로 '○○ 씨'라고 해도 좋다. 그러나 아무리 친해도 직장 내에서 '○○야'처럼 이름을 부르는 것은 좋지 않다. 상대방이 나이가 많은 경우에는 이름을 부르기 미안하므로 '○ 선배(님)'와 같이 말할 수 있다. 직장이 만일 학교나 연구원 등이라면 '선생님' 또는 '○ 선생(님)'이라는 호칭어가 직장의 분위기에 어울려 무난하다.

이 밖에 남자 직원이 남자 직원을 부를 경우 '○ 형'이라고 할 수 있다. 그러나 그냥 '형' 하거나 '(○)○○ 형' 하는 것은 앞서 '○○야'처럼 지나치게 사적인 느낌을 주므로 쓰지 않는 것이 좋다. 때로 여직원이 남자 직원을 '○ 형'이라고 하기도 하는데 역시 정형화된 호칭어는 아니다. 여직원이 여직원을 부를 경우는 '언니'와 'ㅇㅇ 언니'라고 할 수 있다. 남자들의 경우는 '형' 또는 'ㅇㅇ 형' 하는 것이 사적인 느낌을 주지만 여자들의 경우는 자연스럽게 이러한 호칭어가 굳어졌고 따라서 직장이라 할지라도 자연스럽게 느껴진다. 오히려 'ㅇ 언니' 하는 것은 잘못된 호칭어이며 '미스 ㅇ 언니'처럼 부르는 것도 좋지 않다. 한편 '미스터 ㅇ'이나 '미스 ㅇ'은 어느 경우에나 쓰지 말아야 할 말이다. 호칭어에서 이러한 외래어 표현은 듣는 사람에 따라 불쾌하게 여길 수 있다.

직함이 없는 선배나 나이 많은 동료를 부를 경우 'ㅇㅇㅇ 씨'라고 하기 어려우므로 꼭 '님'자를 붙여 '선배님, 선생님, ㅇ 선생님, ㅇㅇㅇ 선배님'처럼 부른다. 나이 지긋한 여사원은 'ㅇ 여사, ㅇㅇㅇ 여사'로 부를 수 있다.

상사가 직함이 없는 아랫사람을 부를 경우 'ㅇㅇㅇ 씨'를 쓰고 나이가 많은 경우에는 'ㅇ 선생(님), ㅇㅇㅇ 선생(님)'으로 부른다. 나이가 아주 어린 직원은 'ㅇ 군', 'ㅇ 양'이라고 부를 수 있다. 그러나 어떤 경우에라도 직장에서 'ㅇㅇ야' 또는 'ㅇ 씨'라고 불러서는 안 된다. 나이가 어려도 직장인으로서 대우해 줄 필요가 있고, 또 오늘날 이름 없이 'ㅇ 씨' 하는 것도 과거와 달리 높이는 뜻이 별로 없기 때문이다.

◉타인

친구의 아내는 '아주머니, (ㅇ)ㅇㅇ 씨, ㅇㅇ 어머니, 부인, ㅇ 여사, ㅇ 과장(님)[직함이 있는 경우]' 등을 상황에 맞게 적절히 쓸 수 있다. 흔히 '제수씨, 계수씨' 등을 쓰기도 하는데 이는 옳지 못하다. 해당 친구에게 지칭할 때에는 '(자네) (합)부인', 'ㅇㅇ 어머니'로 한다. 사람에 따라서 '자네 와이프는 …'처럼 말하기도 하는데 절대로 삼갈 일이다.

친구의 남편은 친밀도에 따라 '(ㅇ)ㅇㅇ 씨'처럼 이름을 부르거나 아이 이름을 넣어 'ㅇㅇ 아버지'라고 하면 된다. 또 직장의 직함에 따라 '(ㅇ) 과장님'이라고 하거나 '(ㅇ) 선생님' 등을 상황에 맞게 적절히 골라 쓸 수 있다.

남편의 친구도 친구의 남편에 준하여 부르면 된다. 아내의 친구 역시 친밀도에 따라 '(ㅇ)ㅇㅇ 씨'라고 하거나 아이의 이름을 넣어 'ㅇㅇ 어머니'라고 하면 된다. '아주머니'도 좋은 호칭어이며 상황에 따라 'ㅇ 선생(님)'이나 'ㅇ 여사'라고 할 수도 있다. 또 직함이 있다면 'ㅇ 과장(님)' 등으로 불러 무난하다.

직장 상사의 아내는 '사모님'이라고 부른다. 이 말은 원래 스승의 부인을 부르는 말이었으나 오늘날 윗사람의 부인을 부르는 말로 널리 쓰여 이를 받아들인 것이다. 또 '아주머니(님)'도 직장 상사의 아내를 부르는 말로 적절한 말이다.

직장 상사의 남편은 '(ㅇ) 선생님'이나 '(ㅇㅇㅇ) 선생님'으로 부르면 된다. 직함이 있으면 '선생님' 대신 '과장님' 등의 직함을 넣어 부르면 된다. 해당 상사에게 지칭할 경우에는 '바깥 어른'이라고도 할 수 있다. 주의할 것은 '바깥 양반'은 동료 및 아랫사람의 남편을 가리키거나 자신의 남편을 겸손하게 가리키는 말이므로 윗사람의 남편에 대해서는 쓰지 않도록 해야 한다는 점이다.

직장 동료 및 아랫사람의 아내는 '아주머니(님)'이나 '부인'으로 부르고 지칭한다. 해당 동료나 아랫사람에게는 '아주머니(님)'이나 '(자네) (합)부인'이라고 지칭한다.

직장 동료 및 아랫사람의 남편은 직장 상사의 남편을 부르는 경우와 마찬가지로 '(ㅇ) 선생님'이나 '(ㅇㅇㅇ) 선생님'으로 부르면 된다. 직함이 있으면 '선생님' 대신 '과장님' 등의 직함을 넣어 부른다. 해당 동료나 아랫사람에게는 '부군' 또는 '바깥 양반'으로 지칭한다.

식당 등 영업소의 종업원을 부를 경우 남자 종업원은 '아저씨, 젊은이, 총각'이라고 하고, 여자 종업원은 '아주머니, 아가씨'라고 할 수 있다. 어느 경우나 일반적으로 '여보세요'라고 할 수 있다. 주의할 것은 '아줌마'는 높이는 느낌이 들지 않으므로 아주 친근한 사이가 아니면 쓰지 말아야 한다. 또 연세가 드신 분들이 나이 어린 여종업원을 '언니'라고 하거나, '어이, 이봐' 등 함부로 부르는 것도 매우 좋지 않은 행동이다.

식당, 은행, 관공서 등에서 손님을 부르는 말은 '손님'이다. 반대로 은행 창구, 관공서 민원실 등의 직원을 부르는 말은 'ㅇㅇㅇ 씨, (김) 과장(님), 선생(님)' 등으로 부른다. 이름이나 직함을 모를 경우 '여보세요'라고 할 수 있다.

자기를 가리킬 때 대표적인 예로 부모님의 친구에게 자신을 밝히는 경우가 있다. 이때 '저희 아버지가 ㅇ[姓] ㅇ자 ㅇ자 쓰십니다', '저희 아버지 함자가 ㅇ[姓] ㅇ자 ㅇ자입니다', 'ㅇㅇㅇ 씨(부장(님))의 아들입니다'와 같이 말한다. 이 경우 흔히 성(姓)에도 '자' 자를 붙여 'ㅇ자 ㅇ자 ㅇ자'와 같이 말하기도 하는데 이는 잘못이다.

3. 경어법

우리말은 다른 어떤 말보다도 경어법이 잘 발달된 언어이다. 우리말의 경어법에는 "아버지가 저기 나오시는구나"처럼 말하는 내용의 주체를 높이는 존경법과 "선생님, 제가 다녀오겠습니다"처럼 말하는 사람과 듣는 사람의 관계에 따라 결정되는 공손법이 있다.

3.1. 가정에서

올바른 경어법을 위해서 어휘를 잘 선택해서 쓸 줄 알아야 한다. 용언(동사·형용사)이 여러 개 함께 나타날 경우 대체로 문장의 마지막 용언에 '-시-'를 쓴다. 그런데 용언마다 '-시-'를 넣는 것이 더 높이는 말이라고 생각하여 반드시 그렇게 해야 한다고 생각하는 사람들이 있으나 그것은 옳지 않다. 지나친 존대는 도리어 예의가 아니고 모든 용언에 '-시-'를 넣는 것이 항상 자연스럽지도 않기 때문이다. 예를 들어 "할머니가 오셨다가 가셨다"는 자연스러운 반면 "할머니가 책을 읽으시고 계시다"는 어색하며 '읽고 계시다'라고 해야 한다.

【사례】 초등학생인 딸아이가 학교에서 오더니 "나 오늘 선생님께 야단맞았어"라고 하는 것이었다. 평소에는 별 생각 없이 들었는데 어딘가 어감이 좀 좋지 않았다.

존댓말을 잘 가려 쓰는 것도 중요하다. 요즘 흔히 "아버지한테 야단을 맞았다"와 같이 말하는 사람들을 볼 수 있는데 '야단'은 어른에 대해서는 쓸 수 없는 말이다. "아버지한테 걱정(꾸중, 꾸지람)을 들었다"처럼 말해야 한다. '생일/생신, 밥/진지, 나이/연세, 이빨/이/치아, 술/약주, 집/댁, 병/병환, 나/저, 아프다/편찮다, 먹다/잡숫다, 있다/계시다, 자다/주무시다, 묻다/여쭙다, 말하다/아뢰다(말씀드리다), 주다/드리다, 만나다/뵙다' 등은 특히 아이들이 잘 익혀 쓰도록 어릴 적부터 가르쳐야 할 말들이다.

존칭의 조사 '께서', '께'는 대화에서는 잘 쓰이지 않는다. 용언의 '-시-'로도 충분히 높였다고 생각되기 때문이다. 구어에서는 '께서', '께' 등과 같은 조사보다는 "아버지가 어머니한테 재미있는 이야기를 하셨습니다"처럼 '이/가', '한테' 등을 쓰는 것이 더 자연스럽다. 그러나 깍듯이 존대해야 할 사람이나 공식적인 자리에서는 '께서'나 '께' 등으로 높여야 한다.

【사례】 회사에서 행사가 있는데 식순 소개 중 "다음은 사장님 말씀이 계시겠습니다"라고 하는 것이 옳은지 모르겠다.

존경의 어휘를 쓰지 않아야 할 자리에 존경의 어휘를 쓰는 것 또한 잘못이다. "아버님은 9층에 볼일이 계시다"는 옳지 않고 "볼일이 있으시다"가 옳다. '말씀'도 마찬가지다.

또 "딸아이가 학교에서 돌아오기만 하면 꼭 한 가지씩 저에게 여쭈어 봐요"처럼 자신에게 물어 본 것을 아랫사람이 물었다고 해서 '여쭙다'를 쓰는 것도 잘못 쓰는 예 가운데 하나이다.

"제가 했어요", "그러셨어요?" 등과 같은 '해요'체의 말도 잘 가려 써야 한다. 이 '해요'체는 가정에서는 분위기나 화제에 따라 친밀한 표현으로 적절히 쓸 수는 있다. 그러나 깍듯이 존대를 해야 할 사람에게나 공식적인 자리에서는 쓰지 말아야 한다. 예를 들어 학생이 선생님에게 말할 때 "제가 했어요" 보다는 "제가 했습니다"처럼 말하는 것이 예의에 맞다. '고맙습니다'처럼 굳어진 인사말이 있는 경우에도 '고마워요'와 같은 말을 쓰지 말아야 한다.

【사례】 자기보다 윗사람은 언제 어디서든지 높여 말한다고 들었다. 그런데 시조부께 시아버지에 대해서 말씀드릴 때는 낮추어 말하기가

좀 껄끄럽다.

아버지를 할아버지께 말할 때에는 "할아버지, 아버지가 진지 잡수시라고 하였습니다"처럼 아버지에 대해서는 높이지 않는 것이 전통이고 표준 화법이다. 이것은 압존법(壓尊法)이라고 하여 직장에서의 언어 예절(후술 참조)과 다른 점이 있다. 그러나 오늘날 이러한 전통도 변하여 조부모에게도 아버지를 높이는 것이 일반화되어 가고 있다. 그리하여 현실을 인정하여 "할아버지, 아버지가 진지 잡수시라고 하셨습니다"와 같이 '-시-'를 넣어 아버지보다 윗사람에게 아버지를 높여 말하는 것도 표준으로 허용하였다.

부모를 다른 사람에게 말할 때 낮추어 말하는 사람이 있으나 이는 전통적인 어법에 어긋난다. 가족 이외의 다른 사람에게 부모를 말할 때는 언제나 높여, 학교 선생님에게 아버지를 말할 때에도 "저희(우리) 아버지께서 이렇게 말씀하셨습니다"와 같이 하는 것이 바른 말이다. 다만 '아버님'이라고까지 높여 지칭하지는 않는다.

남편을 시부모에게 말할 때는 "아범(아비)이 아직 안 들어왔습니다" 또는 "그이가 아버님께 말씀드린다고 했습니다"와 같이 낮추어 말한다. 남편의 형이나 손위 사람에게 말할 때도 마찬가지이다. 그러나 시동생이나 손아래 친척에게는 "형님은 아직 안 들어오셨어요"처럼 높이는 것이 원칙이고, "형님은 아직 안 들어왔어요"처럼 낮추어 말할 수도 있다.

【사례】 한번은 남편 회사의 상사가 전화하였는데 마침 남편이 집에 없었다. 그런데 "지금 집에 안 계십니다"라고 해야 하는지, "지금 집에 없습니다"라고 해야 하는지 난처했다.

남편을 가족 이외의 사람에게 말할 때는 상대방의 신분이 확인되기 전에는 서술어에 '-시-'를 넣어 표현하고, 남편의 친구나 상사라는 것이 확인되면 '-시-'를 넣지 않는 것이 무난하다. 또한 방송에 출연했을 때처럼 불특정한 다수에게 자기의 남편을 말할 때, 나이 든 사람은 '-시-'를 넣어 말해도 되지만 젊은 사람이 '-시-'를 넣어 말하는 것은 피해야 한다.

아들을 손자, 손녀에게 말할 때에는 "ㅇㅇ야, 아비(아범) 좀 오라고 해라"보다는 "ㅇㅇ야, 아버지 좀 오라고 해라"처럼 '아비(아범)' 보다는 '아버지'로 가리키고 서술어에 '-시-'를 넣지 않고 말하는 것이 표준이다. 그러나 손자, 손녀에게 아버지는 대우해서 표현해야 할 윗사람이라는 것을 가르친다는 교육적인 차원에서 서술어에 '-시-'를 넣어 "ㅇㅇ야, 아버지 좀 오시라고 해라"라고 할 수도 있다.

3.2. 직장에서

●존경법

직장에서 동료, 아랫사람, 윗사람에 관하여 말할 때 서술어에 '-시-'를 넣을 것인지 넣지 않을 것인지는 듣는 사람이 누구인가에 따라 결정된다.

동료에 관해서 말할 때는 누구에게 말하는가에 관계없이 '-시-'를 넣지 않는다. 예를 들어 과장이 아랫사람에게 말한다면 "박영희 씨, 김 과장 어디 갔어요?" 하고 말한다. 물론 자기보다 나이가 많은 동료를 다른 동료나 아랫사람에게 말할 때는 "(과장이) 박영희 씨, 김 과장 어디 가셨어요?"와 같이 서술어에 '-시-'를 넣을 수 있다. 그러나 윗사람에게 말할 때는 '-시-'를 넣지 말아야 한다.

【사례】 부장님이 나에게 과장님이 어디 가셨는지 물었다. "은행에 갔습니다"라고 해야 할지, "은행에 가셨습니다"라고 해야 할지 곤란했다. 과장님은 부장님의 아랫사람이니 '-시-'를 넣지 말아야 할 것도 같았으나, 그래도 내 윗사람인 과장님에 대해서 '갔습니다'라고 말하자니 꺼림직했다.

윗사람에 관해서 말할 때는 듣는 사람이 누구이든지 '-시-'를 넣어 말하는 것이 원칙이다. 즉 "(평사원이) 부장님, 이 과장님은 은행에 가셨습니다" 하고 말한다. 가정에서 아버지를 할아버지께 말할 때 "할아버지, 아버지가 진지 잡수시라고 하였습니다"와 같이 아버지를 높이지 않는 것과는 다르다. 곧 가정과 직장의 언어 예절에 차이가 있다. 종종 "(평사원이) 사장님, 이 과장은 은행에 갔습니다"처럼 낮추어 말해야 한다고 생각하는 사람도 있으나 이는 일본식 어법일 뿐이다.

아랫사람에 관해 말할 때는 누구에게 말하는가에 관계없이 '-시-'를 넣지 않고 "(과장이) 김영희 씨, 김철수 씨 어디 갔어요?" 하고 말하는 것이 원칙이다. 그러나 아랫사람을 그보다 더욱 아랫사람에게 말할 때는 "(부장이) 박영희 씨, 김 과장 어디 가셨어요?"처럼 '-시-'를 넣어 말할 수 있다.

거래처의 사람에게 말할 때는 그 말하는 대상이 우리 직장의 평사원이라면 듣고 있는 다른 회사 사람의 직급에 관계없이 '은행에 갔습니다'처럼 '-시-'를 넣지 않는다. 그러나 직급이 있는 사람이라면 그 사람과 같은 직급의 사람이나 그 아래의 사람에게 말할 때 자기보다 직급이 낮더라도 "(부장이 과장을 다른 회사의 과장이나 평사원에게) 김 과장 은행에 가셨습니다"처럼 '-시-'를 넣는다. 하지만 또 그 사람 직급 이상의 사람에게 말할 때는 "(부장이 과장을 다른 회사 부장에게) 김 과장 은행에 갔습니다"처럼 '-시-'를 넣지 않고 말한다. 자기보다 직급이 높은 사람을 다른 회사 사람에게 말할 때는 상대방의 직급에 관계없이 "(평사원이 과장을 다른 회사 부장에게) 김 과장님 은행에 가셨습니다"처럼 '-시-'를 넣어 말한다. 그러나 전화로 대화를 할 때는 누가 누구를 누구에게 말하든지 '-시-'를 넣어 말하는 것이 바람직하다. 거래처의 사람을 거래처의 사람에게 말할 때는 대상에 관계없이 존경법의 '-시-'를 넣어 말한다.

부장이 과장의 아들에게 말하는 경우처럼 직장 동료와 사적인 관계의 사람에게 말할 때는 "김 과장(님) 은행에 가셨습니다"처럼 윗사람이 아랫사람을 말할 경우라도 '-시-'를 넣어 말하는 것이 바람직하다.

【참고】 윗사람에 관해서 말할 때 듣는 사람이 누구이든지 '-시-'를 넣어 말하는 것이 원칙이긴 하나 항상 그런 것은 아니다. 예를 들어 학생인 경우, 평소에 선배에게 존댓말을 하더라도, 그 선배에 대하여 선생님에게 말할 때는 "ㅇ 선배가 결석했어요"처럼 낮추어 말해야 한다. 선생님과 학생의 관계는 가정으로 보면 부모와 자녀처럼 한 항

렬의 차이가 있으므로 같은 직장인으로 구성된 직장에서의 원칙을 그대로 적용할 수 없다.

● 공손법

비슷한 나이의 동료끼리 말할 때는 "(평사원이) 김철수 씨, 거래처에 전화했어요?", "(과장이) 김 과장, 거래처에 전화했어요?"처럼 말하는 것이 일반적이다. 그러나 동료간이라도 상대방의 나이가 위이거나 또는 분위기의 공식성 정도에 따라서 "전화했습니까?"처럼 말할 수도 있다. 윗사람에게 말할 때에도 어느 경우에나 "전화하셨습니까?"처럼 하고, 아랫사람에게 말할 때는 "(사장이) 박영희 씨, 거래처에 전화했어요?"처럼 높여 말하는 것이 바람직한 표현이다. 그리고 아랫사람이 어리고 친밀한 사이일 경우에는 "전화했니?"처럼 낮춤말을 할 수 있고, "전화했소?", "전화했나?"도 쓸 수 있다.

관공서 등의 직원이 손님을 맞을 때도 관공서 등의 직급에 관계없이 "손님, 도장 가지고 오셨습니까?"처럼 정중하게 말하는 것이 바람직하고, 손님도 "이제 다 되었습니까?" 하고 말하는 것이 좋다.

버스 등 우연한 자리에서 연세가 위인 분에게는 "좀 비켜 주세요"라는 표현보다는 "제가 지나가도 되겠습니까?", "비켜 주시겠습니까?"처럼 완곡한 표현을 하는 것이 바람직하다. 물론 어른이 청소년에게 말할 때도 "좀 지나가도 될까?"처럼 완곡하게 말하는 것이 교육적으로도 좋을 것이다.

【사례】 아들이 "아빠, 식사하세요"라고 말하는데?

집에서 어른에 관하여 말할 때처럼 직장에서도 '잡수시다'와 같은 높임말이나 '뵙다'와 같은 겸양의 말을 적절히 골라 써야 한다. 다만 집에서는 "할아버지, 진지 잡수셨습니까?"처럼 '밥'에 대하여 '진지'를 쓰지만 직장이나 일반 사회에서는 "과장님, 점심 잡수셨습니까?"처럼 '점심'이나 '저녁'으로 쓰는 것이 좋다. 이 때 흔히 "식사하셨어요?"라고 말하기도 하는데 "과장님이 편찮으셔서 식사도 못 하신대"와 같은 경우가 아니고 직접 맞대어 말할 때는 쓰지 말아야 한다.

4. 인사말

4.1. 아침, 저녁

아침에 집에서 윗사람에게 하는 인사로는 "안녕히 주무셨습니까?", "진지 잡수셨습니까?"가 가장 알맞은 말이다. '안녕히' 대신 '잘, 편히, 평안히'를 쓰기도 하는데 '안녕히' 보다 높이는 말이 아니므로 웃어른에게는 쓰지 않는 것이 좋다. 아랫사람에게는 "잘 잤니?", "잘 잤어요?"라고 인사한다.

아침에 동네에서 이웃 어른을 뵈었을 때도 "안녕하십니까?", "안녕히 주무셨습니까?", "진지 잡수셨습니까?"라고 인사한다. 동년배나 손아래 사람이라도 성인일 경우에는 "안녕하십니까?", "안녕하세요?", "안녕히 주무셨습니까?", "안녕히 주무셨어요?" 하고 인사한다. 손아래 미성년자에게는 "안녕?", "잘 잤니?"와 같이 인사하면 된다.

직장에 출근해서는 윗사람에게 "안녕하십니까?", "안녕하셨습니까?"를 적절히 골라 쓴다. "안녕하세요?"는 아주 가까운 윗사람이 아닌 경우에는 쓰지 않는 것이 좋다. 물론 동료에게는 "안녕하세요?"라고 해도 좋다. 아랫사람에게는 "안녕하세요?", "나왔군" 등을 쓸 수 있다.

요즘 흔히 "좋은 아침!" 하고 인사하는 경우가 있는데 외국어를 직역한 말로 오히려 상대방에게 거부감을 줄 수 있으므로 쓰지 말아야 한다. 라디오나 텔레비전에서도 "좋은 아침입니다"와 같은 인사말은 쓰지 않는 것이 좋다. 방송도 집안에서처럼 "안녕히 주무셨습니까?", "안녕히 주무십시오"와 같이 인사하는 것이 가장 좋다.

집안에서도 저녁에 잠자리에 들기 전에 어른들께는 꼭 "안녕히 주무십시오"라고 인사하고 형제들끼리는 "잘 자"라고 인사하는 것을 습관화하는 것이 좋다.

4.2. 만나고 헤어질 때

집안에서 출입할 때는 어른들께 꼭 인사를 여쭙는 것이 좋다. 아침에 집을 나서면서 "(학교에) 다녀오겠습니다", "다녀오리다", "다녀오마" 따위로 인사하는 것이 좋다. 나갔다가 들어올 때도 "(학교에) 다녀왔습니다", "다녀왔소" 따위로 인사한다. 인사를 받는 사람도 적절히 인사하도록 한다.

오랜만에 만나게 된 어른에게는 "그동안 안녕하셨습니까?" 하고 인사를 하는 것이 가장 정중한 인사이다. "그동안 평안하셨습니까?"는 윗사람에게 쓰기에는 적절하지 못한 인사말이다. 거리에서 이웃 사람을 만났을 때는 "안녕하십니까?" 하고 인사하면 된다.

【사례】 우리 직장의 사람들 중 먼저 퇴근하면서 윗사람에게 "수고 하십시오"라고 인사하는 사람들이 종종 있다. 아무래도 잘못된 말인 것 같다.

직장에서 먼저 퇴근할 경우 윗사람에게는 "먼저 (나)가겠습니다", "내일 뵙겠습니다"로 한다. "먼저 실례합니다"나 "수고하십시오"는 윗사람에게 쓰지 않는 것이 좋다.

특히 어린이들이 동사무소나 은행 같은 곳에서도 볼일을 마치고 돌아올 때 "수고하십시오", "수고하세요"와 같은 인사말을 쓰지 않도록 잘 가르쳐야 한다. 이 말은 '고생하라'는 말이기 때문에 보통 아랫사람이 윗사람에게는 쓰기 어려운 말이다. 볼일을 마치고 돌아올 때는 "고맙습니다. 안녕히 계십시오"라고 인사하는 것이 가장 올바른 말이다.

버스, 전철, 승강기 같은 탈것에서 아는 사람과 마주친 때에도 역시 "안녕하십니까?" 하고 인사한다. 그 사람보다 먼저 내리게 되는 경우 "먼저 내리겠습니다" 하고 인사하고 남아 있는 사람은 "안녕히 가십시오" 하고 인사하는 것이 좋다.

무엇보다 중요한 것은 집안에서나 동네에서나 만난 사람과 사랑이 담긴 따뜻한 마음으로 인사를 나누는 것이다.

4.3. 전화 예절

● 전화를 받을 때의 말

전화기의 벨이 울리면 전화를 받는 쪽이 먼저 말을 해야 하는지 거는 쪽이 먼저 말을 해야 하는지 하는 문제는 나라마다 다르다. 우리나라에서는 주로 전화를 받는 사람이 먼저 말을 시작한다.

집에서 전화를 받을 경우 “여보세요”라고 말하는 것이 표준이며, “여보세요” 다음에 잠깐 틈을 두고 “안국동입니다”, “성산 시영 아파트입니다” 등과 같이 지역이나 아파트 이름을 넣어 말하는 것도 좋다.

“네”라고만 하는 경우도 많으나, 간결하기는 하지만 거만한 느낌을 줄 수 있으므로 쓰지 말도록 해야 한다. 또 “안국동입니다” 하고 바로 지역 이름을 밝히는 것도 좋지 않다. 그러나 “네, 안국동입니다”는 보편적으로 쓰고 있는 말이고, “네”라고만 하거나 “안국동입니다”만 하는 것보다 부드럽고 친절한 말이므로 쓸 수 있다. 직장에서 받을 때는 “네, ㅇㅇ주식회사입니다” 하고 받으면 무난하다.

전화를 바꾸어 줄 때에는 집에서나 직장에서 모두 “(네), 잠시(잠깐, 조금) 기다려 주십시오. 바꾸어 드리겠습니다”라고 하는 것이 좋다. 만약 전화를 건 사람이 누구인지 밝히지 않았을 경우에는 “누구(시)라고 전해 드릴까요(여쭐까요)?”라고 할 수 있다. 상대방이 아는 사람이면 인사를 하도록 해야 한다.

상대방이 찾는 사람이 없으면 “지금 안 계십니다. 뭐라고 전해 드릴까요?”라고 정중하고 친절하게 답하면 된다. 특히 직장에서는 그때그때의 상황에 따라 “지금 자리에 안 계십니다. 5분 후에 다시 걸어 주시기 바랍니다” 등과 같이 다양하게 말할 수 있는데 간결하고 친절한 말씨여야 한다.

전화가 잘못 걸려오면 무의식적으로 불친절해지는 경우가 많다. 이 경우 집에서나 직장에서 모두 “아닌데요(아닙니다). 전화 잘못 걸렸습니다”라고 말하는 것이 좋다.

“(전화) 잘못 거셨습니다”라고 하는 말은 전화도 제대로 못 거느냐는 느낌이

들어 전화 건 사람의 자존심을 건드릴 수도 있기 때문에 삼가는 것이 좋다. 또 아무 말 없이 수화기를 내려놓거나 화를 내는 경우가 있는데 매우 좋지 않은 행동이다.

● 전화를 걸 때의 말

집에 전화를 걸 때 상대방이 응답을 하면 "안녕하십니까? (저는, 여기는) ○○○입니다. ○○○ 씨 계십니까?"와 같이 인사를 하고 자신의 신분을 밝히는 것이 기본 예절이다. 나이 어린 사람의 경우 어른이 전화를 받았을 때는 "안녕하십니까? 저는 ○○의 친구 ○○입니다. ○○○ 있습니까?"처럼 통화하고 싶은 사람과 어떠한 관계인가를 밝히는 것이 올바른 예의이다. 만약 상대방을 먼저 확인할 필요가 있을 때는 "안녕하십니까? ○○○ 댁입니까?"라고 할 수 있다.

직장에 걸 때도 집에 걸 때와 같이 "안녕하십니까? (저는, 여기는) ○○○인데요, ○○○ 씨 좀 바꿔 주시겠습니까?"와 같이 말하면 된다.

통화하고 싶은 사람이 없을 때는 "말씀 좀 전해 주시겠습니까?", "죄송합니다만(미안합니다만) ○○○한테서 전화 왔었다고 전해 주시겠습니까?"와 같이 말하면 된다.

전화가 잘못 걸렸을 때는 귀찮은 듯이 전화기를 탁 놓지 말고 "죄송합니다(미안합니다). 전화가 잘못 걸렸습니다"라고 예의를 갖춰 정중히 말하는 것이 바람직하다.

대화를 마치고 전화를 끊을 때는 "안녕히 계십시오", "고맙습니다. 안녕히 계십시오", "이만(그만) 끊겠습니다. 안녕히 계십시오"하고 인사를 하고 끊는 것을 생활화하도록 한다. "들어가세요"라는 인사도 많이 하지만, 이 말은 명령형이고, 일부 지방 사람들만 주로 쓰며, 상스러운 느낌을 줄 수 있기 때문에 피하는 것이 좋다.

4.4. 소개할 때

중간에서 다른 사람을 소개할 때는 다음과 같은 순서로 한다.

(1) 친소 관계를 따져 자기와 가까운 사람을 먼저 소개한다.

(2) 손아래 사람을 손위 사람에게 먼저 소개한다.

(3) 남성을 여성에게 먼저 소개한다.

그리고 이러한 상황이 섞여 있을 때는 (1), (2), (3)의 순서로 적용한다. 예를 들어 어머니와 가다가 젊은 남자 선생님을 만났다. 이 경우 '저의 어머니십니다'처럼 어머니를 선생님에게 먼저 소개하고 '어머니, 우리 선생님이십니다' 하고 소개하여야 한다.

4.5. 편지 쓰는 법

편지 쓸 때 주의해야 할 형식적 요건으로 서두, 서명란, 봉투쓰기가 있다. 서두는 '아버님 보(시)옵소서, (○○○) 선생님께 올립니다, ○○○ 님께[공적인 편지], ○○○ 선생께, ○○에게, ○○ 보아라, ○○ 주식회사 귀중' 등처럼 쓴다. '○○○ 님'의 '님'은 원래 고유명사 뒤에 붙는 말이 아니지만 널리 쓰이는 현실을 인정한 것이다.

【사례】 편지 서명란에 '○○ 주식회사 사장 ○○○ 올림'이라고 해야 할지,
'○○ 주식회사 ○○○ 사장 올림'이라고 해야 할지 어렵다.

서명란은 '○○○ 올림, ○○○ 드림'이 표준이다. 아랫사람에게는 '○○ 씀'이라고 할 수 있다. 집안 사람에게 보내는 편지에는 성(姓)을 쓰지 않고 '○○ 올립니다, ○○ 드림'처럼 쓴다. 참고로 '○○로부터'라는 것은 외국어의 직역이므로 쓰지 않도록 해야 한다. 주의할 것은 직함을 넣을 때이다. 예를 들어 '○○ 주식회사 사장 ○○○ 올림'이라고 해야지, '○○ 주식회사 ○○○ 사장 올림'처럼 이름 뒤에 직함을 써서는 안된다. 이것은 남에게 자신을 높이는 것이 된다.

봉투를 쓸 때는 '○○○+직함+님(께), ○○○ 좌하, ○○○ 귀하, ○○○ 님(에게), ○○○ 앞, ○○ 주식회사 귀중, ○○ 주식회사 ○○○ 사장님, ○○ 주식회사 ○○○ 귀하' 등처럼 쓴다. 주의할 것은 직함 뒤에 다시 '귀하'나 '좌하' 등을 쓰지 않는다는 것이다. '○○○ 사장님 귀하'는 바르지 못한 보기이다. 예의가 지나쳐 오히려 비례(非禮)가 된 것이다. 과거에 고향의 부모님께 편지를 보낼 때 부모님의 함자를 쓰기 어려워 자신의 이름 뒤에 '본제입납(本第入納), 본가입납(本家入納)'이라고 쓰기도 하였으나 오늘날에는 집을 제대로 찾기 어려운 경우가 많아 적당치 못하다. 부모님 성함을 쓰고 '○○○ 귀하, ○○○ 좌하'라고 하거나, 집을 찾기 쉬울 때는 자신의 이름을 쓰고 '○○○의 집'과 같이 쓸 수 있다.

4.6. 특정한 때의 인사말

● 새해 인사

새해 인사로 가장 알맞은 것은 "새해 복 많이 받으십시오"이다. 상대에 따라 "새해 복 많이 받으세요", "새해 복 많이 받게", "새해 복 많이 받아라" 등으로 쓸 수 있다. 이 말은 집안, 이웃, 학교 등 어디에서나 쓸 수 있는 인사말이다.

새배할 때는 절하는 것 자체가 인사이기 때문에 어른에게 "새해 복 많이 받으십시오"와 같은 말을 할 필요는 없다. 그냥 공손히 절만 하면 그것으로 인사를 다 한 것이며 어른의 덕담이 있기를 기다리면 된다.

한편 절하겠다는 뜻으로 어른에게 "절 받으세요", "앉으세요"라고 말하는 사람들도 있는데 이는 예의가 아니다. 가만히 서 있다가 어른이 자리에 앉으시면 말없이 그냥 공손히 절을 하는 것이 옳다. 다만 나이 차가 많지 않아 상대방이 절 받기를 사양하면 "절 받으세요", "앉으세요"라고 말할 수 있다.

덕담은 어른이 아랫사람에게 내리는 것이다. "새해 복 많이 받게", "소원 성취하게"가 가장 일반적이다. 이렇게 어른의 덕담이 있은 뒤에 "과세 안녕하십니까?"와 같이 말로 인사를 한다. 이때 특별히 "만수무강하십시오", "할머니

오래오래 사세요"와 같이 건강과 관련된 말은 쓰지 않는 것이 좋다. 의도와 달리 상대방에게 '내가 그렇게 늙었나?' 하는 서글픔을 느끼게 할 수 있기 때문이다. "올해에도 등산 많이 하세요"와 같이 기원을 담은 인사말이 좋다.

●축하와 위로의 인사말

어른의 생일일 경우 "생신 축하합니다"라고 인사하고, 상대에 따라 "생일 축하하네", "생일 축하해"와 같이 쓰면 된다. 환갑이나 고희 등의 잔치에서는 "더욱 건강하시기 바랍니다" 등과 같이 말하면 된다. "오래 사십시오"나 "만수무강하십시오" 등과 같은 인사말은 상대방에게 '내가 벌써 그렇게 늙었구나' 하는 생각이 들게 하므로 좋지 않다. 또 "건강하십시오"는 형용사를 명령형으로 만든 것이어서 문법적으로도 맞지 않는, 잘못된 인사말이다.

집안 결혼식에 가서 결혼하는 사람에게도 "축하합니다" 등으로 말하면 된다. 입학 시험에 합격한 사람이라면 "합격을 축하합니다" 등과 같이 말하면 무난하다.

문병을 가게 될 경우에는 "좀 어떠십니까?", "얼마나 고생이 되십니까?" 등으로 인사하고, 불의의 사고일 때는 "불행 중 다행입니다"와 같이 말할 수 있다. 물론 상대에 따라 "좀 어떻니?", "얼마나 고생이 되니?"처럼 말할 수 있다. 문병 때는 어느 경우에나 털고 일어나리라는 희망을 가져야 하므로 끝까지 마음에서 우러나오는 희망적인 말을 하는 것이 중요하다. 그 밖에 환자에게 이런저런 말을 하거나 물어 보는 것은 모두 예의에 어긋난다. 아픈 사람이 궁금해할 만한 일 가운데 밝은 것으로 화제를 삼아 조용히 이야기를 하는 것이 좋다.

문병을 마치고 나올 때는 "조리(조섭) 잘 하십시오", "속히 나으시기 바랍니다" 하고 인사를 하면 된다.

●문상

문상 가서 가장 예의에 맞는 인사말은 아무 말도 하지 않는 것이다. 그 어떤 말도 상을 당한 사람에게 위로가 될 수 없기 때문이며, 아무 말도 하지 않는 것이 오히려 더 깊은 조의를 표하는 것이 된다.

다만 굳이 인사말을 해야 한다면 “삼가 조의를 표합니다”, “얼마나 슬프십니까?”, “뭐라 드릴 말씀이 없습니다” 등과 같이 할 수 있다.

전통적으로 아버지 상을 당한 사람에게는 “대고(大故) 말씀 무어라 여쭈오리까?”, 어머니 상을 당한 사람에게는 “상사 말씀 무어라 여쭈오리까?”, 남편 상을 당한 사람에게는 “천붕지통(天崩之痛)이 오죽하시겠습니까?”, 아내 상을 당한 사람에게는 “고분지통(叩盆之痛, 鼓盆之痛)이 …”, 형제 상을 당한 사람에게 “할반지통(割半之痛) …” 하기도 하였고, 또 자녀 상을 당한 사람에게는 “참척(慘慽)을 당하시어 얼마나 마음이 아프시겠습니까?” 하기도 했으나 오늘날 굳이 복잡하게 이런 어려운 말로 따로따로 인사말을 할 필요는 없다. 다만 부모상의 경우에만 전통적인 인사말인 “얼마나 망극(罔極)하십니까?”를 나이 등 상황에 맞게 적절히 쓸 수 있다.

● 봉투 및 단자의 인사말

회갑 잔치 등에서 축의금을 낼 경우 봉투의 앞면에 ‘祝 壽宴(축 수연)’, ‘祝 華婚(축 화혼)’과 같이 쓰고 뒷면에 이름을 쓴다. 한글로 써도 무방하며 가로쓰기를 할 수도 있다. 종종 환갑 이상의 생일 잔치에는 봉투 인사말을 어떻게 쓰는지 몰라 고민하기도 하는데 이 경우에도 ‘수연’이라고 하면 된다. ‘壽宴(또는 壽筵)’은 회갑뿐만 아니라 그 이상의 생일 잔치에 두루 쓸 수 있는 말이다. 물론 생일에 따라 ‘祝 還甲(축 환갑), 祝 回甲(축 회갑), 祝 華甲(축 화갑, 이상 61세), 祝 古稀宴(축 고희연), 祝 稀宴(축 희연, 이상 70세), 祝 喜壽宴(축 희수연, 77세), 祝 米壽宴(축 미수연, 88세), 祝 白壽宴(축 백수연, 99세)’ 등을 쓸 수도 있다. 한편 단자는 반드시 넣는 것이 예의이다. 단자에는 봉투의 인사말을 써도 되고 ‘수연을(결혼을) 진심으로 축하합니다’와 같이 문장으로 인사말을 써도 된다. 그리고 ‘금 ○○○○○ 원’처럼 물목을 적은 다음 날짜와 이름을 쓴다.

결혼식에는 ‘祝 婚姻(축 혼인), 祝 結婚(축 결혼), 祝 華婚(축 화혼), 祝儀(축의),

賀儀(하의)' 등을 인사말로 쓸 수 있다.

문상의 경우 봉투의 인사말은 '賻儀(부의), 謹弔(근조)' 등을 쓴다. '삼가 조의를 표합니다'라는 문장 형식의 인사말은 단자에는 써도 봉투에는 쓰지 않는다. 생일, 결혼, 문상 등 정형화된 단어의 인사말이 있는 경우 문장으로는 봉투의 인사말을 쓰지 않는 것이다. 한편 소상(小祥)이나 대상(大祥)의 경우 부조를 하게 되면 봉투에 '奠儀(전의)' 또는 '香燭代(향촉대)'라고 쓴다.

한편 정년 퇴임의 경우 봉투나 단자의 인사말로 '謹祝(근축), 頌功(송공), (그동안의) 공적을 기립니다'처럼 쓸 수 있다. 병문안의 위로금을 건넬 경우에는 '祈 快癒(기 쾌유), (조속한) 쾌유를 바랍니다'로 쓴다. 정년 퇴임이나 병문안의 경우처럼 단어의 인사말이 그리 보편화되지 못한 경우 봉투에도 문장의 인사말을 쓸 수 있다. 출판 기념회 등 마땅한 인사말이 없을 경우 이와 같이 상황에 맞게 적절한 인사말을 쓰면 될 것이다.

[우리말 바로 알기], 문화관광부, 1998.

연습문제

1. 언어 예절의 기본은 무엇이며, 그것이 중요한 까닭에 대해서 생각해 보자.
2. 어머니와 아버지를 부르는 말들에는 어떤 것들이 있는지 조사해 보고, 이들을 어휘장(의미장)의 관점에서 설명해 보자.
3. 친족 호칭어 가운데 '형님'이 사용되는 경우를 남자와 여자로 나누어 구체적으로 알아보자.
4. 국어의 경어법 체계에 대해서 알아보고, 압존법에 대해서는 구체적인 예를 들어 설명해 보자.

방송언어와 표준발음 _ 김상준

현대 사회에서 방송이 차지하는 막대한 비중에 대해서는 새삼 언급할 필요가 무색할 것이다. 그런데 이처럼 중요한 방송언어가 우리 사회에서 어떻게 사용되고 있는가를 조사해 보면 금세 실망스럽다는 느낌을 받게 된다. 그만큼 방송언어에 대한 방송인들의 인식이 재정비될 필요성이 시급한 것이다.

방송언어란 방송을 통해 드러나는 모든 말을 말한다. 현재 각 방송사에서는 자체적으로 모임을 만들어서 그 쓰임새를 자율적으로 규제하고 있지만, 특히 전문적인 소양과 교육을 받지 않은 출연자들의 대폭적인 방송 출연 증가로 방송언어의 제반 규범이 제대로 준수되지 못하고 있는 실정이다. 방송언어의 질적인 향상을 위해서는 방송인들의 자발적인 노력과 아울러 방송을 듣고 보는 우리들의 감시자 역할도 중요하다고 하겠다.

이와 같은 노력은 앞으로 맞이하게 될 통일 시대를 대비해서도 매우 중요한 작업임에 틀림이 없다. 이 글에서는 방송언어에서 지켜야 할 기본적인 규범을 알아보기로 한다.

1. 머리에

방송언어(broadcast language)는 방송을 통해 표출되는 모든 말을 뜻한다. 또한 방송언어는 입말인 음성언어(音聲言語, spoken language)와 글말인 문자언어(文字言語, letter language)로 나뉘는데, 일반적으로는 방송에서 사용하는 음성언어를 말한다.

그러나 방송에서 사용하는 음성언어라고 하지만, 방송언어는 일상언어(日常言語)와 상대적인 개념으로 봐야 한다. 예를 들면 방송에서 들을 수 있는 일상언어로는 방송의 진행자가 아닌 일반 시민들이 출연해서 인터뷰에 응한 경우를 말할 수 있다.

방송에 출연하는 방송인의 범위도 근래에는 많이 넓어졌다. 전통적으로 방송인은 아나운서나 기자, 프로듀서, 성우, 탤런트를 비롯한 방송사 고유 직종의 직업인을 일컬어 왔다. 그러나 요즘은 자유출연 방송인(free lancer)으로 리포트(reporter), DJ(disk jockey), MC(master of ceremonies)를 비롯해서 기상이나 교통, 물가 등 각종 정보를 전달하는 전문분야의 방송요원이나 통신원에 이르기까지 다양해졌다.

이상의 방송인이나 방송요원들은 방송에 고정출연하기 때문에 방송언어에 대한 기본적인 소양을 갖춰야 한다.

방송언어는 일상언어와 다른 독특한 특징이 있기 때문에 일단 방송에 출연하거나 진행을 맡을 때는 기본적인 교육을 받아야 함에도 우리나라의 방송사에서는 명성이나 인기 하나로 방송에 출연시키거나 큰 프로그램의 진행을 맡기거나 해서 방송언어의 질적인 수준을 저하시키고 있는 것이 현실이다.

방송언어는 입말 즉 구어(口語) 형태의 방송언어인 음성언어가 주를 이루지만, 구어 형태와 함께 품위를 더 갖춘 문어(文語) 형태의 음성언어도 사용되는 특징을 가지고 있다. 그래서 일상생활에서 많이 사용하는 저속한 표현이나 잘 거르지 않은 일상언어는 피해야 한다.

2. 방송언어의 조건

우리나라의 방송은 1927년 2월 16일 첫 전파를 발사한 이래 꾸준히 발전하여 이제는 위성방송과 CA TV 등 뉴미디어 시대에 들어와 있다.

라디오 방송은 초창기에 비해 AM, FM 스테레오 음향으로 많은 발전을 했으며, 텔레비전도 흑백 시대에서 컬러 시대로 넘어 오면서 영상이나 음향에 많은 발전이 있었다.

그러나 음향의 범주에 넣어야 할 음성언어로서의 방송언어는 과거보다 오히려 퇴보한 감이 있다. 과거에는 아나운서라는 언어적으로 잘 훈련된 방송인들이 방송 오디오(audio)의 거의 대부분을 맡았으나, 최근에는 비전문 방송인의 대거 출연으로 인해 언어적 커뮤니케이션의 질이 저하되고 있다.

이러한 혼란의 와중에서도 방송계에서는 방송언어의 원칙을 정해 교육과 연수를 통해 방송언어의 품위 향상에 이바지하고 있다.

KBS의 경우 아나운서실 한국어연구회에서는 방송언어의 조건을 다음과 같이 규정하여 교육과 연수에 활용하고 있다.

다음은 뉴스 방송을 위한 방송언어의 조건이다.

(1) 표준어라야 한다.
(2) 가능하면 쉬워야 한다.
(3) 시청자 중심의 경어(敬語)를 사용한다.
(4) 품위있는 말을 써야 한다.
(5) 지나친 수식어를 피한다.
(6) 음운(音韻)의 생략이 구어적(口語的)이다.
(7) 감탄사(感歎詞)의 사용을 피한다.
(8) 조사(助詞)와 용언(用言)에 제약이 많다.
(9) 수(數)의 표현에 조심한다.
(10) 논리적인 언어표현이라야 한다.

3. 방송언어와 표준발음

음성언어로서의 방송언어가 갖춰야 할 조건 중에서 가장 기본적인 것은 표준어이다. 표준어의 조건은 표준적인 어휘(語彙)와 표준적인 발음을 말하는데 방송언어는 표준발음을 사용해야 한다.

표준발음 이외에 갖춰야 할 조건으로는 표준억양을 비롯한 끊어읽기와 호흡법, 발성법, 소리의 높낮이 조절 등 여러 가지를 만족시켜야 하지만 이 글에서는 표준발음에 관해 주로 논의하고자 한다.

3.1. 장단음의 혼란

우리말에서 모음은 길게도 소리낼 수 있고 짧게도 낼 수 있다. 따라서 음절의 길이도 길거나 짧을 수 있다. 방송언어는 음성으로 표출하는 것이기 때문에 글자는 같은데 장단음이 다른 말을 정확하게 구분해서 발음하지 않으면 의미에 혼란이 일어난다. 특히 뉴스를 비롯한 정보 전달 프로그램의 경우는 조심해야 한다.

다음은 방송에서 흔히 틀리기 쉬운 장단음의 차이에 따라 의미가 달라지는 말이다.

가마(질그릇 만드는 것)
가 : 마(탈 것)
갈다(새 것으로 대신하다)
갈 : 다(문지르다)
눌리다(조금 태워 눌게 하다)
눌 : 리다(누름을 당하다)
말다(국수나 밥을 물에 넣어 풀다)
말 : 다(그만 두다)
묻다(땅에 파묻다)
묻 : 다(남에게 질문하다)
배다(빈틈없이 차다)
배 : 다(뱃속에 들다)
새집(새로 지은 집)
새 : 집(새의 집)
쇠다(채소가 억세고 굳다)
쇠 : 다(명일을 인식하고 지내다)

패다(곡식의 이삭이 나오다)

패 : 다(장작을 패다)

이상은 고유어의 예인데 한자어에서는 고유어보다 훨씬 많은 예를 찾을 수 있다.

가장(家長) / 가 : 장(假裝)

건조(乾燥) / 건 : 조(建造)

고목(枯木) / 고 : 목(古木)

부자(父子) / 부 : 자(富者)

부정(不正) / 부 : 정(否定)

선수(先手) / 선 : 수(選手)

시계(時計) / 시 : 계(視界)

여권(女權, 旅券) / 여 : 권(與圈)

정당(政黨) / 정 : 당(正當)

전철(前轍) / 전 : 철(電鐵)

한식(寒食) / 한 : 식(韓式)

3.2. 모음의 발음

모음은 글자의 모양이 간단해서 자음보다 발음이 쉬울 것으로 착각하는 경향이 있으나, 우리말에서는 자음보다 모음에 오발음이 많다. 그래서 당연히 모음의 발음이 어려울 수밖에 없다.

그러나 우리나라 방송은 기본적인 모음의 발음도 지키지 않는 방송인이 너무나 많은 현실이다.

증권거래소가 정권거래소로 소리나거나 구름이 구럼으로, 흘러흘러가 헐러헐러, 아침이슬이 아침이설, 들려온다가 덜려온다, 너울 쓰고가 너울 씌고, 의사가 어이사, 의원이 어이원, 은사가 언사, 은폐가 엄폐로 소리나는 현상을 많이 볼 수 있다.

위에서 으가 어로 소리나는 현상은 지역방언의 영향인데 방송에 광범위하게 퍼져 있어 정보전달에 혼란을 일으키는 경우가 많다.

에와 애의 혼란은 서울의 표준어권에서도 틀리게 발음하는 일이 많을 정도로 우리말에서 오발음이 가장 많은 소리이다.

그래서 세와 새가 구분이 되지 않으며 제주도가 재주도로, 대통령이 데통령, 제대가 재대, 재일동포가 제일동포, 옛날이 얫날, 애기가 예기 등으로 혼란이 심각하다.

이상의 단모음보다는 비교적 쉬운 발음이지만 발음교육이 미진한 방송인들의 경우에는 이중모음도 틀리는 경우가 많다.

십원이 십언, 백원이 백언, 경기도가 겡기도, 형님이 헹님, 과감히가 가감히, 옛날이 엣날, 연예인이 연에인, 예식장이 에식장, 장례식이 장레식, 왜식집이 웨식집, 귀빈이 기빈, 서귀포가 서기포, 위하여가 이하여 등으로 이중모음이 단모으로 변하거나, 다른 이중모음으로 변해서 방송의 품위를 떨어뜨리는 경우가 많다.

3.3. 자음의 발음

자음은 모음보다 발음이 비교적 쉽다. 그러나 발음장애나 습관에 따라 'ㄴ, ㄷ, ㄹ'의 발음이 불분명하게 나오는 경우가 있으며, 'ㅎ'을 묵음화하거나 쌀을 살로 발음하고, 초성이 'ㅈ'이 유성음화해서 어색하게 들리기도 한다.

100대 1 내외의 공개경쟁을 거쳐 입사한 아나운서들의 경우에도 신인시절에는 '라랴러려로료루류르리'를 발음하는 데 어려움을 겪는 경우가 있다.

'라랴러려'는 영어의 'r'음과 비슷하지만 'l'음 비슷하게 발음하는 경우도 있다. 더구나 '라랴료류'는 이중모음을 제대로 하지 못해 소련을 소런으로, 가량을 가랑, 두륜산을 두룬산으로 하는 등 우리말의 기본발음을 소화하기 못하기도 한다.

'라랴러려'를 '랄랴럴려'로 하는 형태의 미숙한 발음은 학교에서 우리말 발음에 대한 교육을 거의 하지 않았기 때문일 것이다.

자음의 받침도 마찬가지로 틀린 발음이 많다.

꽃이가 꼬시, 밭이가 바시, 밑을이 미슬이나 미츨, 부엌이가 부억이로 소리나는 현상이 많다.

또한 겹자음도 틀리는 경우가 많아 한강 다리밟기를 '다리발끼'로 발음하는 경우도 있었다.

보리밟기나 다리밟기(踏橋)는 '발끼'가 아니라 '밥끼'로 발음해야 한다. 또한 여덟을 여덥으로, 맑다를 말따, 읊다를 을따로 발음하는 잘못도 있다.

이런 형태의 겹받침들은 일정한 규칙이 있으나, 그 규칙을 익히는 것보다 입으로 익히는, 즉 발음으로 익히는 것이 가장 빠른 길이다. 결국 평소에 관심을 가지고 좋은 발음을 많이 듣고 발음 연습을 게을리 하지 않아야 한다.

3.4. 자음의 동화

자음의 변이음 중에는 소리의 동화에 의해 달라지는 말과 경음화나 격음화에 의해 달라지는 말이 있다.

소리의 동화는 미닫이가 미다지로 소리나는 구개음화나, 먹는이 멍는, 국물이 궁물로 바뀌는 비음화 등의 자음동화 현상이 있다.

이렇게 정상적인 자음동화가 아닌 잘못된 말이 방송에 많이 등장한다.

한국이 항국으로, 신문이 심문으로, 헌법이 험법으로, 엊그제가 억그제, 꽃길이 꼭길, 솥걸이가 속걸이로 소리나는 것은 자음동화가 잘못된 것이다.

이 밖에 전기가 정기, 선교사가 성교사, 감가가 강가, 선물이 섬물, 젖먹이가 점먹이로 소리나는 현상도 많이 발견된다.

우리말의 장래를 걱정스럽게 하는 음운의 변화 중에는 경음화와 격음화 현상도 심각하다.

가득이 가뜩, 진하다가 찐하다, 곧장이 꼳장, 창고가 창꼬로 변하는 경음화 현상은 심각하게 번져서, 대학의 과를 꽈로 과대표를 꽈대표로 하는 현상을 방송에서도 가끔 들을 수 있다.

이렇게 평음을 경음으로 소리내는 것도 문제이지만 음운현상에 따라 자연스럽게 나는 경음을 평음으로 발음해서 오발음을 만드는 경우도 있다.

우리말은 같은 글자이면서도 의미에 따라 발음이 달라져서 의미가 변하는 말이 많다.

	평 음	경 음
강 점	强占 [강 : 점]	强點 [강쩜]
경 기	競技 [경 : 기]	驚氣 [경끼]
신 고	申告 [신고]	신고 [신 : 꼬]
연 줄	緣줄 [연줄]	鳶줄 [연쭐]
정 가	政街 [정가]	定價 [정 : 까]

이렇게 환경에 따라서나 의미에 따라서 발음이 달라지는 경우가 있으나, 그것을 알지 못하고 경으로 발음해야 할 경우에도 평음으로 방송하는 경우가 많다.

이번달, 다음달은 달 이 아니라 딸 이다.

이번주, 다음주는 주 가 아니라 쭈 이다.

한강다리, 영도다리, 강화다리는 [다리]가 아니라 [따리]이다.

또한 갈등, 발동, 절도, 말살, 불소, 일시, 몰상식의 둘째 음절은 경음이다.

합성어의 경우에도 문고리, 눈동자, 손재주, 발바닥, 술잔의 둘째 음절은 경음인데도 평음으로 발음하는 잘못이 많다.

우리말은 발음을 편히 하기 위해서이거나 관습에 의해서 복합어인 경우에 소리가 첨가되는 말이 많은데 이것을 무시하고 자음의 연음으로 발음하는 잘못이 있다.

솜이불 → [솜 : 니불]	막 일 → [망닐]
맨 입 → [맨닙]	내복약 → [내 : 봉냑]
색연필 → [생년필]	늑막염 → [능망념]
영업용 → [영엄뇽]	서울역 → [서울력]

휘발유 → [휘발류]　　　　　　　잘 입다 → [잘립따]

이상의 음운이 첨가된 발음은 일상언어에서는 자연스럽게 사용하다가도 방송에서 오히려 틀리는 경우가 많다. 이것은 원고를 낭독하는 방송에서 더욱 심한 편인데, 방송이기 때문에 정확하게 해야 한다는 강박관념에서 그렇게 되는 듯하다.

3.5. 실종된 'ㅎ'의 발음 음가

우리의 일상언어에는 모음이나 자음, 때로는 한두 개의 음절에 이르기까지 실종된 말조각들이 많다. 이것은 교육을 제대로 받지 않아서일 경우도 있고, 우리말은 쉽다는 안일한 생각에서 발음에 대해서 무신경하기 때문일 경우도 있다.

우리말에서 탈락현상이 가장 심한 음은 'ㅎ'이다. 'ㅎ'은 첫 음절에서는 잘 발음되다가도 둘째 음절 아래서는 거의 모두 발음되지 않고 있다.

다음은 오른쪽이 잘못된 발음으로 소리나는 대로 옮겨 본 것이다.

말하고 → 마라고(×)
문화방송 → 무나방송(×)
화형 → 화영(×)
영혼 → 영온(×)
매화 → 매와(×)
진화론 → 지나론(×)
위원회 → 위워네·위어네·이어네(×)
성춘향 → 성춘양(×)
지향(指向)하고 → 지양아고(×)
음학 → 음악(×)
음향 → 음양(×)
생각하고 → 생가가고(×)

입학하고 → 이바가고(×)

결혼식 → 결론식(×)

위에서 '생각하다, 입학하다' 형태와 '졸업하다, 곱하기'와 같은 말들은 'ㅎ' 탈락에 격음화원칙을 무시한 발음으로 사투리 형태의 발음이 많다.

심지어 곱하기와 같은 말은 '고바기'와 '꼬파기' 등으로 발음되기 때문에 조심해야 한다.

3.6. 수의 발음과 표현

● 나이의 표현

사건 관계 기사를 비롯해서 나이를 말하는 경우가 많은데, 58세의 경우를 오십팔살, 오십여덟살 등으로 잘못 표현하는 방송인이 있다.

58세는 한자어로는 오십팔세, 우리말 고유어로는 쉰여덟살이라야 한다.

● 백·천·만의 읽기

100원은 일백원이 아니라 백원으로,

1,000원은 일천원이 아니라 천원으로,

10,000원은 일만원이 아니라 만원으로, 하는 것이 구어체 방송언어이다.

그래서 1994년은 일천 단위가 아니라 천구백구십사년이다.

100미터 경주는 일백이 아니라 백미터 경주이다.

1000일의 앤은 일천일이 아니라 천일의 앤이다.

100만 장자는 일백만 장자가 아니라 백만 장자이다.

● 년·월·일의 발음

1·21 사태는 [일이일]이 아니라 [일리일]로 발음된다.

5·6월은 [오육월]이 아니라 [오뉴월]이다.

징역 6월이라는 표현이 많으나 이때는 6개월이라야 한다.

●수로 표현되는 명칭

군부대는 보안상 부대의 명칭을 육군 ○○부대 등으로 쓴다.

이때는 육군 영영부대가 아니라 공공부대로 한다.

○○사단도 공공사단, ○○명의 병력도 공공명의 병력이면 된다.

○○7 영화도 영영칠이 아니라 공공칠로 한다. 이때의 ○○7은 수가 아니라 하나의 부호로 보기 때문이다.

이렇게 간단한 수일지라도 듣기에 어색하지 않고 경우에 따라 적절하게 사용해야 한다.

4. 결론

우리 한국어는 남북한과 해외 동포까지 합해 약 7천여만 명이 사용하고 있는 대단한 세력의 언어이다. 지금은 남북한이 분단돼 있지만 멀지않아 교류의 확대와 더불어 통일도 바라볼 수 있게 됐다.

통일을 위한 과정에는 정치, 경제, 문화 등 다양한 접근이 있어야 하겠는데 무엇보다 시급한 것은 언어적 접근과 동질성 회복, 그리고 최종적으로 언어의 통일이 필수적일 것이다.

이러한 상황에서 우리의 방송언어는 과거처럼 순화와 미화라는 단순한 차원의 연구와 수행보다 통일이라는 대명제 앞에서 우선 언어의 국가규범(國家規範)인 표준어를 완벽하게 지켜야 하며, 그 이후에 그것을 바탕으로 언어의 통일을 위한 동질성 회복의 논의가 이뤄져야 한다.

이렇게 우리의 당면과제가 급박함에도 불구하고, 방송정책의 입안이나 수행에 종사하는 사람들의 관심이 아직은 미미한 상황이다. 또한 그렇기 때문에 일선 방송 제작자나 진행자, 그리고 출연자들의 방송언어에 대한 관심의 도가 자연히 낮을 수밖에 없어 우리의 방송언어는 아직도 위기상황 직전이라 할 수 있다.

일반 국민들의 방송언어에 대한 관심 또한 언어의 질을 추구하는 차원 높은 것이 아니라 지엽말단적인 차원에 머물러 있는 경향이 많다.

방송언어에 대한 문제로서 쇼나 코미디 프로그램의 저질 언어를 비롯하여 일부 방송의 외래어 사용이나 사투리 등의 차원에만 관심을 두는 한 한국어의 발전에는 별 도움이 되지 않을 것이다.

방송언어의 바람직한 방향은 국어의 발전과 연계되어야 하며, 그러기 위해서는 국가가 정한 표준어와 표준발음의 준수, 그리고 경어의 사용을 비롯한 품위있는 언어의 사용, 화법이나 어법에 맞는 언어표현이 완성될 때 방송언어가 국어의 발전에 기여하게 될 것이다.

[말글생활], 말글사, 1994 창간호.

연습문제

1. 텔레비전이나 라디오의 뉴스(일정 시간대를 골라 5일간 계속)를 들은 다음, 아나운서(앵커 또는 리포터)의 잘못된 발음을 지적하고 바르게 고쳐 보자.
2. 〈표준어 규정〉의 '표준 발음법'을 읽으면서 자신의 평소 발음과 비교해 보자.

대화의 구조와 원리 _ 구현정

●

대화란 일상 생활에서 두 사람 이상이 서로 마주 대하여 생각과 느낌을 표현하고 이해하는 상호적인 언어활동으로 말살이의 가장 기본적인 형식이다. 그런데 오늘날과 같은 정보화 시대에는 사람과 사람이 마주하는 경우보다 컴퓨터를 매개로 하여 대화할 경우가 점점 더 많아지고 있다. 이럴수록 대화란 어떤 구조로 되어 있으며, 대화를 효과적으로 수행하기 위해서 지켜야 할 원리에는 어떤 것들이 있는가를 알아두는 것이 필요하다. 올바른 말살이를 위하여 대화에 관하여 더 자세한 내용을 알고자 하는 사람은 같은 필자의 '대화의 기법'이라는 책을 참고하면 좋을 것이다.

언어는 자기의 생각을 상대방에게 전달하는 의사소통의 수단이라 할 수 있다. 사람이 언어를 사용하여 언어 활동을 하는 데에는 여러 가지 유형이 있을 수 있는데, 그 가운데서 우리가 가장 많이 사용하는 유형은 서로 이야기를 주고받는 대화일 것이다. 대화란 일상 생활에서 두 사람 이상이 서로 마주하여 생각과 느낌을 표현하고 이해하는 상호적인 언어 활동으로, 사람이 사용하는 언어 활동 가운데 가장 기본적인 것이다. 한순간을 살다 가는 유한한 존재인 사람이 과거의 문화를 유지하고 역사를 축적하여 문화 유산을 남길 수 있는 것도 이러한 대화를 통해 가능한 것이다.

이러한 의미에서 우리의 언어 생활에서 '효과적인 대화 방법이 무엇일까'를 모색해 보는 일은 중요한 것이다. 이 글은 바로 이러한 효과적인, 바람직한 대화의 기법에 대하여 생각해 보고자 하는 것이다. 먼저 대화란 무엇이며, 대화의 구조와 원리는 어떠한가에 대하여 살펴보기로 하겠다.

1. 언어와 대화

사람과 동물을 구별해 주는 가장 확실한 특성은 사람만이 언어를 통하여 대화를 한다는 점이다. 아프리카의 한 방언에서는 이러한 사실을 재미있게 나타내고 있다. 그 말에서는 '쿤투(kuntu)'는 '물건'이라는 뜻을 나타내고, '문투(muntu)'는 '사람'을 나타낸다. 그런데 갓난아기가 태어나서 말을 배우기 전까지는 그 아이를 '쿤투'라고 부르고, 말을 배워서 쓰기 시작하면 비로소 '문투'라고 부른다는 것이다. 사람과 사물의 구별은 언어의 사용에 있다는 점을 단어의 정의 속에 포함시키고 있어 매우 흥미로운 일이다. 이는 언어란 태어나면서부터 자연스럽게 체득하게 되는 인간의 본질적 요소임을 확인하게 하는 이야기이다.

그러면 대화란 무엇인가? 대화는 화자가 청자에게 언어내용을 전달하는 과정이다. 따라서 누가(화자), 누구에게(청자), 무엇을(메시지) 말하는가가 대화의 중심 요소이다. 그런데 화자와 청자의 역할은 고정되어 있는 것이 아니고, 상황에 따라 유동적이다. 대화에서 이야기되는 화제가 계속 이어짐과 동시에 상대방 이야기를 잘 경청하고 응대어를 구사하여 그와 관련된 이야기를 진행시켜 나감으로써, 화자와 청자의 역할은 항상 순환된다. 따라서 대화에서는 말하며 듣고, 들으며 말하는 역할이 계속 바뀐다.

그러나 사람은 누구나 자기중심적이어서 화자의 관점에서 생각할 때와 청자의 관점에서 생각할 때 요구하는 것이 달라진다. 말을 조음해서 발화해야 하는 화자는 가능한 한 쉽고, 편하고, 간단한 언어 표현을 통하여 자기의 의사를 전달하고 싶어한다. 거기에 비해서 발화를 지각해야 하는 청자는 뜻을 식별해야 하고, 의도를 파악해야 하기 때문에 될 수 있는 대로 정확하고 쉽게 이해하고 싶어한다. 또한 화자는 자기가 말하고 싶어하는 것만 말하려고 하고, 청자는 자기가 듣고 싶은 것만 들으려 한다. 심지어는 들리는 소리를 듣는 것이 아니라 듣고 싶은 부분만을 가려 듣기도 한다. 이러한 화자와 청자 사이의 대립은 대화의 기본적인 배경이 된다. 그래서 바람직한 대화는 자기중심적이 되려고 하는 욕구를 어떻게 조절하여 상대방의 욕구를 충족시킬 수 있는 방향으로 전환하느냐의 문제와 직접 관련이 된다. 즉 가장 이상적인 화자는 청자의 관점을 가장 잘 고려하는 화자이고, 가장 이상적인 청자는 화자의 관점을 가장 잘 고려하는 청자이다.

쇼펜하우어는 고슴도치가 어떻게 겨울 추위를 이겨내는가 하는 예를 통하여 인간 관계를 설명한 일이 있다. 고슴도치는 추위를 피하기 위하여 서로 가까이 접근하다가 뾰족한 바늘이 서로의 몸을 찌르면 뒤로 물러난다. 그러다가 추워지면 다시 접근하고 찌르면 다시 후퇴하면서 추위도 막고 찔리지도 않을 만큼의 적당한 거리를 찾는다는 것이다. 이러한 양면성은 사람의 대화에서도 중요한 역할을 한다. 화자의 관점을 고려하고, 청자의 관점을 고려하는 것이 이상적인 화자와 이상적인 청자가 되는 방법, 화자와 청자가 유지할 수 있는 적당한 거리를 찾아내는 방법. 이것이 바로 바람직한 대화의 기법이다.

2. 대화의 구조

만나는 사람과 상황에 따라 항상 변화하는 대화에도 어떤 구조가 있을까? 대화가 갖는 유동성 때문에 대화를 지배하는 구조나 규칙이 있다는 사실을 깨닫기는 어렵다. 그러나 문장의 구조를 주어와 서술어로 분석하는 것처럼 명료하거나 정형성 높은 것은 아니지만, 대화에도 기본적인 구조가 있다. 대화도 사회적인 약속이기 때문에 어떻게 시작하고, 어떻게 이어가며, 어떻게 끝맺는가와 관련된 일정한 규칙이 있다.

대화는 화자와 청자의 역할이 고정되어 있는 것이 아니고 서로 순환되어야 한다. A가 화자일 때는 B가 청자가 되고, B가 화자일 때는 A가 청자가 된다. A가 이야기하다가 멈추면, 또 다른 참여자인 B가 이야기를 시작한다. 그래서 A→B→A→B→A→B가 차례로 말을 하는 교대가 나타난다. 이것을 순서교대라고 한다. 순서교대는 거의 자동적으로 조절된다. 전체 대화 가운데서 두 사람이 동시에 말을 하는 경우는 5%도 되지 않으며, 또한 한 사람이 말하고 다음 사람이 시작하는 사이의 간격은 단지 몇 십 분의 1초밖에 걸리지 않는 사실은 놀라운 일이다. 이러한 순서교대는 화자와 청자가 일정한 원리에 의해 대응한 결과라 하겠다.

대화는 순서교대를 방해하는 것이 대화의 중복이다. 현재의 화자가 말을 하고 있는데 다른 화자가 말을 시작해서 둘 이상의 화자가 얼마간 동시에 말을 하는 경우이다. 이 경우 두 사람이 말을 하게 되면 청자의 입장에서는 두 발화를 모두 받아들이기 어렵게 되므로 화자가 의도한 것도 확실히 전달되지 않게 될 뿐만 아니라 분위기가 어색해 지게 된다. 우연한 중복은 아무런 의도 없이 나타난 중복이기 때문에 별 문제가 되지 않으나, 현재의 화자가 대화를 끝내지 않은 상황에서 고의적으로 말을 시작하는 것은 대화의 방해이다. 이것은 올바른 대화와 거리가 멀다.

따라서 순서교대에서 가장 중요한 것은 현재의 화자와 다음 화자 사이의 협동이다. 그래서 이 둘 사이의 순서교대는, '주는 말'에 대해 '받는 말'이 쌍을 이루는, 대응쌍을 만들어야 한다. 대응쌍은 대화의 최소 단위가 된다. '질문'을 하면 '대답'을 하고, '제의'를 하면 '수락'하거나 '거절'을 하고, '사과'를 하면 "뭐 별거 아닌데요."와 같이 '사건의 경시'를 나타내는 표현을 하는 것 등이 그러하다. 그러나 실제 대응쌍은 다양한 변이가 가능하다. 다음 (1)의 예를 살펴보자.

(1) A: 아줌마, 우리 노래방 들어가도 돼요? [질문 1]
B: 너희 몇 살인데? [질문 2]
A: 열다섯 살이요. [대답 2]
B: 그럼 안 돼. [대답 1]

대화 (1)에는 [질문 1]과 [대답 1] 사이에 또 다른 [질문 2]와 [대답 2]가 삽입되어 있다. 따라서 "Q→(q→a)→A"와 같은 구조로 이루어진 대응쌍이다. 이러한 삽입 현상은 아주 흔하게 나타난다. 그래서 '질문'과 그에 대한 '대답' 사이에 여러 발화가 삽입되어 있을 수도 있다. 삽입은 대화를 상당히 길게 만들어 줄 수도 있다. 그래도 일단 대응쌍의 주는 말이 발화되면 사람들은 언젠가 받는 말이 나오리라는 것을 기대하기 때문에 그에 맞추어 대화를 진행시켜 나간다.

대응쌍의 받는 말도 많은 변이형이 있다. '질문'에 대한 받는 말도 '대답'이 아닌 여러 반응들이 포함될 수 있는데, 이들도 모두 받는 말로 받아들여질 수 있다. 다음 (2)의 예를 살펴보자.

(2) A: 너 영미 못 봤니?
B: 미정이한테나 물어 보세요.

대화 (2)에서 받는 말은 주는 말 A에 대한 직접적인 대답이 아니다. 따라서 A에 대한 반항을 나타내거나, 대화의 방향을 미정이에게로 옮기는 것, 또는 자신은 대답을 하지 않겠다는 거절, 질문 자체가 적절하지 않다는 의구심 따위를 나타내는 데 쓰일 수 있다.

(3) A: 내일 그 사람 좀 만날 수 있겠니?
B: 예.
(4) A: 내일 좀 만날 수 있겠니?
B-1: …… 내일 시간이 어떻게 되나?
B-2: 글쎄, 내일 다른 약속이 있어서……
B-3: 지금으로서는 뭐라고 대답할 수가 없는데, 이따가 다시 연락하기로 하자.

요청에 대해 허락은 선호적인 받는 말이 되고, 거절은 비선호적인 받는 말이 된다. 대화 (3)에서 질문 A에 대한 선호적인 대답 B는 더 단순하고 간결한 구조로 나타나며 즉각적이다. 그러나 대화 (4)에서 질문 A에 대한 비선호적인 대답 B-1, B-2, B-3은 더 복잡한 구조로 나타나며 시간을 끈다. 이것은 비선호적인 대응쌍에 대해 화자와 청자가 가지고 있는 기대와 어긋나는 것이기 때문에 심리적 부담감이 언어적 표현으로 나타나고 있음을 보여 주는 것이다.

대응쌍의 주는 말에 대해 의도적으로 비선호적인 받는 말을 선택하는 것은 언쟁을 유발하고 나아가 인간 관계를 위협하는 행위가 된다.

(5) A: 여보, 신문 좀 주구려. (요청)
B: 당신은 손이 없어요? (질문)
A: 무슨 말이 그래? (질문)
B: 당신은 그렇게 말하지 않는 줄 아세요? (질문)

(6) A: 저 여자 누구야? (질문)
B: 왜요? (질문)
A: 물으면 안 돼? (질문)
B: 누가 물으면 안 된다고 했어요? (질문)

대화 (5)에서는 요청의 주는 말을 질문의 받는 말로 받고, 질문을 계속 질문으로 받는다. 이 경우 질문은 공격이 되며 질문이 여러 차례 되풀이해서 나타나면 언쟁이 시작되었다는 증거가 된다. 대화 (6)에서는 질문의 주는 말을 질문으로 받고, 또 다시 질문으로 말을 이어 간다. 대응쌍이 무시되어 언쟁이 시작되었다는 신호이다. 질문이 세 차례 이상 이어지면 일단 대화에서 이상이 있다고 판단하고 대화 방법을 바꾸어야 한다.

일반적으로 대화는 시작부, 중심부, 종결부로 조직되어 있다. 시작부는 대화의 통로를 여는 부분이고 중심부는 이야기하고자 하는 내용들을 주고 받는 부분이며, 종결부는 대화의 통로를 닫는 부분이다.

시작부에서 대화의 통로를 열기 위해서는 한 사람이 다른 사람의 주의를 끌고 대화하기 원하는 신호를 보내야 한다. 따라서 '호출-응답-연결'의 순서로 이어진다. 대화를 하고자 하는 쪽이 호출자가 되고, 그것에 응답하는 쪽이 응답자가 되는데, 이때에 쓰이는 신호는 비교적 간단하면서도 관용적인 것들이다. 호출용 신호로 가장 많이 사용되는 것은 인사말이다. 시작부는 대화할 사람들 사이의 인간 관계에 필요한 예절이 포함된 단계이기도 하다.

중심부는 본격적인 대화 활동이 이루어지는 부분이다. 대화를 시작한 쪽에서는 목적과 용무를 수행하는 부분이다. 이 부분은 다른 부분에 비해 길이가 길고, 정형화되어 있지 않다는 특성을 갖는다. 시작부가 끝나고 나면 바로 화제가 등장한다. 이 부분에는 어떤 화제든지 도입될 수 있다. 일단 하나의 대화 화제가 확립되어 그것과 관련한 이야기가 계속되다가 그 화제를 중심으로 하여 화제가 조금씩 변하기도 하며, 또는 새로운 화제로 옮아가기도 한다. 그러나 일단 하나의 화제가 이야기되는 동안에는, 화제의 비약이 일어나서 대화의 결속력을 깨뜨려서는 안 될 것이다.

종결부는 대화에서 가장 민감하게 결정해야 하는 부분이다. 지나치게 서둘러 마무리하는 것이나 지나치게 질질 끌어가는 것은 모두 대화 참여자 모두에게 바람직하지 못하다. 특별한 경우가 아니라면 대화를 시작한 사람이 대화를 맺는 것이 일반적이다. 바람직한 대화 종결을 위해서는 반드시 서로 종결 의사가 있음을 확인하는 종결 준비 단계가 필요하다.

3. 대화의 원리

대화를 나누는 것에도 어떤 원리가 있을까? 우리는 대화에 너무나 익숙해 있어서, 대화에서 어떤 원리를 찾아내는 것이, 마치 밥을 먹는 순서를 체계화하고 원리를 찾으라는 말처럼 들릴 수도 있다. 그러나 실제 일상 대화에는 그것을 구성하고 있는 원리들이 있다.

무엇보다도 대화는 맥락(상황)에 의존하고 있고, 또 맥락 안에서 구성된다. 따라서 대화를 통하여 화자가 의도하는 정확한 의미를 파악하기 위해서는 반드시 맥락이 고려되어야 한다.

(7) A: 커피 한 잔 하시겠어요?
B: 난 커피를 마시면 잠이 안 와.

A의 질문에 대해 B의 대답은 어떤 의미일까? 여기서는 두 개의 맥락이 가능하다. 하나는 잠을 자기 위해 커피를 마시지 않겠다는 맥락이고, 또 다른 하나는 잠을 안 자기 위해서 커피를 마시겠다는 맥락이다. 이 경우 맥락을 파악하는 것은 의도된 의미를 파악하는 것과 일치한다.

대화의 맥락을 이해하는 데 있어서 중요한 요소 가운데 하나는 비유이다. 대화 속에는 많은 비유들이 포함되어 있다. 따라서 효과적인 대화를 위해서는 적절한 비유를 사용할 수도 있어야 하지만, 비유를 맥락에 맞추어 민첩하게 알아차리고 뜻을 해독하는 것이 필요하다.

(8) A: 너는 왜 젖배 곯으며 큰 애처럼 배실배실하냐?
B: 할머니, 젖배 곯는 게 뭐예요?
A: 애기 때 엄마 젖을 못 먹었다고.
B: 아, 그러니까 우유를 안 먹었다고요?
A: 우유가 아니라 젖 말이야. 그러니까 이렇게 온상에서 자란 화초 같지.
B: 할머니, 온상에서 자란 화초 같은 건 또 뭐예요?
A: 햇빛 못 받고 자란 꽃나무 같다고.
B: 아, 그러니까 내가 소말리아 난민 같다는 말이시지요?
A: 그건 또 무슨 소리냐?

(8)의 대화는 세대가 다른 할머니와 손자 사이의 대화로 서로 다른 문화를 바탕으로 비유를 사용하고 있어서 서로 대화에서 이해를 지연시키고 있는 경우의 예이다. 한 언어 공동체라고 하더라도 문화적인 배경이 다르거나, 세대가 다른 경우, 또 속하고 있는 사회적 계층이 다른 경우에 한 집단에서만 통용되는 비유를 사용하는 것은 의사소통의 장애 요소가 되고, 결과적으로는 서로의 인간 관계에 벽을 만드는 요인이 된다.

그라이스(Paul Grice)라는 학자는 대화의 원리를 객관적으로 규명하고자 했다. 대화는 근본적으로 합리적인 사고에서 출발하여 상호 협력에서 이루어져야 한다고 했다. 이를 위해 협동의 원리와 네 가지 기본 격률을 제시했는데, 이를 바탕으로 대화의 원리를 이해하기로 하자.

협동의 원리는 대화의 가장 기본적인 전제인 상호성에 기인하는 것으로, 사람들이 대화를 할 때, 말하는 사람은 지금 이루어지고 있는 대화의 목적을 파악하여 그 목적에 맞는 대화를 통하여 결속성을 유지하며, 말 듣는 사람은 상대방이 한 말은 대화의 목적이나 상황에 맞는 결속성 있는 말로 받아들이고 해석한다는 원리이다.

(9) A: 누나, 매형 차 산다는데 진짜야?
B: 국 식는다. 얼른 밥이나 먹어.

매형이 차를 사는지를 묻고 있는데 누나는 질문과 전혀 상관이 없어 밥 먹으라는 명령을 하고 있어서 협동의 원리를 위배하고 있다. 이 대화에서는 누나가 의도적으로 협동의 원리를 위배함으로써 '너와 더불어 차 문제를 이야기하고 싶지 않다'는 대화상의 함축을 전달하고 있다. 화자의 관점에서는 가능한 범위에서 협동의 원리를 준수하겠다는 마음가짐으로 대화를 나누는 것이 바람직한 대화의 방법이 된다. 그러나 청자의 관점에 있을 때는 상대방이 협동의 원리를 위배한 것에 대해 불쾌해 하고 대화를 단절하기 전에 의도적인 위배가 아닌지를 살펴보고, 대화상의 함축을 찾으려는 적극적 자세를 가져야 한다.

기본 격률 가운데 첫째는 양의 격률이다. 이것은 필요한 양만큼 정보를 제공하라는 것, 다시 말해서 필요 이상으로 많은 정보를 가지게 하지 말라는 것이다. 정보를 갖는다는 것은 누군가에게 새롭거나 예측 불가능한 필요한 지식을 전해 주는 것을 뜻한다. 대화가 오가는 동안 정보의 공유 현상이 진행되게 된다. 이것은 언어가 갖는 기능 가운데 대표적인 정보 전달의 기능과 관련이 있으며, 우리가 대화를 통해 서로 가까워지기도 하고, 서로를 알아 가도록 해주는 기본적인 원인이 된다. 그러나 정보를 전달한다고 하여 필요 이상의 정보를 발설하거나 최소한의 정보도 주지 않는 경우 양의 격률을 위배하게 되며, 이것은 바람직한 대화를 가로막는 것이 된다. 다음 (10)의 예는 선생님과 학생 사이의 대화인데, 이 대화는 질문에 대한 대답의 형식으로 결속성을 가지고 있다. 그러나 학생의 대화가 전달하는 내용의 정보가 없어서 양의 격률을 위배하고 있고, 정상적이고 원만한 의사소통이 이루어질 수 없다.

(10) A: 1에다 10을 더하면 얼마일까요?
B: 저요, 저요!
A: 어머, 동이도 손을 들었네. 그럼 어디 대답을 해 볼까?

B: 몰라요.
A: 모르면서 왜 손을 들었어?
B: 한번 들어보고 싶어서요.

둘째는 질의 격률인데, 진실성과 관련이 있다. 다시 말해서 말하는 사람이 거짓이라고 생각하는 것이나, 타당한 증거를 갖고 있지 않은 것은 말하지 말라는 것이다. 바람직한 대화를 하기 위해서는 질의 격률을 지키는 것이 일반적인 사회적 의무로 간주된다. 다음 (11)의 대화는 어린아이와 어른 사이에서 이루어지는 대화로 대화 B를 이끄는 어린아이는 질의 격률을 어기고 있다. A는 이미 증거와 확신을 가지고 있는데도, B는 자신의 행동을 은폐하기 위하여 계속 거짓말을 하며 대화를 이끌고 있다. 질의 격률을 위배하는 것은 자신의 행위를 은폐하려는 의도에서 오는 것으로 인간 관계에 있어서 부정적인 영향을 준다.

(11) A: 너 거기서 뭐 하니?
B: 아무 것도 안 했어요.
A: 아무 것도 안 했어? 그런데 네 손이 왜 그럴까?
B: 전 몰라요.
A: 그래? 그런데 왜 화장품이 열려 있을까?
B: 글쎄요? 그냥 열렸겠지요.

셋째는 관련성의 격률인데, 적합성이 있는 말을 하라는 것이다. 적합성이 있다고 판단되는 경우는 최소한 주어진 주제와 관련이 있거나, 목적을 달성하기 위하여 적당하다고 생각되는 경우이다. 사실상 대화를 이루는 원리 가운데 가장 중요한 것은 관련성의 격률을 지키는 것이다. 겉으로 보기에는 협동의 원리나 양의 격률, 질의 격률 따위를 어기고 있는 것도 관련성만 있다면 허용되기 때문이다. 그러나 다른 모든 격률을 지키고 있어도 관련성이 없다면 허용될 수 없다. 다음 (12)의 대화에서 표면적으로 B는 A의 질문에 대답을 하면서 협동의 원리, 양의 격률, 질의 격률도 다 지켰다. 따라서 A의 두 번째 대화가 잘못된 대화일 수 있다. 그러나 실제로 B는 왜 A가 질문을 했는지를 파악하지 못했기 때문에 적합성이 없는 말을 하였고, 이것은 관련성의 격률을 위배한 것이 된다.

(12) A: 너 몇 살이냐?
B: 열다섯 살이요.
A: 이 멍청아, 나도 네가 몇 살인지 알고 묻는 거다.

넷째는 방법의 격률인데, 한 마디로 간단명료하라는 것이다. 말할 때는 말하고자 하는 의도가 분명히 드러나도록 하라는 것이다. 예를 들면, 표현의 모호성을 피하라는 것이다. 모호한 표현을 사용하는 동기는 상대방에게 지식이 있는 것처럼 가장하려는 경우이거나, 자기가 알고 있는 지식이 널리 알려지는 것을 꺼리는 경우이다. 다음 (13)의 대화에서 B는 직접적으로 말하기 곤란한 대답을 모호한 말들로 위장하고 있다. 이런 점에서 의도적인 위배로 '대답하기가 곤란하다'는 대화상의 함축을 담고 있는 대화이지만, 이렇게 모호한 말을 사용하는 대화로는 원만한 대화를 이끌어 갈 수 없다.

(13) A: 너 그 사람에게 딴 사람이 생겼다는 걸 알고 있었지?
B: 꼭 그렇게 말할 수 있는 것은 아니야.
A: 그럼, 몰랐다는 말이야?
B: 그렇게 말하기는 어려울 것 같고……
A: 그럼, 도대체 알았다는 거야? 몰랐다는 거야?
B: 한 마디로 잘라 말할 수는 없는데, 그냥 그래.

지금까지 그라이스가 제시한 대화의 원리들을 살펴보았다. 이러한 격률들이 정말 대화에서 다 필요한 것들인지에 관해 학자들 사이에 논란이 계속되고 있지만, 바람직한 대화를 위해 일정한 원리가 적용되고 있음을 이해하는 것은 의미 있는 일이다. 특히 격률을 의도적으로 위배하는 경우 대화상의 함축된 의미를 찾아내어 화자의 의도를 가려내는 것은 원만하고 효율적인 대화를 위해 반드시 필요한 일이다.

4. 간접 대화행위

언어학자들은 대화란 단순히 말의 차원에 머무는 것이 아니고, 인간의 행동이라고 보아서 대화에 의한 행동의 측면을 대화행위라고 한다. 말하는 사람이 무엇인가를 말하면서 무엇인가를 행동한다는 점에서 대화행위는 표현행위, 수행행위, 결과행위로 나뉜다. 표현행위란 우리가 무엇인가를 특정한 언어 형식으로 말하는 것 자체를 말하고, 수행행위란 그 표현행위가 가지고 있는 말의 힘, 즉 효력을 말하고, 결과행위란 그 언어 형식이 수행된 결과로 나타나는 영향을 말한다. 이 가운데 의사소통에서 가장 중요한 역할을 하는 것은 수행행위이다.

대화행위에는 직접 대화행위와 간접 대화행위가 있다. 의도하는 수행행위를 직접적으로 표현하는 것이 직접 대화행위이고, 그것과 관련된 다른 표현으로 돌려 말함으로써 목적하는 수행행위를 간접적으로 나타내는 것을 간접 대화행위라고 한다.

(14) A: 실례지만, 주유소가 어디 있는지 아세요?
B: 예, 압니다.

(14)의 대화는 직접 대화행위의 측면에서는 아무런 문제가 없다. 아는지를 묻는 질문에 대해 안다고 대답했기 때문이다. 그러나 A는 차에 기름을 넣어야 하기 때문에 주유소가 어디에 있는지를 알고자 하는 것이었는데, B는 그냥 지나쳐 버림으로 대화의 목적은 이루어지지 않았다. 왜 이러한 일이 일어나는 것일까? (14)의 예에서처럼 주유소가 어디 있는지를 아느냐는 '질문'이라는 행위가 사실상 주유소가 어디에 있는지를 알려 달라는 '요구'를 나타내고 있는 것이 간접 대화행위이다. 화자는 간접 대화행위를 하였는데, 청자는 직접 대화행위로 반응을 하여서 원하는 대화가 이루어지지 않은 경우인데, 이러한 예는 대화에서 흔히 찾아볼 수 있다.

(15) A: 창문 좀 열어 주실래요? (질문)
B: 창문 좀 열어 주면 좋겠습니다. (진술)
C: 창문 좀 열어라. (요구)

(15)의 예는 '질문', '진술', '요구' 등이 직접 대화행위로 나타나 있지만, 실제에 있어서는 모두 창문을 열어 달라는 '요구'를 표현하고 있는 간접 대화행위이다. 간접 대화행위는 이와 같이 다양한 양상으로 나타난다. 이와 같이 간접 대화행위는 직접 대화행위의 영역보다 훨씬 확장된 쓰임으로 나타남을 알 수 있다. 다시 말하자면 '말해진 것'과 '뜻하는 것' 사이의 거리가 가장 극명하게 나타나고 있는 경우에 해당된다. 그러므로 간접 대화행위는 위에서 살펴본 것처럼 문장 단위에서 문장의 종결 방식에 따라 달리 나타나는 것뿐만 아니라 표현 방식을 간접화하여 대화 전체를 통하여서 나타날 수도 있다.

(16) A: 너 키가 몇이니?
B: 키다리보다 좀 작고 난쟁이보다 좀 커.
A: 그럼 너야말로 아담 사이즈네.
B: 아담도 나랑 키가 같았구나.

(16)의 대화에서 키를 묻는 A의 직접적인 질문에 대해 B가 대답을 하면서 직접적인 정보는 주지 않고 '키다리보다 좀 작고 난쟁이보다 좀 크다'는 모호한 표현을 사용하여 간접 대화행위를 한다. 이 경우 표면적으로는 질문에 대한 대답으로 직접 대화행위를 구성하지만, 실제적으로는 대답을 회피하는 것으로서의 간접 대화행위를 하고 있는 것이다. 이러한 반응에 대해 A는 일부러 모호한 표현으로써 직접적인 대답을 회피한 B의 의도를 파악하고 B를 비아냥거리는 뜻으로 '키다리보다 좀 작고 난쟁이보다 좀 큰 키'를 '아담 사이즈'라고 돌려서 간접적으로 표현한다. 사실상 처음 질문에 대한 대답이 없기 때문에 아무 것도 얻어진 정보가 없지만, 그 대답을 통하여 정보를 얻은 것처럼 함으로써 아무리 B가 간접적으로 표현해 보아야 네 키는 아담한 사이즈에 불과하다는 비난을 간접화시켜 표현한 것이다. 이 말을 받는 B는 아담한 사이즈라는

뜻의 아담을 사람 이름으로 간접화시켜서 받아들인다. 이렇게 함으로써 자신의 키가 작다는 뜻으로 아담이라는 표현을 사용한 것을 받아치는 역할도 하고, 상대방이 자신을 간접적으로 비난한 분위기를 장난처럼 이끌어 가는 효과도 가져올 수 있었던 것이다.

이런 점에서 간접 대화행위는 기본적으로는 발화문의 의미에 기초하지만, 화자와 청자와의 관계, 화자의 의도와 태도, 상황, 배경, 관습 등과 관련하여 간접적으로 화자의 의도를 드러내는 복합적인 대화행위이다.

간접 대화행위는 어떤 언어권에서나 발견되는 보편적 특성이다. 그렇다면 보편적인 간접 대화행위의 구성 요소는 무엇일까?

먼저 간접 대화행위를 하게 만드는 주된 요인으로 상대방이 가지고 있는 힘이나 권위를 들 수 있다. 예를 들어 우리와 약속을 한 사람이 늦게 온 경우를 생각해보자. 다음 (17)과 같은 말들이 그런 상황에 사용될 수 있을 것이다.

(17) a. 바보같이 시간도 못 지키다니.
b. 넌 삼십 분이나 늦게 왔어.
c. 왜 이렇게 늦었어?
d. 시간도 제대로 못 지키니?
e. 지금이 몇 시니?
f. 길이 많이 복잡하지요?
g. 오시느라고 고생이 많으셨지요?
h. 이렇게 어려운 걸음을 하시게 해서 송구스럽습니다.

우리는 상대적으로 자기보다 힘이 우월한 사람에게는 동생이나 친구와 같은 그렇지 않은 사람과 이야기할 때보다 훨씬 더 간접 대화행위를 사용하는 빈도가 높아진다. 우리가 어떤 사람에게서 힘을 느끼게 되는 경우는 첫째 어떤 사람이 지위나 나이, 역할을 근거로 무엇을 요구할 수 있는 권리를 가질 때에, 둘째 어떤 사람을 존경하거나 어떤 면에서 그 사람처럼 되고 싶어할 때에, 셋째 어떤 사람이 우리가 필요로 하는 전문적 지식이나 기술을 가지고 있을 때에 그 사람에게 부여하는 것이다. 어떤 유형이건 힘을 가지고 있는 사람은 상대적으로 그렇지 않은 사람에게 말을 할 때 직접 대화행위를 더 많이 사용하지만, 힘을 가지고 있지 않은 사람은 상대적으로 힘을 가진 사람에게 말을 할 때 간접 대화행위를 더 많이 사용한다.

다음으로 사회적인 거리를 들 수 있다. 이는 지위나 나이, 성별, 친근감 등과 같은 심리적인 요소들에 의해 결정되는 정중함의 정도와 관련된다. 이러한 사회적인 거리도 간접 대화행위를 사용하는 데 영향을 주어서, 어떤 사람과 사회적인 거리가 먼 경우에는 사회적인 거리가 가까운 사람에게보다 간접 대화행위를 더 많이 사용하게 된다. 예를 들어 공중전화를 걸기 위해 지나가는 사람에게 동전을 바꾸어 달라고 요청할 경우를 생각해 보자. 다음 (18)과 같은 예들이 그런 상황에 사용될 수 있을 것이다.

(18) a. 잔돈 좀 줘.
b. 잔돈 있으면 좀 줘.
c. 잔돈 가진 거 있으면 좀 줘.
d. 잔돈 좀 바꿔주실래요.
e. 잔돈 좀 바꿔주실 수 있어요?
f. 잔돈 좀 바꿔주실 수 있으세요?
g. 죄송하지만, 잔돈 좀 바꿔주실 수 있으세요?

그밖에도 간접 대화행위를 하게 만드는 요인 가운데 부담의 크기, 화자와 청자 사이의 상대적인 권리와 의무 등이 고려될 수 있는데, 이러한 힘이나 권위, 사회적 거리, 부담의 크기, 권리나 의무 따위는 고정되어 있는 것이 아니다. 우리는 가능하다면 이런 것들을 줄이려는 방향으로 인간 관계를 유도해 가는 경향이 있다. 가까운 사람들 사이에서 직접 대화행위가 더 많이 사용되는 것은 이러한 이유이다.

간접 대화행위가 성공적으로 사용되면 상대방과의 유대 관계를 유지하면서도 자기 방어를 할 수 있어서 여유 있는 대화를 할 수 있고, 말을 즐기면서 재미있게 주고받을 수 있게 해 주는 장점도 있지만, 잘못 사용될 경우 서로의 관계에 부정적인 영향을 줄 수도 있다. 말의 아름다움과 결함은 동전의 양면과도 같기 때문이다. 지금 하는 말에 대해 상대방이 이상한 반응을 보이면 너무 간접적으로 표현하고 있지 않나 반성하고, 자신의 의도를 좀더 직접적으로 표현하려고 노력해야 한다. 또한 상대방이 너무 간접적으로 이야기하거나 대화 양식의 특성으로 인해 말과 의도를 다르게 표현한다고 느껴지면 분명히 이야기해 달라고 요구하여, 말을 하면서 서로 오해가 생기지 않도록 하여야 할 것이다. 이런 것들을 배려하는 것이 모두 바람직한 대화의 기법이다.

[한글사랑], 한글사, 1997 가을·겨울호.

연습문제

1. 대화의 구조에 대해서 다양한 예를 들어 설명해 보자.
2. 그라이스(Grice)가 제시한 대화의 4가지 격률 가운데서 '양의 격률'과 '질의 격률'에 대해서 구체적인 예를 들어 설명해 보자.
3. 간접대화란 무엇이며, 그것이 사용되는 상황에 대해서 알아보자. 그리고 강의 중에 휴대전화가 울려 그 주인공에게 핀잔을 줄 경우에 가능한 간접대화를 열거해 보자.

제3부 _ 글과 글살이

한글의 특성 _ 김정수

한글이 세계 글자들 중에서 가장 우수하다는 사실을 모르는 사람은 많지 않으나, 한글이 우수한 까닭을 정확하게 설명할 수 있는 사람은 그리 많지 않다. 다가오는 정보화 시대에는 온 국민이 한글의 장·단점에 대해 자세히 알고, 한글의 세계문자화 가능성에 관심을 가지는 것이 필요하다. 필자는 한글의 제자원리를 쉽게 설명하고, 세계 어느 글자보다 표음능력이 뛰어나다는 사실과 한글이 한국어를 적기에 가장 알맞게 만들어졌다는 사실을 구체적인 예를 들어가며 쉽게 설명하고 있다. 나아가 한글이 소리바탕 글자임을 들어 문자 발달사에서 가장 뛰어나다는 사실을 설명하고, 외국의 학자들이 내린 한글에 대한 평가도 소개하고 있다. 한글의 우수성에 관한 더 자세한 내용은 같은 필자가 쓴 '한글의 역사와 미래'라는 책을 참고하면 좋을 것이다.

한겨레에게는 둘도 없이 큰 자랑거리요, 세계 사람들은 알면 알수록 놀라는 문화재가 한글이다. 금수강산에 아무리 난리가 많이 나도 불에 타지 않아서, 아무리 탐스러워도 다른 겨레에게는 쓸모없는 것이라 다 훔치고 빼앗아 간 자리에 남은 보배가 한글이다. 우리끼리는 처음에는 낯설어서 배척했고, 조금 알고 보니까 우습도록 쉬워서 멸시했고, 나중에는 굳은 버릇을 못 고쳐서 아녀자나 쓰라고 던져 버렸지만, 오랜 세월이 지난 오늘날 글자를 통한 지식의 대량 전달과 처리에 혁명이 일어나는 것을 보고야 비로소 그 참된 값어치를 인정하게 된 문화의 고속 도로가 한글이다. 이런 보배를 우리는 얼마만큼이나 바로 알고 있는가?

1. 살아 있는 글자

한글 만들기는 글자 여덟 개로 시작되었다. 그것은 닿소리 글자 다섯(ㄱ ㄴ ㅁ ㅅ ㅇ)과 홀소리 글자 셋(ㆍ ㅡ ㅣ)이다. 글자 만들기에서 애초부터 닿소리와 홀소리를 구별한 것은 이 두 가지 소리가 소리마디를 이룰 때 그 구실이 아주 다르기 때문이다. 홀소리는 이름 그대로 '홀로' 소리마디를 이룰 수 있는 독립적인 소리인데, 닿소리는 홀소리와 '닿아야' 내기가 쉬운 의존적인 소리이다.

'ㄱ'(기역)이란 글자는 이 글자의 소리를 낼 때 혀의 뒤쪽이 곱사등처럼 굽어 입천장에 붙는 옆 모양을 본뜬 것이다. 이 글자의 소리와 같은 입 모양으로 나는 소리가 'ㅋ(키읔), ㄲ(쌍기역)' 글자의 소리들이라, 그 글자 모양도 서로 비슷하게 만들어졌다. 'ㅋ'에 금이 하나 덧붙은 것은 그 소리가 ㄱ[그][1] 소리에는 없는 ㅎ[흐] 소리가 함께 나서 아주 거세어지기 때문이다. 'ㄱ'을 겹쳐 'ㄲ'을 만든 것은 ㄲ[끄] 소리가 ㄱ[그] 소리보다 힘을 많이 들여 내는 된소리이기 때문이다.[2] 'ㄴ'(니은)이란 글자는 이 글자의 소리를 낼 때 혀끝이 굽어 올라 윗잇몸에 붙는 옆 모양을 본뜬 것이다. 이 글자의 소리와 같은 입 모양으로 나는 소리가 'ㄷ(디귿), ㅌ(티읕), ㄸ(쌍디귿), ㄹ(리을)' 글자의 소리들이라, 그 글자 모양도 서로 비슷하게 만들어졌다. 'ㅁ'(미음)이란 글자는 이 글자의 소리를 낼 때 두 입술이 붙기 때문에 입술의 모양을 본뜨고 모나게 다듬은 것이다.[3] 이 글자의 소리와 같이 두 입술을 붙이고 내는 소리가 'ㅂ(비읍), ㅍ(피읖), ㅃ(쌍비읍), ㅸ(가

---

1. 앞으로 작은따옴표로 둘러싸지 않은 낱글자는 특별히 그 소릿값을 말하기 위한 것이니, 그 글자에 'ㅡ'를 받쳐 읽어 주기를 바란다. 곧 ㄱ[그], ㄴ[느], ㄷ[드], ㄹ[르] 따위로. 그래야 글자 'ㄱ'(기역), 'ㄴ'(니은), 'ㄷ'(디귿), 'ㄹ'(리을) 따위와 분명하게 구분할 수 있기 때문이다.
2. 김석연(Sek Yen K. Cho): "Verification of the Relationships between the Graphic Shapes and Articulatory-Acoustic Correlates in the Korean Consonants of 1446 (Using Cineradiographic Technique)". Dissertation, State University of New York at Buffalo. 1977, 탑출판사.
3. 한자의 '口'(입 구)도 입의 모양을 본뜬 글자이다. 한글의 'ㅁ'은 이 한자에서 직접 본받았을 가능성이 크다.

벼운비읍)' 글자의 소리들이라, 이들도 'ㅁ' 한 글자에서 번져 나간 것이다. 'ㅅ'(시옷)이란 글자는 이 글자의 소리를 낼 때 혀끝과 윗니 사이를 좁히고 그 사이로 바람을 스쳐 내게 되기 때문에 이의 모양을 본뜬 것이다.[4] 이 글자에서 번져 나온 것이 'ㅆ(쌍시옷), ㅈ(지읒), ㅊ(치읓), ㅉ(쌍지읒), ㅿ(가벼운시옷)' 글자들이다. 'ㅇ'(이응)이란 글자는 목청이 울리는 소리[5]를 나타내기 위해서 목구멍의 동그란 단면을 본뜬 것이다. 여기서 번져 나온 것이 'ㆆ(여린히읗), ㅎ(히읗), ㆀ(쌍이응), ㆅ(쌍히읗), ㆁ(옛이응)' 등이다.

다음으로 홀소리는 닿소리와 그 성격이 다른 만큼, 그 글자도 전혀 다른 방식으로 만들었다. 점(.)과 직선 둘(ㅡ, ㅣ)이 홀소리 글자의 밑 글자다. 점은 하늘[天]의 둥근 모습을, 수평선은 땅[地]을, 수직선은 사람[人]을 본뜨노라 한 것인데, 실질적으로 이 세 글자의 소리는 세 가지 홀소리들 가운데 각각 그 대표적인 성격이 있기 때문에 홀소리 글자들의 밑 글자가 된 것이다. 세 가지 홀소리란, 첫째 밝은홀소리[陽性母音], 둘째 어두운홀소리[陰性母音], 셋째 밝지도 어둡지도 않은 중간홀소리[中性母音]이다. 밝은홀소리의 대표는 'ㆍ'(아래 아)로 나타내는 소리이다. 이와 같은 밝은홀소리로 우선 'ㅗ'는 그 소리가 밝은 소리임을 나타내기 위해서 'ㆍ'를 'ㅡ'의 위에 올려 놓은 것이고, 'ㅏ'는 역시 그 소리가 밝은 소리임을 나타내기 위해서 'ㆍ'를 'ㅣ'의 밖에 내어 놓은 것이다. 이들 세 글자 'ㅏ, ㅗ, ㆍ'의 소리에 'ㅣ' 중간홀소리와 밝은홀소리들이 포개어져 한 소리마디가 된 것을 나타내는 글자들이 'ㅑ, ㅛ, ᆝ; ㅐ, ㅒ, ㅚ, ㆉ, ㆎ; ㅘ, ㅙ; ᆦ, ᆧ'들이다. 어두운홀소리의 대표는 'ㅡ'로 나타내는 소리이다. 이와 같은

---

4. 이의 모양을 하필 이렇게 본뜰 이유가 무엇일까? 한자의 '齒'라는 글자에는 'ㅅ'과 똑 같은 모양이 네 개나 들어 있다. 이 한자는 입 안에 아랫니 윗니가 벌어져 있는 모습을 본뜬 것이다. 한글 'ㅅ'은 이 한자의 일부를 직접 본받았을 가능성이 크다.

5. 이 글자의 소릿값에 대해서 많은 사람들은 '없음'[零]이라 하고, 어떤 사람들은 ㅎ의 부드러워 진 소리('모호함'의 ㅎ 소리 따위)라 하고, 어떤 사람들은 목청의 울림 자체라고 말하고 있어서 정설이 없는 형편이다. 세종 때에 나온 책 〈훈민 정음〉의 설명으로는 셋째 견해가 가장 적합하고, 음성학적으로도 가장 타당성이 높다고 생각된다. 이기문: 〈국어 음운사 연구〉. 1972/77, 탑 출판사, 15-29쪽.

어두운홀소리로 우선 'ㅜ'는 그 소리가 어두운 소리임을 나타내기 위해서 'ㆍ'를 'ㅡ'의 밑에 내려 놓은 것이고, 'ㅓ'는 역시 그 소리가 어두운 소리임을 나타내기 위해서 'ㆍ'를 'ㅣ'의 안에 들여 놓은 것이다. 이들 세 글자 'ㅓ, ㅜ, ㅡ'의 소리에 'ㅣ' 중간홀소리와 어두운홀소리들이 포개어 져 한 소리마디가 된 것을 나타내는 글자들이 'ㅕ, ㅠ, ᆜ; ㅔ, ㅖ, ㅟ, ㆌ, ㅢ; ㅝ, ㅞ; ᆑ, ᆒ'들이다.

이와 같이 한글이 만들어진 경위를 훑어보면, 닿소리 글자 다섯이 줄잡아 스물다섯으로, 홀소리 글자 셋이 서른하나로, 다시 말하면 밑 글자 여덟이 모두 쉰여섯으로 곧 일곱 곱으로 불어 난 셈이다. 그것도 서로 치밀한 관계를 유지하면서. 그러나 여기 보인 낱글자들은 창제 당시의 문헌에 나타난 것 가운데 일부일 따름이다. 이 뒤로부터 근세에 이르도록 한국말뿐만 아니라 불경의 범어나 중국말, 만주말, 몽골말, 일본말, 유구말, 그 밖의 서양말 등의 외국말을 한글로 옮겨 적은 여러 문헌에 나타난 겹글자들을 모두 찾아 포함시킨다면, 그 증식률은 엄청나게 더 높아질 것이 분명하다. 한글은 이와 같이 금을 더하거나 부분적인 변형을 통해서 필요한 대로 새로운 홑글자 또는 겹글자를 조직적으로 무제한에 가깝게 생성해 내는 특성을 가진 만큼, 그렇지 못한 대다수의 글자들과 견주어 볼 때 '살아 있는 글자'라고 불러도 틀림이 없다.

2. 보편적인 표음 능력

도로 표지판이나 외국 사람이 보라고 만드는 각종 문헌에서 우리는 한국의 땅이름이나 사람 이름 따위를 한글 대신 로마글로 적고 있다. 이럴 때 한글을 로마글로 바꾸어 적는 방법이 몇 가지 있는데, 그 가운데 어느 것도 만족스럽지 못하고 그 가운데 다른 것보다 크게 나은 것도 없고 해서 아주 불안정한 상태에 머물러 있다. 그 원인은 한글 낱자로 적어 낼 수 있는 소리의 수에 비해서 로마글 낱자로 적어 낼 수 있는 소리의 수가 절대적으로 적은 사실이다.

이를테면, 닿소리 ㄱ ㄲ ㅋ를 로마글로 옮겨 적는 방법으로는 다음과 같은 몇 가지가 있다.

ㄱ ㄲ ㅋ

(1) g k k'

(2) g k kh

(3) g gg k

(4) k kk kh

보통의 여느 외국 사람치고 이 가운데 어느 것을 골라서 보이더라도 한글 ㄱ ㄲ ㅋ와 비슷하게나마 읽어 낼 사람이 없다. 한글 ㄱ는 로마글 g로 어느 정도 비슷하게 표현할 수 있지만, ㄲ와 ㅋ는 도저히 구별해 줄 수가 없다. 로마글을 쓰는 외국의 어느 언어에서도 특히 이 두 가지 곧 된소리와 거센소리를 구별해 쓰는 경우가 없고, 따라서 그 외국 사람들은 이 두 가지 소리를 구별할 능력이 없기 때문이다. 그러므로 위의 어느 방법도 된소리와 거센소리를 구별하는 효과는 외국 사람들의 실정에 비추어 영에 가까운 것이다. 이런 사정은 ㄷ ㄸ ㅌ, ㅂ ㅃ ㅍ, ㅈ ㅉ ㅊ, ㅅ ㅆ 등에서도 꼭 같다.

다음으로, 홀소리 ㅓ와 ㅡ를 정확히 옮겨 적을 방법이 도무지 없다. 홀소리를 적는 로마글 낱자는 a i u e o의 다섯 개 뿐인데, 이것으로는 한글 ㅏ ㅣ ㅜ ㅔ ㅗ를 옮겨 적을 수 있을 뿐이다. ㅓ가 대개의 외국 사람들에게 ㅗ와 비슷한 소리로 들린다는 점을 이용해서 ㅗ는 o로, ㅓ는 eo 또는 ŏ로 옮겨 보고 있지만, 외국 사람들의 실정에 비추어 실제로는 구별 효과가 없다는 점에서 만족스럽지 못하다. 또 ㅡ가 외국 사람들에게 ㅜ와 비슷한 소리로 들린다는 점을 이용해서 ㅜ는 u로, ㅡ는 eu 또는 ŭ로 옮겨 보고 있지만, 마찬가지로 군색한 노릇이다. 이런 사정은 ㅟ와 ㅢ로 연장된다.

이와 같이 로마글 스물여섯 자는 한글 스물넉 자의 표음 능력을 감당할 수 없다. 누가 어떤 기발한 방법을 찾아 보아도 마찬가지일 것이다. 이것은 한글이 가짓수가 워낙 많은 한국말 소리에 맞추어 조직적으로 교묘하게 만들어 진 글인 데 반해서, 로마글은 이집트의 그림글자로부터 오랜 세월 동안 여러 언어들을 거쳐 낱소리 글자로까지 변천하는 동안에 특정한 언어의 소리 체계에 매이지 않고 여러 언어에 공통된 소리를 적을 수 있는 글자들만 우연히 살아남은 결과라고 말할 수 있다. 그래서 로마글은 세계의 글자가 되기는 했지만, 그 잠재적인 표음 능력에서는 도저히 한글에 미칠 수 없는 것이다.

3. 한국말 중심의 글자

한글이 한국말을 넘어서 주변의 다른 언어를 적는 데도 매우 강력한 표음 능력을 가지도록 만들어진 것은 명백한 사실이지만, 그 중심이 한국말에 있다는 것은 더욱 명백한 사실이다. 이 점은 무엇보다도 〈세종 어제 훈민 정음〉 곧 〈훈민 정음〉 언해문의 뒤에 보탠 부분에서 중국말의 두 가지 잇소리가 한국말의 잇소리 ㅅ ㅆ ㅈ ㅉ ㅊ 등과는 아주 다르기 때문에 중국말의 잇소리를 적을 때는ᄼ ᄽ ᅎ ᅏ ᅔ ; ᄾ ᄿ ᅐ ᅑ ᅕ 등으로 금을 변경해서 적도록 하고, 나머지 소리는 한국말의 소리와 대체로 같기 때문에 이미 만든 한글을 고치지 않고 융통해 쓰도록 한다고 규정한 사실로 잘 드러나 있다.

그러나 한글의 참된 특수성은 이보다 더 깊은 곳에 배어 있다. 첫째로, 한글에서 소리마디를 초성-중성-종성의 셋으로 나누는 삼분법은 중국말에서 소리마디를 성모-운모의 둘로 나누는 이분법 곧 반절법과 대비된다. 이를테면 중국 음운학에서 '東'/ㄷㅗㅇ/은 성모 /ㄷ/와 운모 /ㅗㅇ/으로만 나뉜다. 그러나 세종 임금은 이 경우의 운모를 /ㅗ/와 /ㅇ/으로 한 번 더 나눔으로써 결국 /ㄷ-ㅗ-ㅇ/의 세 조각을 내었다. 중국말의 성모는 초성과 같은 것이지만, 운모는 중성과 종성으로 갈린 셈이다. 그리고 종성은 초성과 동질적임을 발견했다. 그래서 〈훈민 정음〉 본문에서 종성을 초성 글자로 융통한다고 규정하게 되었다. 여기서 세종 임금의 독창적인 관찰력이 발휘된 것이다.

세종 당대의 한글 문헌에 쓰인 중성 글자는 줄잡아 'ㅏ ㅐ ㅑ ㅒ ㅓ ㅔ ㅕ ㅖ ㅗ ㅘ ㅙ ㅚ ㅛ ㆉ ㅜ ㅝ ㅞ ㅟ ㅠ ㆌ ㅡ ㅢ ㅣ ㆍ ㆎ'의 스물다섯 개 정도이고,

종성 글자도 크게 줄잡아 'ㄱ ㄴ ㄷ ㄹ ㄺ ㄻ ㄼ ㅀ ㅁ ㅂ ㅅ ㅿ ㆁ ㅈ ㅊ ㅌ ㅍ'의 열일곱 개 정도이다. 삼분법으로 중성과 종성을 따로 만든다면 25+17=42개의 글자로 충분하지만, 이분법으로 중성과 종성이 한 덩이가 된 글자를 만든다면, 25×17=425개의 글자가 필요하게 된다. 필요한 글자가 기하급수로 불어 나는 셈이다. 이러한 셈이 나오게 되는 것은 근본적으로 한국말의 중성과 종성이 모두 중국말의 것과 비길 수 없을 만큼 다양하기 때문이다. 또 이처럼 한국말이 중국말과 다르다는 사실을 세종 임금이 충분히 파악하고 있었기에 중성과 종성을 가르고 그럼으로써 한국말에 꼭 맞는 합리적이고도 경제적인 글자 체계를 구상할 수 있었던 것이다.

둘째로, 홀소리 글자에 나타난 세 가지 홀소리의 구별은 중국말에는 없는 홀소리 어울림(모음 조화) 현상의 반영이다. 이를테면 "놓어 두아'라 하지 않고 "놓아 두어"라고 말해야 하는 것처럼 'ㅗ'와 'ㅏ', 'ㅜ'와 'ㅓ' 등의 일정한 홀소리의 짝끼리 잘 어울리는 일은 한국말, 만주말, 몽고말, 터키말 등의 일부 언어에 공통되며, 이들 언어와 종류가 전혀 다른 중국말에서는 볼 수 없는 현상이다. 위의 보기를 줄여 말하면 "놔 둬"가 되어 'ㅘ'와 'ㅝ'라는 소리마디가 나온다. 이렇게 'ㅗ'와 'ㅏ'를 같은 부류로, 'ㅜ'와 'ㅓ'를 같은 부류로 갈라 풀이하고, 이에 따라서 겹글자도 'ㅘ'와 'ㅝ' 따위를 만들지언정 'ㅗㅓ'와 'ㅜㅏ' 따위를 만들지 않은 것은 이러한 홀소리 어울림 현상을 먼저 꿰뚫어 알기 전에는 할 수 없는 일이다. 세종 임금은 이처럼 한국말에 특유한 현상을 발견하고 이에 맞추어 홀소리 글자를 조직적으로 만든 것이다. 이런 고려는 이런 현상을 공유하고 있는 다른 언어들의 글자 만들기에서도 일찍이 없었던 일이다.

셋째로, 소리마디의 높낮이를 나타내기 위해 글자 옆에 소릿점을 찍은 일 자체가 세계적으로 유례 없는 일이거니와, 이 소릿점 두 가지를 써서 구별한 세 가지 성조 곧 평성, 상성, 거성은 중국말의 네 가지 성조 곧 평성, 상성, 거성, 입성과 꼭 같지는 않은 것이다. 한국말에도 중국말의 입성과 같은 것이 있기는 하다. 그러나 /ㄱ ㄷ ㅂ ㅅ/ 등이 종성에 갈 때는 그 소리마디가 무조건 입성이 되기 때문에 그것은 구태여 글자로 구별하지 않아도 된다. 그래서 입성은 무시하고, 평성, 상성, 거성의 셋을 구별하기 위해 최소한으로 두 가지 소릿점이 필요해서 한 점으로는 거성을 나타내고 두 점으로는 상성을 나타냄으로써 저절로 평성도 구별되도록 규정한 것이다. 이것은 말하자면 한국말의 입성이 한국말 안에서 중국말의 입성과는 상대적으로 다른 조건에 놓여 있다는 사실을 잘 알고 한 일이다.

세종 임금은 이처럼 특히 중국말과 다른 한국말의 언어학적인 특성을 이모저모로 놀랍도록 깊고도 정확하게 파악하고 그 여러 특성을 애초부터 고려해서 한글을 만들어 내었다. 자유자재로 변형해 가며 이웃한 나라의 다른 언어들을 적어 왔고, 더욱 다양하게 융통해서 어떤 언어든 다 적어 줄 수 있고, 또 그야말로 〈훈민 정음〉 발문의 표현대로 '닭 소리며 개 짖는 소리까지' 다 적을 수 있을 만큼 한글이 보편적인 음성 기호의 능력을 가지고 있지만, 그 중심을 한국말에 두어야 하는 까닭은 이처럼 한국말의 깊은 특성들이 치밀하게 배도록 만들어진 글자이기 때문이다.

4. 소리바탕 글자

인류의 글자는 사물을 직접 본뜨는 그림글자로 시작됐다. 고대 이집트에서나 한자 문화권에서나 '해'라는 낱말을 애초에 '◉'로 나타낸 것은 그것이 해의 모양을 그린 글자이기 때문이다. 그림글자마다 반드시 어떤 뜻을 가지고 있기 때문에 이런 글자를 뜻글자라고도 부르고, 또 그 나타내는 내용은 또한 어떤 낱말이기 때문에 이런 글자를 낱말글자라고도 부른다. 보기를 들면 한자 '加'는 '더함'이라는 뜻을 나타내는 뜻글자요 "더하다"라는 낱말을 대신할 수 있는 낱말글자이다. 글은 말에 대해서 언제나 모자라며, 말도 사람의 마음에 있는 것을 다 나타내지는 못한다. 그래서 말의 단위인 낱말이 계속적으로 갱신되고 늘어나는 대로 낱말글자도 계속적으로 갱신되고 보충되지 않으면 안 된다. 중국의 한자가 기원전 200년 쯤의 3,000자, 서기 100년 쯤의 9,300자 남짓에서 오늘날의 6만 자에 가깝도록 불어 온 역사는 바로 낱말글자의 이러한 필요에 따른 것이다. 한자가 낱말글자로 머물러 있는 한 이와 같은 양의 팽창은 언제까지나 계속되어 갈 것이다.

그러나 사람의 기억 능력에 비추어 낱말글자의 무제한적인 팽창은 불가능하기 때문에 인류는 새로운 글자의 창작을 중단하고 이미 있는 글자를 이리저리 융통하거나 그 본질을 바꾸는 방법으로 문제를 해결하게 되었다. 가장 좋은 해결책은 다름 아니라 낱말글자의 모양과 뜻의 인연을 끊고 소리와의 인연만 유지시키는 것이다. 이를테면 '加減'(더하고 빼기)이라 할 때 '加'는 낱말글자의 성격을 온전히 살려 쓴 것이지만, '加里'(칼리)라 할 때는 '加'의 뜻은 무시하고 중국말의 소리만을 따다가 비슷하게 변통한 것이고, 우리네 이두에서 '加'(더), '加于'(더욱), '爲加尼'(ᄒᆞ더니)라 할 때는 '더ᄒᆞ다'라는 낱말의 '더-'만을 따다가 변통한 것이다. 여기서 그림글자 또는 뜻글자로부터 소리글자로의 중대한 혁명이 일어난다.

이 글자가 일본에서는 금을 덜어 내고 아무 뜻이 없는 글자 'カ'(가)로 발전함으로써 뜻과의 인연을 완전히 끊었다. 이렇게 뜻글자가 소리글자로 바뀌는 것만으로 중국말을 위해서는 6만 자나 필요하던 글자가 일본말을 위해서는 쉰 자만 있어도 충분하게 되는 엄청난 경제 효과를 얻게 되는 셈이다. 일본 글자는 하나 하나가 각각 다른 소리마디를 나타내기 때문에 소리마디 글자라고 부른다. 그러나 고대 이집트의 그림글자에서는 이와 같은 혁명이 일어나되 소리마디 글자의 단계를 거쳐 낱소리 글자의 단계로까지 발전했다. 이집트의 그림글자가 700자인 때 소리마디 글자는 그 가운데 100자나 되었다고 한다. 이 그림글자는 주변의 여러 언어들에 이용되는 동안 부대끼고 깎인 결과 마침내 소리마디 글자의 단계를 지나 낱소리 글자로 바뀌어 갔다. 보기를 들면, 암소의 머리를 그린 이집트의 그림글자는 암소란 뜻의 'ALEPH'라는 낱말에서 'A-'의 소릿값만이 남은 로마글 'A'로, 집을 그린 이집트의 그림글자는 집이란 뜻의 'BET'라는 낱말에서 'B-'의 소릿값만이 남은 로마글 'B'로 발전한 것이다.

한글도 이와 같은 낱소리 글자의 단계에서 발명된 것으로 아는 것이 상식이나 실은 그렇지 않다. 한글은 낱소리 글자의 단계를 한 번 더 넘은 특이한 소리 글자이다. 앞서 설명한 대로 'ㄱ'은 'ㄲ, ㅋ'과 더불어 혀의 뒤쪽이 입안을 막은 모양을 본뜬 글자로서 이들의 소리가 혀의 모양을 같이 해서 난다는 사실을 상징적으로 묘사하고 있다. 다시 말하면 'ㄱ'은 ㄱ라는 낱소리만이 아니라 이 낱소리가 날 때 갖추어지는 혀의 모양까지 나타내고 있고, 'ㄲ'은 ㄱ가 겹쳐진 소리 또는 더 된 소리를 나타내기 때문에 글자 모양도 겹쳐진 것이고, 'ㅋ'은 ㄱ보다 더 거센 소리를 나타내기 때문에 금이 더해진 것이다. 한글의 닿소리 글자 전체가 저마다 낱소리를 나타낼 뿐만 아니라 그 낱소리의 음성학적인 요인 곧 소리바탕[音韻資質]까지를 나타내고 있는 것이다. 또 'ㅏ'는 'ㅗ'와 더불어 그 짧은 금이 긴 금의 '밖과 위'에 붙어 있음으로써 이 두 글자의 소리가 밝은홀소리임을 나타내고 있고, 'ㅓ'와 'ㅜ'는 그 짧은 금이 긴 금의 '안과 밑'에 붙어 있음으로써 이 두 글자의 소리가 어두운홀소리임을 나타내고 있다. 홀소리의 이러한 소리바탕도 모든 홀소리 글자에 조직적으로 나타나 있는 것이다.

영국의 언어학자 샘슨(Geoffrey Sampson) 교수는 한글의 이러한 특성들을 지적하면서 한글은 낱소리 글자가 아니라 그보다 한 걸음 더 나아간 "소리바탕 글자"라고 처음으로 격상시켜 불러서 우리를 놀라게 했다.[6] 소리바탕 글자는 인류의 글자 가운데 아직까지는 더 나아갈 데 없이 발전한 글자이다. 미국의 언어학자 겔브(Gelb) 교수는 서기 전 3100년 쯤 수메르말의 그림글자가 이집트말의 그림글자를 거쳐 서기 전 1,700년 쯤 셈말의 소리마디 글자로 발전했고, 이것이 다시 기원전 900년 쯤 그리스말의 낱소리 글자로 발전했고, 이것이 기원전 600년 쯤 라틴말의 로마글로 발전한 것이라고 한다.[7] 그러니까 그림글자가 소리마디 글자로 바뀌는 데에 1,400년이 걸렸고, 소리마디 글자가 낱소리 글자로 바뀌는 데에 800년이 걸린 셈이다. 그러나 한글은 한자 문화의 바탕 위에서나마 원시적인 그림글자가 2,200년 걸려 오른 낱소리 글자의 수준을 한

---

6. 이 현복: "외국인은 한글을 이렇게 본다." 1986, 한글 학회, 〈한글 새 소식〉 170.

7. Gelb, I. J.: 〈A Study of Writing〉. 1952/63, 미국, University of Chicago Press.

층 더 넘는 소리바탕 글자로 단숨에 뛰어 올랐으니, 한글은 단연코 세계 글자 역사의 눈부신 돌연변이라고 말해도 지나칠 것이 없다. 이러한 한글에 대해서 미국의 역사학자 레드야드(Ledyard) 교수는 다음과 같이 예찬하고 있다.

"이처럼 멋과 뜻을 갖추어 합리적인 낱소리 글자는 세상에 다시 없다.... 모양과 기능의 관계라는 생각과 그 생각을 구현한 방식에 대해서는 참으로 찬탄하지 않을 수 없다. 글자의 오래고 다양다기한 역사를 통틀어 볼 때 그와 같은 것은 없다. 소리 종류를 따라 글자 모양을 체계적으로 한다는 것만으로도 족히 그렇다 할 것이다. 그런데 하물며 그 모양 자체가 그 소리와 관련된 발음 기관을 본떠 꾸민 것이라니 -- 이것은 정녕 언어학적인 호사의 극치다! 조선의 음운학자들은 참으로 솜씨가 많았거니와, 창조적인 상상력도 모자람이 없었던 것이다."[8]

[우리말 우리글], 한양대 출판부, 1998.

연습문제

1. 글자의 종류와 그 발달 과정에 대해서 알아보고, 한글은 어디에 속하는지 알아보자.
2. 한글을 닿소리와 홀소리로 나누어 각각의 제자원리에 대해서 알아보자.
3. 한글이 한국어를 적기에 가장 알맞게 만들어졌다는 사실을 예를 들어 설명해 보자.
4. 외국의 학자들은 한글에 대해서 어떻게 평가하고 있는지 알아보자.

---

8. Ledyard, G. K.: 〈The Korean Language Reform of 1446: The Origin, Background, and Early History of the Korean Alphabet〉. Dissertation, University of California, Berkeley. Cat. No.: 6608333, University Microfilms International, Ann Arbor, 1966, 199-203쪽.

표준어와 맞춤법 _ 김정우

●

표준어는 사회 구성원들 사이의 원활한 의사소통을 위하여 제정된 것이다. 흔히들 표준어가 방언들보다 우월한 언어라고 생각하는 경향이 있는데, 이는 절대 사실이 아니며 우열의 개념은 존재할 수 없다. 우리가 외국어를 배우는 목적은 그 나라 사람이 되려고 배우는 것이 아니라, 그 외국어를 배워서 그 나라 말을 사용하는 사람들과 국제 무대에서 여러 분야의 활동을 성공적으로 수행하기 위해서임은 더 말할 나위가 없다. 그러므로 적어도 공식적인 사회 활동에서는 우리 모두가 표준어를 구사하는 데 인색해선 안 될 것이다. (방언과 표준어의 관계에 대한 더욱 자세한 해설은 이 교재의 '방언과 표준어' 단원을 참고할 것)

맞춤법이란 입말을 글로 적는 통일된 규범을 말한다. 여기에는 전통적으로 두 가지 원칙, 즉 '소리나는 대로' 적는 방식과 '형태를 고정시켜' 적는 방법이 있는데, 현행 맞춤법에서는 후자의 원칙을 따르고 있다. 이와 같은 '형태 고정' 표기법이 실제로 어떠한 표기 방식인지 중요한 맞춤법 규정을 원칙에 입각하여 조사해 보는 것은 전체 규정의 이해를 위한 필수적인 절차이다.

이 글에서는 기본적인 표준어와 맞춤법 규정을 익혀서 실제 언어생활에 적용시키는 연습을 해 보기로 한다.

1. "얘야, '솔' 부침개 해 먹자."
-표준어의 필요성-

연전에 과제물을 점검하다가 방언에 얽힌 재미있는 체험담을 하나 발견했다. 경남에서 태어나고 자라서 전북 군산으로 시집을 간 아가씨가 "솔 부침개 해 먹자"는 시어머님 말씀에 '여기서는 소나무 솔잎도 부침개를 해 먹나?'하는 이상한 생각이 들었으면서도 '솔잎'을 찾으러 온 시장통을 뒤지고 다녔다는 것이다. 한참 만에 남편의 도움을 받아서 '솔잎'이 그 '솔잎'이 아니라 자기 고향 말로 '정구지'라고 하는 '부추'였음을 알고 나서 '부추전'을 해서 먹었다는 줄거리였다. 아마도 이 이야기의 주인공은 막연하나마 모든 지역에 공통으로 쓰이는 어떤 '공통어'의 존재를 속으로 염원했을 것이다. 바로 그 '공통어'가 이른바 '표준어'이다. 그러면 표준어의 개념에 대해서 좀더 구체적으로 이야기를 전개해 보기로 하자.

이 세상에는 수많은 민족 또는 종족이 존재하며, 그 민족 또는 종족의 수만큼이나 많은 언어가 존재한다. 우리는 자칫 문명의 '혜택'(불행인지도 모르지만)을 덜 받은 민족의 언어를 문명 세계의 언어보다 열등한 언어로 여기는 어리석은 만용을 부리기 쉽지만, 우열을 따질 수 있는 것은 다만 서구 세계의 가치관으로 재단한 문명의 발달 정도일 뿐 언어들 사이에서는 그러한 서열이 전혀 무의미해진다. 이는 마치 어른과 꼬마의 힘겨루기가 장난 이상의 의미를 가질 수 없는 이치와 마찬가지라고나 할 수 있을 것이다. 결국 이 세계의 언어 전체를 대상으로 놓고 볼 때, 그 한마당에는 우월한 언어도 없고 열등한 언어도 있을 수 없다.[1] 그래도 혹시 무언가 우열 비슷한 것이 있긴 있지 않느냐고 반문할 수 있다고 해도, 그건 모든 언어가 제각기 다르다는 지극히 상식적인 일반론을 잘못 말하고 있는 데 지나지 않는다. 이슬람교도나 중국의 어떤 고산족이 일부다처제를 신봉한다고 해서, 우리들의 유교적 전통을 가지고 그네들을 천하에 짐승만도 못한 인간들이라고 매도할 수 있겠는가? 이 질문에 대한 답변이 '아니'라고 한다면, 동일한 논리적 귀결로서 우리는 **미개인의 언어도 문명 세계의 언어와 마찬가지로 그 자체로 완벽하다**는 전제 하에서 언어학적 관찰을 시작해야 하는 것이다.[2]

---

1. 실상 언어의 우열이라고 생각하고 있는 대상도 자세히 들여다보면 그 언어의 사용자가 속한 문화를 확대해석한 것에 지나지 않는 경우가 대부분이다. 하지만 문화라고 하는 것도 아래 언급하는 바와 같이 너무 일률적인 잣대를 가지고 왈가왈부할 성질의 것은 못 된다. 아울러 다분히 서구 지향적인 분위기가 배어 있는 '문명'과 그 자체로 독자성을 지니는 '문화'라는 말도 구분해서 써야 한다.

이제, 화제를 좀 바꾸어서 눈을 한 나라의 언어로 돌리면, 이와 같은 사정은 바로 표준어와 방언의 관계에도 그대로 적용될 수 있다. 예를 들어 표준어 사용 지역과 비교할 때, 경상도 지역에서는 이중모음을 이루는 반모음이 제대로 발음되지 않는다. 그래서 '과자'를 '가자'로 '전화(저놔)'를 '전하(저나)'로 발음하는 경우를 어렵지 않게 목격할 수 있다. 그런데 만일 이 지역 초등학생이 서울로 나들이를 가서 이런 발음을 한다고 하면 주변에 있던 사람들은 어떤 반응을 보일까? 모르긴 몰라도 이 아이의 그런 말씨는 뭇사람들의 놀림감이 되기에 딱 알맞은 소재 취급을 받을 것이다. 심지어는 성인들 사이에서도 "야, 너희 고향 사람들은 왜 그러냐? 그 쉬운 발음도 못하고 말이야. 혹시 구강 구조가 좀 이상하게 되어 있는 건 아니냐?" 하는 농담이 심심치 않게 오가는 실정이다. 이런 상황이 부정적인 방향으로 좀더 발전된다면 특정 지역에 대한 멸시나 질시로 이어질 가능성도 아주 배제할 수 없다. 절대 그래서는 안 된다. 이는 어떤 현상이 어떠해야 된다고 강요하는 당위적인 주장이 아니라, 오히려 언어라는 구체적인 현상에 대한 관찰에 기초한 사실적인 상황 설명이다. 물론 조금만 양식이 있는 사람이라면 이성적으로는(적어도 언어의 기능이라는 측면에서) 모든 방언이 표준어와 동일하다는 명제에 찬동할 것이다. 그렇지만 묘하게도 언어에는 이성이 아닌 감정이 쉽게 개입되는 경향이 있어서, 자기도 모르게 방언에 대한 편견이나 혹은 표준어에 대한 선망(이런 경향도 분명히 있다!)에 휘둘리는 경우가 흔하다. 그렇다면 어째서 어떤 경로를 통해서 이와 같은 이중적인 언어관이 우리들 의식에 자리잡게 된 것일까? 여기에는 여러 가지 원인과 이유가 있겠지만, 그 가운데 하나로 필자는 표준어의 위상에 대한 잘못된 인식을 꼽고 싶다. 여기서 '위상'이라는 좀 고상하게 보이는 단어를 사용했지만,

---

2. 19세기 말과 20세기 초를 풍미했던 언어에 대한 유명한 편견의 하나가 바로 '언어의 진화'라는 개념이다. 당시의 학계에서는 세계의 언어를 그 형태적 특성(=유형)에 따라 포함어, 고립어, 교착어, 굴절어 등으로 분류하고 여기 열거된 대로 포함어에서 고립어로, 고립어에서 교착어를 거쳐 굴절어로 언어가 진화한다고 주장했다. 이러한 학설이 곧바로 히틀러의 세계 침략과 유태인 박해에 사상적 기반을 제공했음은 익히 잘 알려진 역사적 사실이다.

그렇다고 해서 어려운 이야기를 하려는 것은 아니다. 출발은 언제나 상식선에서 이루어지고 또 그래야만 일반 언중의 공감을 얻을 수 있는 결론이 나올 수 있다. 모든 방언을 그 나름대로 완전한 체계를 갖춘 언어로 간주할 때, 우리나라에는 방언의 수효만큼 많은 언어가 존재하는 셈이다. 물론 방언의 수효만큼 많은 언어가 존재한다고 해서 지나치게 긴장할 필요는 없다. 실제로 제주 방언을 빼고는 다른 방언의 화자들끼리 모인다고 해도 의사소통에 크게 어려움을 느낄 정도가 되는 경우는 생각하기 힘들기 때문이다. 하지만 여기서 너무 풀어져서는 또 안 된다. 큰 줄기가 같다는 것과 모두 다 같다는 것은 다르기 때문이다. 방언 차이로 인한 의사소통상의 '큰 어려움'은 없어도 '자잘한 어려움'은 역시 충분히 예상할 수 있는 일이다.[3] 그렇다면 이같은 의사소통상의 '자잘한 어려움'까지 극복할 수 있는 방안은 무엇일까? 답은 간단하다. 같은 말을 쓰면 되는 것이다. 이와 같은 맥락에서 등장하는 것이 바로 표준어의 개념이다. 그러므로 **표준어란 사회 구성원 전체의 원활한 의사소통을 도모하기 위한 필요에서** 탄생된 개념이다. 결국 앞서 말한 '표준어 개념에 대한 잘못된 인식'을 바로잡으려면, 표준어의 개념을 위에 적은 내용처럼 '있는 그대로' 바르게 인식해야 한다. 비유가 좀 어떨지 몰라도 이러한 상황은 우리가 국제 사회와의 교류를 염두에 두고 외국어를 배우는 것과 마찬가지 맥락에서 이해하면 된다. 다시 말해서 우리는 외국어를 배울 때 어떤 일정한 필요에 의해서 배우는 것이지 그 나라 사람이 되려고 배우는 것이 아니라는 뜻이다. **학교에서 표준어를 배우는 것은 표준어 화자가 되려고 배우는 것이 아니라, 우리 사회 구성원들 상호간의 효율적인 의사소통을 바라는 필요성 때문에 배우는 것이다.** 그러니까 표준어는 어디까지나 사회적인 관계를 전제로 한 표면적인 개념일 뿐, 개인의 사고방식이나 의식의 영역까지 건드리는 심층적인 개념이 아니다. 사람들은 자기가 태어나면서부

3. 사실 무엇이 '큰 어려움'이고 무엇이 '작은 어려움'인지는 상황에 따라서 사람에 따라서 얼마든지 다를 수 있을 것이다. 앞서 서두에서 언급한 새댁의 '부침개 사건' 이야기를 듣고 나니 그런 일도 당사자에게는 결코 '자잘한 어려움'이 아닐 수 있다는 생각이 든다.

터 익힌 말로 사고 활동을 하는 것이 가장 효과적이라고 한다. 자기 혼자서 높은 수준의 사고 활동을 하고자 한다면 당연히 자기 말(=방언)을 그런 지적 활동의 도구로 사용하는 것이 오히려 표준어를 도구로 사용하는 것보다 훨씬 효과적이다. 다시 말하거니와 표준어의 필요성 내지 편의성은 다른 방언을 쓰는 둘 이상의 화자가 만났을 때 이들 화자 사이의 원활하고 효율적인 의사소통에 있는 것이다.[4]

그렇다면 표준어에 대한 잘못된 인식을 바로잡아 줄 수 있는 주체는 누구일까? 그 주체는 크게 두 부류로 나뉘는데, 첫째는 초·중등학교에서 국어 교육을 담당하고 있는 국어 교사이고 둘째는 방송 관련 분야 종사자이다. 둘째 분야에 대해서는 누구나 약간의 관심을 가지고 주말 저녁 시간대에 텔레비전을 시청한 경험이 있는 사람이라면 어떤 상태인가를 잘 알 수 있기에 '역할론' 이상의 언급을 생략하기로 한다. 첫째 분야는 그렇다면 과연 어떠한가? 이에 대한 답변 역시 그다지 고무적이지 못하다. 국어 교사들과 학생들의 표준어 사용 실태와 의식을 조사한 국립국어연구원의 최근 보고서에 의하면, 몇몇 지역에서는 수업 시간에조차 표준어를 사용하는 선생님이 거의 없다고 한다.[5] 그러다 보니 초등학교 국어과 받아쓰기 시간에서는, 교사가 방언으로 불러주면 학생들이 표준어로 받아 적는 신기한 현상마저 벌어지고 있는 것이다.[6]

표준어와 방언의 차이라면 여러 가지 요소가 있지만,[7] 가장 기본이 되는 요소

---

4. 이를 다른 각도에서 본다면, 공통어인 표준어는 공적인 언어이고 지역어인 방언은 사적인 언어라고 할 수 있다.

5. 국립국어연구원 간행, 「국어 교사의 표준어 사용 실태 조사」(I), 1997.

6. 이러한 난맥상은 비단 받아쓰기 영역에서만 끝나지 않는다. 이러한 교육을 받고 성장한 학생들은 우리글의 맞춤법에 대해 실제 이상으로 어렵다는 선입견을 알게 모르게 갖게 될 수도 있기 때문이다. 방언 화자는 학교에서 맞춤법 교육을 받으면서 방언을 표준어로 '번역'한 다음에 다시 이 표준어 발음을 글자로 적는 세 단계를 거치게 되기 때문이다. 이에 비해서 표준어 화자는 그냥 자기 발음의 문자화만 생각하면 되기 때문에 방언 화자보다 훨씬 단순한 경로로 맞춤법을 배우고 있는 셈이다. 이런 정도의 상황이라면 우리 표기법이 가진 장점의 하나인 '표음성'과 '표의성'의 조화라는 점을 실제 문자 생활을 통해서 깨우칠 수 있는 기회를 상실하게끔 학교 교육이 오히려 조장하고 있는 셈이다.

는 표준 발음이다. 모든 언어 의미는 소리를 빌려서 나오고 또 타인에게 전달되기 때문이다. 이처럼 언어의 여러 측면 가운데서 가장 중요하다고 할 수 있는 발음이 어떤 이유에선지 우리들 사이에서는 제 기능만큼 그다지 중요하게 여겨지고 있지 않아 보인다. 영어 시간에는 정확한 발음과 아울러 악센트 위치며, 문장 전체의 억양까지 따지면서도 정작 우리의 국어 시간에는 자모의 정확한 음가 따위엔 거의 신경을 쓰지 않는다. 말하자면 국어 시간에는 도구어로서의 국어에 대한 인식이 턱없이 미흡하다는 것이다. 그러다 보니 학생들도 은연중에 표준어와 표준 발음이 일상 언어생활과 관련된 실용적인 지식이 아니라, 실제 언어생활과는 동떨어진 이론적이고 추상적인 지식이라는 잘못된 개념에 익숙해지고 만다. 표준 발음을 가르치는 교사가 관련된 내용을 전달하는 사이사이에 자기 방언으로 설명을 곁들인다고 생각해 보라. 이 얼마나 엄청난 모순인가! 그렇지만 이처럼 희극적인 장면이 실제로는 목격하기에 그다지 힘들지 않다는 것이 애석하게도 우리 국어 교육의 현실이다. /애/와 /에/의 구별이 경우에 따라서는 '강냉이'와 '옥수수'의 구별만큼이나 중요한 문제일 수 있는 것이다.[8]

발음 습관이란 어느 정도 타고나는 생득적 성격을 지니기 때문에 하루 아침에 고치기가 힘들다. 달리 말하면 방언 사용자가 표준어 발음을 익히기란 절대 쉽지 않은 일이다. 여기에 인위적인 '학습'이 요구되는 것이다. 방언 사용자가 표준 발음을 익히려면 우선 발음의 진단을 받아서 자기 발음의 결함을 확인한 다음, 후속 조치로 필요한 청취 훈련과 발음 훈련을 쌓아야 한다. 물론 이러한 일련의 진단과 교정 과정을 거치려면 여기에 관련된 기초적인 음성학적 지식이 수반되어야 한다. 그리고 발음 교정의 문제는 결코 이론적인 것이 아니라, 처음부터 끝까지 실천적인 것임을 잊지 말아야 할 것이다. 그러므로 평소에 표준 발음을 완벽하게

---

7. 음운, 형태, 통사, 의미, 어휘 등에서 차이가 나타날 수 있다.
8. 〈표준어 규정〉 제2부에 나오는 '표준 발음법'은 〈한글 맞춤법〉만큼이나 중요한 규정이며, 실제로 〈한글 맞춤법〉의 여러 규정을 이해하는 데 없어서는 안 되는 필요불가결한 규정이다. 그런데도 이에 대해서는 〈한글 맞춤법〉만큼 신경을 쓰지 않는 경향이 있다.

익혀 두었다가 필요한 상황에서 자연스럽게 구사할 수 있어야 하며, 그러기 위해서는 꾸준한 반복 실습이 요구되는 것이다. 다음에는 표준어 규정에 대해서 그 중요한 내용을 하나하나 짚어보기로 한다.

먼저 알아두어야 할 사항은 표준어 사정의 원칙이다. 표준어를 선정하는 원칙은 제1항에 명시되어 있는데, 그 내용은 **'교양 있는 사람들이 두루 쓰는 현대 서울말로 정함을 원칙으로 한다'**라고 되어 있다. 여기에는 표준어 사정(査定)의 세 가지 기준(사회적=계급적, 시대적, 지역적)이 나타나 있는데, 이를 좀 더 자세히 살펴보면 표준어가 '현대 서울말'이라는 구체적인 자연 언어를 기반으로 여기에 '교양 있는' 사람들이 쓰는 말이라는 (학습을 통한) 추상적이고 인위적인 성격이 드러나 있음을 알 수 있다. 이어지는 제2절에서는 일반인들이 흔히 혼동하기 쉬운 사례를 중심으로 관련된 〈표준어 규정〉과 함께 검토해 보기로 한다.[9]

2. '멍게'냐, '우렁쉥이'냐?
-표준어 규정 해설-

〈표준어 규정〉 제23항에 의거하여 이들 두 단어는 모두 표준어의 자격을 인정받고 있다. 즉, 방언이던 단어가 표준어보다 더 널리 쓰이게 된 것은 그 단어를 표준어로 삼도록 규정하고 있는데, 이 규정과 마찬가지로 '멍게'는 원래 방언이었는데, 표준어 '우렁쉥이'보다 더 널리 쓰이게 됨에 따라서 이 규정에 의거하여 표준어가 된 것이다. 한편, '우렁쉥이'도 학술 용어 등에서 여전히 쓰이고 있으므로 표준어의 자격을 그대로 인정하기로 한 것이다. 결과적으로 이들 두 단어는 복수 표준어인 셈이다. 본절에서는 이와 같이 〈표준어 규정〉에서

---

9. 여기에 드는 사례는 1995년에 발간된 「가나다 전화 자료집」(국립국어연구원)에서 주로 발췌했다. 아 자료집은 국립국어연구원에서 개원 당시인 1991년부터 1995년까지 일반인들의 어문 규범 관련 문의 전화인 '가나다 전화'를 운용한 결과를 사례별로 분석해 놓은 책자인데, 여기 보이는 사례는 그 가운데 '표준어 문제'와 직접적으로 관련된 것이다.

다루고 있는 개별 단어들 가운데 중요한 단어를 간추려서 관련 규정과 함께 살펴보기로 한다. 나머지 단어들에 대해서는 독자들이 〈표준어 모음〉에서 일일이 찾아서 표준어 여부를 확인해야 한다.

1. '가여운'과 '가엾은' 중에서 어느 것이 표준어인가?

같은 의미를 나타내는 형태 몇 가지가 모두 널리 쓰이며 표준어 규정에 어긋나지 않으면 이들 단어를 모두 표준어로 쓰도록 규정하고 있는 제26항에 의거하여 두 단어는 모두 표준어로 인정한다. 이와 같은 복수 표준어의 범주에 드는 단어로는 '서럽다'와 '섧다', '여쭙다'와 '여쭈다' 등이 있다.

2. 대중가요의 일절을 보면 '초가삼간'이라는 단어가 나오는데, 시험 문제에는 '빈 칸을 채우라'에서처럼 '칸'이라는 단어가 보인다. 어느 것이 표준어인가?

이들 단어의 어원은 한자 '間'으로 발음도 '간'이었지만, 역사적으로 이 발음이 거센소리(=격음)로 변했기 때문에 '칸'을 표준어로 삼고 있다(→〈표준어 규정〉 제3항). 다만 한자 성어 등에서 관습적으로 굳어진 표현은 그대로 '간'을 쓴다.

3. '강낭콩'이라는 단어의 어원을 '강남(江南)콩'으로 알고 있는데, 이처럼 어원이 분명해도 '강낭콩'을 표준어로 삼아야 하는가?

'강낭콩'이라는 단어는 원래 '봄이 되면 강남 갔던 제비가 돌아온다'고 할 때의 '강남'에 '콩'이 결합된 것이므로 분명히 '강남콩'이 어원이지만, 사람들은 이미 어원 의식을 잃어버린 상태에서 둘째 음절 말음을 /ㅇ/으로 발음하고 있으므로 '강낭콩'을 표준어로 삼는다(→〈표준어 규정〉 제5항). 이처럼 어원이 비교적 분명해도 이미 발음의 변화 양상이 돌이킬 수 없을 만큼 심한 단어로는 '사글세' 등이 있다.

4. '깨트리다'와 '깨뜨리다' 중에서 어느 것이 표준어인가?

이들 두 단어는 어감의 차이가 그리 뚜렷하지 않고 세력도 엇비슷하게 두쉬여 쓰인다. 그러므로 〈표준어 규정〉 제26항에 의거하여 둘 다 복수 표준어로 인정한다.

5. '내노라 하는 연예인'이 맞는가, '내로라 하는 연예인'이 맞는가?

이 단어는 어원적으로 대명사 '나'에 서술격 조사 '-이-'와 주어와 화자가 일치할 때 쓰는 선어말어미 '-오-', 평서문의 종결어미 '-다'가 결합된 형식인데, 중세국어에서는 '-오-'가 서술격 조사 다음에서 '-로-'고 교체되고 종결어미 '-다'가 선어말어미 '-오-' 다음에서 '-라'로 교체되는 현상이 있어서 '{나}+{이-}+{-오-}+{-다}'는 결과적으로 '나+이-+-로-+라' → '내로라'가 된다. 따라서 '내로라'가 표준어이다.

6. '첫 돌'인가, '첫 돐'인가?

현행 〈표준어 규정〉에서는 '주기'와 '생일'의 의미 차이를 구분하지 않고 모두 '돌' 하나로 쓰기로 하고 있다. 따라서 '첫 돌'이 표준어이다(→〈표준어 규정〉 제6항).

7. '무'와 '무우' 중에서 어느 것이 표준어인가?

중세국어에서는 이 단어의 형태가 '무수'였는데 반치음('Δ')이 소멸하면서 '무우'가 되었다가 오늘날에는 한 음절이 줄어든 형태인 '무'가 더 널리 쓰인다. 이처럼 준말이 널리 쓰이고 본말이 잘 쓰이지 않는 경우에는 〈표준어 규정〉 제14항에 의거하여 준말만을 표준어로 삼도록 한다. 따라서 '무'가 표준어이다.

8. 대중가요에 '우리의 바램이었어'라는 구절이 나오는데, 이것이 표준어인가?

'희망'이라는 뜻을 가진 명사형은 동사 '바라다'에서 나온 '바람'이다. '바램'은 동사 '바래다'에서 나온 명사형으로 이 동사는 '빛깔이 옅어지다, 빛깔이 희게 되다' 등의 뜻으로 쓰인다.

9. '빌다'와 '빌리다' 중에서 어느 것이 표준어인가?

예전에는 '내가 남한테서 꾸어 오는' 행위는 '빌다'로, '내가 남한테 꾸어 주는' 행위는 '빌리다'로 구분해서 쓰도록 했는데, 이미 구분이 불가능해진 언어 현실을 감안하여 새로운 규정에서는 모두 '빌리다'로 통일시켰다. 다만 '구걸하다'나 '축원하다'의 뜻으로는 '빌다'를 쓴다.

10. '설겆이'와 '설거지' 중에서 어느 것이 표준어인가?

'설겆다'는 동사는 이미 '설겆고', '설겆으니', '설겆어서' 등으로 활용하지 않는 죽은 단어이며, 따라서 '설겆다' 자체도 인정할 수 없다. 이처럼 죽은 말이 되어 쓰이지 않게 된 단어는 고어로 처리하고 현재 널리 사용되는 단어를 표준어로 쓰도록 규정한 제20항에 의거하여 '설거지'와 '설거지하다'를 표준어로 인정한다.

11. '했습니다'와 '했읍니다' 중에서 어느 것이 표준어인가?

예전에 모음으로 끝나는 어간 아래에서는 'ㅂ니다', 자음으로 끝나는 어간 아래에서는 공손의 등급에 따라 '-읍니다'와 이보다 더 공손한 '-습니다'를 모두 사용했지만, 새로운 〈표준어 규정〉에서는 자음으로 끝나는 어간 아래에서는 공손의 등급을 없애고 모두 '-습니다'로 통일했다. 따라서 '했습니다'가 표준어이다.

12. '왠지'가 맞는가, '웬지'가 맞는가?

이와 비슷한 구성을 보이는 '언젠지', '어디선지', '어떤지', '누군지', '무엇인지' 등을 열거해 보면 그 구성에서 일정한 규칙성을 발견할 수 있다. 즉, 의문사(언제, 어디서, 어떻게, 누구, 무엇)+어미(-인지)의 연결을 확인할 수 있는데, 따라서 '왜+인지'로 이루어진 '왠지'가 맞는다. 반면에 '관형사'와 '명사'의 구성에서 관형사 자리에는 '웬'이 쓰이므로 '웬 일', '웬 떡'이 맞는다.

13. '웃어른'과 '윗어른' 중에서 어느 것이 표준어인가?

〈표준어 규정〉 제12항에 의하면, '위'와 '아래'의 대립이 있는 경우에는 접두사를 '윗-'으로 하고 그러한 대립이 없는 경우에는 '웃-'으로 하도록 규정하고 있다. 따라서 '아랫어른'이라는 말이 없으므로 '웃어른'이 표준어이다. 반면에 '아랫목'이 있으므로 '웃목'이 아닌 '윗목'이 표준어가 된다.

14. '주책없다'와 '주책이다' 중에서 어느 것이 표준어인가?

'주책'은 원래 '일정하게 자리잡힌 생각'을 뜻하는 한자어 '주착'(主着)에서 모음의 변이에 의하여 생겨난 말이다. 따라서 '일정한 주견이나 줏대가 없이 이랬다저랬다 하여 몹시 실없는 행동'을 가리키는 말은 '주책없다'가 맞다. 그래서 〈표준어 규정〉 제25항에서도 '주책없다'만을 표준어로 삼고 '주책이다'는 표준어로 인정하지 않고 있다. 이와 유사한 단어로는 '안절부절못하다'(*'안절부절하다')가 있다.

15. '중매장이'와 '중매쟁이' 중에서 어느 것이 표준어인가?

한 단어 안에서 모음이 뒤에 있는 '이' 모음의 영향을 받아서 '이' 모음과 유사하게 소리나는 경우를 '이'-모음 역행동화라고 하는데, 〈표준어 규정〉에서는 원칙적으로 이러한 음운 현상을 입은 단어를 표준어로 인정하지 않고 있다. (단, '(풋)-내기', '냄비', '동댕이치다'의 셋은 예외임)

'-장이'와 '-쟁이'의 경우는 '장인'(匠人, 기술자)의 뜻이 남아 있는 단어와 그렇지 않은 단어를 구분하고 있는데, 전자의 경우에는 '-장이'를 후자의 경우에는 '-쟁이'를 표준어로 삼고 있다. 위의 경우는 아무래도 기술자로 보기 힘들므로 '중매쟁이'가 표준어이다.

3. '목거리'와 '목걸이'
-맞춤법의 필요성-

우리 한글은 소리와 표기 부호를 대응시키는 표음문자이다. 언뜻 생각하면 표음문자의 표기법이란 그냥 소리와 부호를 일 대 일로 대응시켜 놓고 그대로 쓰면 될 것 같지만, 실제로 조금이라도 그런 표기 체계를 운용해 보면 사정이 그리 쉽지 않음을 곧 알게 될 것이다. 가령 /메뚜기/라는 발음을 문자로 표기한다고 해 보자. 현재 우리말의 음운 규칙 안에서 /메뚜기/라는 발음을 유도해 낼 수 있는 표기는 놀랍게도(?) 서너 가지가 된다. '멧두기', '멘두기', '멧뚜기', '멘뚜기', '멘둑이' 등등 굳이 가짓수를 늘리려면 못 늘릴 까닭도 없을 성싶다. 그러므로 어떤 원칙을 정해서 위와 같은 복잡한 표기 양상을 하나로 통일시킬 필요성이 대두된다. 그러한 '원칙'이 바로 〈한글 맞춤법〉이다. 여기서 '원칙'이 필요하다는 말은 다시 말해서 '소리나는 대로' 표기하는 방식에 대한 일종의 제한 조치로 해석할 수 있는데, 바로 '발음대로'와 '원칙에 입각한 제한' 사이의 조화가 〈한글 맞춤법〉의 실상인 것이다. 위의 제목에서 예로 든 두 단어도 발음은 결과적으로 마찬가지로 나지만, 뜻은 '목에 걸리는 질병의 이름'과 '목에 거는 장신구'로 각각 다르다. 발음은 같아도 표기가 다르다는 것은 당장 사용하기에는 불편하다고 느낄지 모르지만, 이처럼 의미의 구분을 가능하게 해 준다는 장점이 되기도 한다. 이처럼 시각적인 의미 구분은 독서 능률의 향상을 가져오므로 대단히 효과적인 표기법이라고 할 수 있다. 다음에서는 현행 〈한글 맞춤법〉 규정의 기본 원칙과 중요한 조항을 하나씩 해설해 나가기로 한다.

4. '소리'와 '형태'
-맞춤법의 두 가지 태도-

맞춤법의 기본 원리로는 일반적으로 음소적 원리와 형태음소적 원리가 있다. 간단히 말해서 전자는 '소리나는 대로' 적는 표기법의 원리이고, 후자는 소리와 함께 '형태를 고정시켜' 적는 표기법의 원리이다. 아래의 (1)이 전자의 원리를 따른 표기 체계이고, (2)가 후자의 원리를 따른 표기 체계이다.

(1) 값# → 갑, 값+이 → 갑시, 값+도 → 갑도, 값+만 → 감만
(2) 값# → 값, 값+이 → 값이, 값+도 → 값도, 값+만 → 값만

위 두 표기 체계를 비교해 보면, 양자의 장단점이 쉽게 드러난다. 즉 명사 '값'의 음가를 관찰해 보면, 뒤에 결합되는 조사에 따라 조금씩 변동이 되는데, 전자는 변동되는 음가를 변동되는 그대로 표기하고 있고, 후자는 변동되는 음가를 고려하지 않고 명사와 조사의 형태를 고정시켜 표기하고 있다. 글을 쓰는 사람의 입장에서 보면, 전자의 표기 체계가 실제 운용상 쉽다는 장점을 갖는 반면, 후자의 표기 체계는 기본 형태를 기억해야 하는 부담을 안게 된다. 하지만 일단 쓰여진 글을 읽는 사람의 입장에서 보면, 주변 환경에 따라 표기가 조금씩 바뀌는 전자의 체계보다, 형태가 고정된 후자의 체계가 훨씬 독서의 능률을 높여 주는 장점을 갖는다. 쓰여진 글은 글을 쓴 당사자만 보는 것이라기보다 오히려 다른 여러 사람을 잠재적인 독자로 상정하고 있다는 점에서, 문자 언어의 표기법으로서는 후자의 체계가 전자의 체계보다 낫다고 할 수 있다. 형태를 고정시키는 현행 표기법의 기본 원리는 일단 문자 언어의 기능에 부합하는 것으로 볼 수 있다. 한편 형태를 고정시키는 표기 체계는 실제 발음과 표기가 멀어져서 쓰기에 불편하다는 단점을 갖는다. 그래서 이러한 형태 고정 표기 체계는 언중에게 '표기법은 어렵다'는 인식을 심어 주는 주된 요인으로 작용하고 있다. 결국 바람직한 맞춤법은, 형태의 고정을 통한 독서 능률의 향상이라는 플러스적 인자와, 발음과 표기의 괴리라는 마이너스적 인자의 황금분할적인 조화를 요구하고 있는 것이다. 맞춤법 원리의 황금분할은 당연

히 형태음소적 표기의 장점을 최대한 살리고 단점을 최소화시키는 '운용의 묘'일 것이다.

5. 한글 맞춤법의 기본 원칙

1933년 '한글 마춤법 통일안'이 공포된 이래로 현행 한글 맞춤법에 이르기까지, 몇 차례의 크고 작은 개정을 거치면서도, 일찍이 주시경 선생이 제안한 '本音의 원리'를 바탕으로 하고 있는 그 기본 골격은 오늘날에도 여전히 변함이 없다. 이 원리는 한 마디로 기본형을 고정시켜 표기하자는 제안인데, 여기에는 세 가지 경우의 예외가 있다. 그러니까 '본음의 원리'는 형태소가 결합할 때 세 가지를 제외한 모든 경우에 형태소 각각의 기본형을 밝혀서 (즉 기본형의 형태를 고정시켜서) 표기하는 방식이다. 우선 형태 고정 표기 원리의 합리성을 국어의 특성과 관련시켜 검토해 보자.

국어는 이른바 교착어(agglutinative language)에 속한다. 그래서 실제 문장에서 쓰이려면 명사에는 조사가 결합되어야 하고, 동사(형용사 포함) 어간에는 어미가 결합되어야 한다. 이를 단순화시켜 본다면 실제 문장에서는 어휘적 의미를 갖는 실사(명사, 동사의 어간)에 문법적 의미를 갖는 허사(조사, 어미)가 결합된 상태로 쓰인다고 말할 수 있다. 그러므로 형태를 고정시켜 표기한다는 것은 곧 실사와 허사의 결합 상태(=각각의 원래 모습)를 그대로 보여 준다는 뜻이며, 이러한 표기 체계는 국어의 교착어적 특성을 잘 드러낼 수 있는 분석적 표기 태도이다. 국어의 언중은 일상적인 언어생활에서 아무 어려움 없이 실사와 허사를 결합시켜 사용할 수 있는 언어 능력을 내재화하고 있듯이, 발화된 문장을 듣고 문장 하위 단위 각각에서 실사와 허사를 분석해 낼 수 있는 언어 능력도 역시 내재화하고 있을 것이다. 그러므로 이러한 분석적 표기 방식은 국어 화자의 분석적 언어 능력을 기술해 주고 있다는 점에서, 형태소들의 결합으로 발생하는 형태음소의 변동 결과를 그대로 표기하는 방식보다 우수하다고 할 수 있다. 이제, 형태 고정 표기 원리의 장점은 밝혀진 셈인데, 위에서 말한 세 가지 예외의 경우에는 이러한 형태 고정 표기 원리가 지켜져 있지 않다. 이 문제는 다음과 같은 문제로 환원시킬 수 있다. 여기서 예외의 경우란 기본형을 고정시켜 표기하지 않는 경우를 뜻하므로, 이 표기 원리의 단점, 즉 '형태의 변동에서 오는 표기자의 기억 부담이 이 예외의 표기에 얼마나 최소화되어 있는가'가 문제의 핵심이다.

첫째 예외는 다음과 같은 경우에 동일한 기능을 수행하는 조사와 어미를 모두 표기에 반영하고, 그 가운데 어느 하나를 기본형으로 삼지 않는다는 것이다.

(3) {이, 가} 삼촌+이, 조카+가 / {과, 와} 삼촌+과, 조카+와

(4) {아, 어} 잡+아서, 먹+어서 / {았, 었} 잡+았다, 먹+었다

실사는 문맥 상황이 달라지면 얼마든지 달라지지만(=다른 단어) 같은 자리에서 같은 역할을 하는 허사는 항상 변함이 없이 같은 모습으로 나타난다. 결국 허사는 실사보다 실제 화맥(=발화 상황)에서 상대적으로 높은 출현 빈도(frequency)를 갖게 된다. 다시 말해서 허사의 기능부담량(functional load)이 실사보다 높은 것이다. 그리고 화맥에서 높은 출현 빈도를 갖는 언어 요소를 언중(言衆)이 쉽게 기억할 수 있음은 당연하다. 요약하면 허사는 출현 빈도와 기능부담량, 그리고 언중의 기억 재생력이 실사보다 훨씬 높은 것이다. 이러한 국어의 특성을 언중의 실용적 입장에서 고려해 본다면, 높은 출현 빈도로 인하여 문법적 기능을 담당하는 허사는 별다른 노력 없이도 분명하게 기억에 남게 된다고 할 수 있다. 그러므로 조사와 어미의 이형태가 모두 표기에 반영된다고 해서 사용자에게 그다지 큰 부담이 되는 것은 아니다. 결국 국어의 음운 규칙으로 설명이 불가능한 형태의 교체를 모두 표기하는 동시에 국어의 음운 특성을 드러내면서도, 그 반대 급부로 표기자의 기억에 그다지 큰 부담을 주지 않는다면, 이 첫째 경우의 예외는 타당하다고 할 수 있다.

둘째 예외는 다음과 같은 불규칙 용언의 불규칙성을 그대로 인정한다는 의미이다. 아래 예에서 불규칙 형태 (5)를 규칙적인 형태 (6)과 비교해 보자.

(5) 살+는 → 사는, 살+고 → 살고, 살+으시+(오) → 사시(오)
(6) 잡+는 → 잡는, 잡+고 → 잡고, 잡+으시+(오) → 잡으시(오)

위의 비교를 통해 보면, 규칙적인 활용에서는 어간과 어미의 결합에서 양쪽 모두 원래의 형태가 달라지지 않는 데 비해서, 불규칙 활용에서는 어느 한쪽의 형태가 달라지고 있다. 이러한 불규칙 활용은 국어의 특수한 음소 연결 제약(또는 음운 규칙)에 따른 것인데, 용언의 활용이라는 특정 범주에서만 이런 현상이 일어나므로 예외를 허용하지 않는 (1)과 동일하게 다룰 수도 없다. 예컨대 명사 합성에서는 동일한 환경에서 ㄹ의 탈락이 일어나지 않는다. (e.g. 달+나라 → [달라라]) 역시 불규칙 형태를 그대로 인정하지 않을 수 없는 것이다. 다만 이 경우에는 불규칙 자체가 언중의 기억 능력에 부담으로 작용한다. 하지만 그렇다고 해서 불규칙 활용 자체를 무시하고 다른 규칙 활용에서와 동일하게, 예컨대 '살는'처럼 표기한다면, 이는 언어 현실을 왜곡하는 처사이다.

셋째 예외는 (7)과 같은 경우에 접사의 형태를 밝혀서 표기하지 않는다는 의미이다. 그 아래 (8)은 반대로 접사의 형태를 밝혀서 표기한 예이다.

(7) 죽+엄(×) - 주검(○), 묻+엄(×) - 무덤(○)
(8) 먹+이(○) - 머기(×), 믿+음(○) - 미듬(×)

위에서 (7)과 (8)을 비교해 보면 단어의 구성은 동일한 방식(동사 어간+명사화 접미사)으로 이루어져 있는데, 그 표기 방식이 서로 달라서 언뜻 보면 처리에 일관성을 결여한 것처럼 생각되기도 한다. 하지만 양자 사이에는 분명히 차이가 있다. 전자의 접미사가 상당히 제한적으로 쓰이는 데 비해서, 후자의 접미사는 대단히 폭넓게 쓰이고 있어서, 이른바 생산성(productivity)이 높다. 널리 쓰인다는 것은 곧 언중의 기억 재생력이 크다는 뜻과 통한다.[10] 결국 지금도

---

10. 기능 부담량이란 하나의 형태소가 담당하는 제반 문법적 기능의 총화를 말한다. 그리고 생산성이란 기존의 단어만을 고려하면 어떤 파생어 형성 규칙의 입력이 되는 단어(=어기)의 총수 대 규칙의 출력으로 나오는 단어의 총수를 수치화한 개념이고, 생성적인 측면을 고려하면 파생어 형성 규칙으로 만들어낼 수 있는 가능한 단어(possible/potential

생산적으로 널리 쓰여서 언중의 기억 부담이 적은 쪽은 형태를 밝혀 적고, 그렇지 못한 쪽은 형태를 밝히기보다 그냥 소리 나는 대로 적도록 한 것이다. 생산적으로 널리 쓰이지 못하는 접미사는 극단적으로 말해서 몇몇 단어에만 흔적이 남아 있는 화석형(fossilized form)으로 볼 수 있으므로, 결합된 형태를 더 이상 분석하지 않고 전체를 하나의 단위로 간주하여 그냥 소리나는 대로 표기하는 것이다. 이러한 처리 방안은 언어 현실과 표기자의 기억 부담을 적절히 조화시킨 타당한 태도라고 할 수 있다.

한글에는 다른 문자와 구별되는 중요한 특성이 있으니, 그것이 곧 음절 단위의 '모아쓰기' 방식이다. 기본형의 고정 표기라는 개념은 음절 단위의 분철을 전제로 해야만 비로소 시각적으로 완전한 자기 기능을 수행할 수 있기 때문이다. 아래 예를 비교해 보면 시각적인 기능의 수행이라는 개념이 곧 이해가 될 것이다.

(9) 꼬치, 꼬츨
(10) 꽃이, 꽃을

결국 기본형의 고정이라는 기본 원리에 덧붙여 음절 단위의 '모아쓰기'까지 이루어져야만 체언 어간 '꽃'이 한눈에 들어와서 표의적(表意的) 기능을 원만히 수행할 수 있는 것이다. 이 문제는 사실상 앞서 논의한 국어의 교착어적 성격과 맞물려 있다. 실사와 허사의 결합을 근간으로 하는 단어 운용 체계 하에서는 실사와 허사 각각을 기본형대로 드러내 주는 것이 국어 화자의 직관에 부합하는 처사임은 이미 밝힌 바 있다. 그런데 각각의 기본형을 드러내 주는 표기 방식은 형태소의 결합에 의한 연음(連音)을 막아야만 그 효과를 극대화할

---

word)의 크기를 가리키는 개념이다. (즉 새로운 단어를 많이 만들 수 있어야 생산적이라는 것이다.) 일반적으로 생산성의 정도는 파생어의 의미상 투명성(semantic transparency)과 비례한다. 생산성에 관한 어느 쪽 개념을 취하든 어떤 접사의 기능 부담량이 높다는 말은 생산성이 높다는 말이고, 이 말은 다시 그 접사가 문장 안에서 출현 빈도가 높고, 해당 접사에 대한 기억 재생력이 높다는 말과 통하는 개념으로 볼 수 있다.

수 있는 것이다. 현행 한글 맞춤법의 기본 원리는 한글의 문자적 특성을 십분 살리고 있는 셈이다.

6. '동전의 양면' -표준 발음법과 한글 맞춤법-

한글 맞춤법 총칙의 제1항에서는 맞춤법이 표준어의 발음을 전제로 하고 있음을 명시해 놓고 있다. 여기서 표준 발음법이 한글 맞춤법의 올바른 이해에 중요한 의미를 갖게 된다. 그러므로 이 두 가지 규범은 항상 상호보완적으로 다루어져야 하는 것이다. 한글 맞춤법에서는 국어에서 일반적으로 일어나는 다음과 같은 음운 현상을 표기에 반영하지 않고 있다.

(11) 비음동화: 국민 [궁민]
(12) 'ㄴ' 첨가: 꽃잎 [꼰닙]
(13) 경음화 현상: 낙지 [낙찌]

위의 보기들을 보면, 실제 발음과 표기가 상당히 떨어져 있다. 이러한 표기와 발음의 괴리 현상은 표준 발음법의 발음 규정이 보완해 주고 있다. 예컨대 표준 발음법의 제18항, 제29항, 제23항에서 각각 위의 음운 현상을 설명해 주고 있다. 따라서 현행 한글 맞춤법은, 형태소 고정 표기로 인한 실제 발음과의 괴리 현상을 표준 발음법의 발음 규정을 통해서 보완하고 있는 것이다.

설명의 편의상 지금까지의 논의를 단순화시키면, 언중의 기억에 지나친 부담을 주지 않고 기본형이나 어원을 확인할 수 있으면 그 형태를 고정시켜 표기하고 그렇지 못하다면 소리나는 대로 표기한다는 것이 현행 한글 맞춤법의 기본 원리라고 하겠다. 다음 절에서는 이러한 기본 원리에 입각한 거시적인 관점에서 한글 맞춤법의 세부 조항을 검토해 보기로 한다.

7. 한글 맞춤법의 이해

7.1. 한글 맞춤법의 체재

현행 한글 맞춤법은 6개 장, 총 57개 항 및 부록으로 이루어져 있는데, 여기서 핵심이 되는 내용은 소리에 관한 것과 형태에 관한 것을 다룬 부분이라고 하겠다. 이 두 가지 부분의 세부 규정을 앞서 논의된 기본 원리에 입각하여 검토해 보려는 것이 본절의 목표이다.

7.2. 소리에 관한 맞춤법

(14) 제5항: 된소리 표기

이 조항의 전반부 '뚜렷한 까닭 없이 나는 된소리'란 기본형이나 (적어도 현재의 일반 언중으로서는) 어원을 알 수 없이 나는 된소리라는 뜻이니 발음대로 적을 수밖에 없다. '다만' 조항은 자동적인 경음화 현상을 표기에 반영하지 않는다는 취지로서 앞서 보았듯이 표준 발음법 제23항에서 실제 발음과의 괴리를 보완해 주고 있다.

(15) 제6항: 구개음화 표기

이 조항에서 '종속적 관계를 가진'이라는 단서를 붙여서 구개음화 현상이 제한적으로 일어나는 현상임을 나타내고 있다. 이것을 'ㅈ, ㅊ'으로 적을 수 없는 것은 기본형을 확인할 수 있는 교체 계열을 갖기 때문이다(예: 같+아서, 같+으니). 즉 언중의 기억 속에서는 여전히 구개음화가 일부 제한된 영역에서나마 패러다임의 일부로 존재하고 있는 것이다. 따라서 아직 재어휘화(relexicalization)가 일어나지 않았으므로 기본형을 밝혀 적는 것이다.

(16) 제7항: 'ㄷ' 소리 받침의 표기

국어에서는 16세기 이후로 음절말의 'ㅅ'과 'ㄷ'이 [t]로 중화되었다. 그러므로 음절말의 [t]는 'ㅅ'과 'ㄷ' 어느 쪽으로 적어도 되는데, 'ㄷ'과 공시적으로든

통시적으로든 관련을 맺고 있지 않다면 전통을 존중하여 'ㅅ'으로 적는다는 것이다. 형태를 고정시켜 동류 단어끼리의 연관성을 찾아 준다는 측면에서는 타당하지만, 언중에게 역사적 어원 의식이란 상당한 부담이 된다. 어느 정도 규범적 성격을 띠고 있는 규정이라 하겠다. (형태에 관한 제29항도 마찬가지로 이해된다.)

(17) 제10항, 11항, 12항: 두음 법칙

이 세 조항은 기원적인 어두의 유음 제약 및 역사적인 'ㄴ'-구개음화 현상과 관계된다. 그런데 문제는 앞서 제5항과의 차이점이다. 제5항에서는 음운 현상을 표기에 반영하지 않고 실제 발음을 표준 발음법에서 규정해 놓고 있는 데 비해서, 여기서는 음운 현상(=두음법칙)을 그대로 표기에 반영하고 있는 것이다. 하지만 두 음운 현상은 그 성격이 다르다. 전자는 형태소끼리의 결합에서 같은 환경만 주어지면 언제든지 일어날 수 있는 살아 있는 음운 현상이지만, 후자는 일어나는 위치가 단어의 첫머리로 고정되어 있는 움직이지 않는 음운 현상이다.

이상으로 소리에 관한 조항들을 검토해 보았다. 제7항을 제외하면 대체로 앞서 설정한 기본 원리에 입각한 설명이 가능한 것으로 판단되었다.

7.3. 형태에 관한 맞춤법

(18) 제15항 [붙임 1]: 복합 용언의 표기

여기서는 복합 용언에서 본뜻의 유지 여부를 원형 고정 표기의 기준으로 삼고 있는데, 이는 앞서 논의한 생산성을 의미상의 투명성과 연관시키면 이해가 쉽다. 즉 두 용언의 산술적 의미 합계가 복합 용언의 의미와 같다면 당연히 원형을 밝혀 적어야 한다. 이러한 경우에는 언중도 그 결합 양상을 힘들이지 않고 인식할 수 있기 때문이다.

(19) 제19항: '-이'나 '-음/-ㅁ' 접미사 파생 명사의 표기

여기서 이 두 접미사와 나머지 접미사의 처리에 차별을 둔 것은 양자 사이에 존재하는 생산성의 차이에 주목했기 때문이다. 생산적인 접미사는 언중의 기억 부담이 적기 때문에 분석적인 표기가 어렵지 않다.

(20) 제21항: 자음 접미사 파생 명사의 표기

이 조항은 명사나 용언 어간의 원형을 보존하자는 것이 기본적인 취지로 보인다. 즉 자음으로 시작되는 접미사가 후속하면 각종 음운 현상이 일어날 가능성이 크므로 명사나 용언 어간의 원형이 훼손될 우려가 크기 때문이다. 명사나 용언 어간이든 아니면 접미사든 각각의 원형을 기억해야 하는 부담이 따른다. 이 자음으로 시작되는 접미사들이 그다지 생산적으로 보이지 않기 때문이다. 실사 쪽의 원형 고정을 위해 허사 쪽의 기억 부담을 감수한 조처이다. 실사가 의미면에서 상대적으로 허사보다 중요하므로 이러한 조치는 타당성을 인정받을 수 있을 것이다. 문제는 오히려 '다만' 조항에 있다. '널찍하다'와 '넓적하다'에 차이를 둔 처리가 바로 그것이다. 이 차이의 근거는 오직 어느 겹받침이 발음되느냐에 있는데, 그렇게 처리하면 실제 발음과의 괴리는 상당 부분 줄일 수 있지만 두 단어의 어간이 지니고 있는 관련성은 포착할 수 없게 된다. 오히려 발음법에서 실제 발음을 규정하고 맞춤법에서는 어간을 고정시키는 편이 맞춤법 전체의 흐름에서 보아 합리적이었을 것으로 보인다.

(21) 제21항: '-하다'나 '-거리다' 어근의 '-이' 접미사 파생 명사 표기

이 조항은 '-하다'나 '-거리다'가 붙어서 이루어진 단어 어근과의 연관성을 보이기 위한 취지에서 마련되었다. 하지만 [붙임]의 예에서 다루고 있는 '개구리'나 '기러기'는 의성어와의 연관성을 밝히기 위하여 오히려 '개굴이'나 '기럭이'처럼 표기되면 좋을 것으로 보인다.

(22) 제25항: '-히', '-이' 파생 부사의 표기

부사 파생 접미사 '-히', '-이'의 생산성을 인정한 조처이다. 아울러 원래 형태와의 연관성도 밝혀 주고 있다. 기본 원리와 부합되는 처리 방식이다.

(23) 제27항: 합성어 및 접두 파생어의 표기

합성어나 접두 파생어는 기존의 독립 어근을 전제로 하기 때문에 그 원형을 밝혀 적기로 한 것은 타당하다. 그런데 [붙임 3]은 표준 발음법 제29항에 비추어 볼 때 맞춤법의 다른 조항과 균형이 맞지 않는 처리 방식이다. 결합되는 명사 어근 '이'의 특수성(주격 조사와 형태가 닮았다는)이 그 이유인데, 맞춤법 전체의 반듯한 체계를 위해서는 아무래도 이 단서 조항이 없어야 할 것으로 생각된다.

(24) 제28항: 'ㄹ' 탈락 합성어의 표기

'ㄹ' 받침이 'ㄴ, ㄷ, ㅅ, ㅈ' 위에서 발음되지 않는 'ㄹ'-탈락 현상은 이미 역사적인 음운 규칙으로 공시적인 영향력이 없다. 그러므로 탈락의 결과를 그대로 표기에 반영하는 처리 방식은 기본 원리와 부합된다.

(25) 제30항: 사이시옷의 표기

사잇소리의 표기 규정인데, 2음절 한자어의 경우에 사이시옷을 받쳐 적지 않기로 한 것은 2음절 한자어가 널리 사용되며 하나의 단어로 인식되기 때문으로 보인다. (이러한 진술은 묵시적으로 한자와 한글의 병용을 염두에 두고 있다.) 2음절 한자어의 경우에는 사이시옷을 받쳐 적지 않기로 하여 표기자의 기억 부담을 줄이고 있으면서, 6개의 2음절 한자어만 별도로 취급한 것은 올바른 처리 방식으로 생각되지 않는다.

(26) 제31항: 'ㅂ', 'ㅎ' 화석형의 표기

어원과 관련된 조항으로 일종의 화석형을 소리대로 표기한 것은 기본 원리와 부합된다. 단 표기자의 어원에 대한 기억 부담은 남는다.

(27) 준말의 표기

본말과 준말이 모두 공시적으로 사용되고 있는 말이므로 원래 형태의 받침을 밝혀 적는 것은 기본 원리와 부합된다.

이상으로 형태에 관한 조항들을 검토해 보았다. 제21항, 제23항, 제25항, 제30항의 일부를 제외하고 나머지는 기본 원리와 부합되는 처리 방식이었음을 확인할 수 있었다. 여기서 예외로 처리된 조항도 가능하면 기본 원리에 접근하는 방향으로 연구가 이루어져야 한다. 그래야만 한글 맞춤법 전체가 처음부터 끝까지 일관된 논리로 설명될 수 있을 것이기 때문이다.

연습문제

1. 하루치 일간 신문을 골라서 전체 지면에 나타나는 표기 실태를 조사해 보자. 표준어 사용과 맞춤법 준수에서 잘못된 표기가 발견되면 이를 지적한 다음, 관련 규정을 참고해서 바르게 고쳐 보자.
2. 〈한글 맞춤법〉 규정 전체를 정독한 다음, 이해가 어려운 부분을 골라서 담당 교수에게 질문서로 제출해 보자.

우리말 어원 이야기 _ 조항범

말의 근원을 '어원'이라고 한다. 말의 근원인 '어원'을 밝히는 일은 아주 중요하다. 이 일은 우리말을 바르게 이해하는 한 방편이 되면서, 궁극적으로 그 말 속에 담긴 우리 민족 문화의 일면을 이해하는 중요한 단서가 되기 때문이다.

그러나 어원을 밝히는 일은 그리 간단한 작업이 아니다. 대부분의 우리말이 기록되지 못하고 오랫동안 구전되어 온 상황에서 어원을 운위한다는 것은 어찌 보면 무모한 일인지도 모른다. 옛 문헌에 기록으로 남아 있는 단어라 하더라도 그 기록은 길고도 긴 단어의 역사로 보면 한 순간에 불과하기 때문에, 그 단어를 토대로 하는 어원 구명 작업도 한계를 지닐 수밖에 없다.

특정 단어의 원형과 원의(原義)를 구명하는 일이 어렵다면, 옛 문헌을 토대로 특정 단어가 걸러온 역사적 발자취를 있는 그대로 정리하는 방법을 선택하면 된다. 여기서는 바로 이와 같은 '역사적 추적'이라는 어원 연구 태도를 바탕으로 우리가 잘 알고 널리 사용하는 몇 개의 단어를 선택해서 그 어원을 추적해 보기로 한다.

1. 엉터리

한자 성어에 '근주자적 근묵자흑(近朱者赤 近墨者黑)'이라는 말이 있다. '좋지 못한 사람과 가까이 하면 악(惡)에 물든다는 뜻인데, 좋지 않은 주변 환경에 영향을 받아 변하는 것은 인간만이 아니라 언어도 마찬가지이다. 자주 어울리어 쓰이는 주변 단어에 영향을 받아 아주 엉뚱한 의미로 변한 단어도 많으니 말이다. '엉터리'도 그와 같은 단어 중의 하나이다.

그러면 이 '엉터리'의 어원은 무엇인가? 이에 대해 만주어 '옹토리'가 변한 단어라는 설이 있어 왔다. '옹토리'는 18세기의 『한청문감』에 보이는데 '촌스러운 사람'을 뜻하는 만주어이다. 이 '옹토리'와 '엉터리'는 어형이 아주 비슷하다. 그러나 의미 면에 있어서는 이들이 근접해 있다고 말하기 어렵다. '엉터리'는 본래 '옹토리'와 달리 부정적 의미를 지니고 있던 단어가 아니기 때문이다.

만주어 '옹토리'는 어쩌면 '엉너리'(남의 환심을 사려고 어벌쩡하게 서두르는 짓)와 관련이 있을지 모르나 섣불리 단정하기는 곤란하다. '엉터리'의 어원은 아직 분명하지 않지만 그 본래의 의미가 지금과 사뭇 달랐다는 사실만큼은 확신을 가지고 말할 수 있다.

"그 엉터리도 없는 거짓말이 통할 것 같은가?", "그 일은 이제 엉터리가 잡혔으니 앞으로 잘 되어갈 것이다." 등의 용례에서 보듯이, '엉터리'는 '사물의 핵심이나 근거' 또는 '대강의 윤곽이나 골격'이라는 의미로 쓰인다. 이것이 바로 '엉터리'의 원래 의미이다. 곧 '엉터리'는 원래 '충실한 내용', '어지간한 상태(모습)' 등을 나타내는 데 잘 어울리는 긍정적인 의미의 표현이라고 할 수 있다.

그런데 지금은 이처럼 긍정적인 의미보다는 '허울만 그럴 듯하고 실속 없는 사물이나 사람' 또는 '터무니없는 행동이나 그러한 행동을 하는 사람'과 같은 부정적인 의미로 더 많이 쓰인다. 이러한 부정적 의미는 '엉터리'에 새롭게 부가된 의미이다. 새로 부가된 의미가 본래의 긍정적 의미와 정반대 의미라는 사실이 매우 흥미롭다.

그러면 이러한 부정적 의미는 어떻게 해서 생겨난 것인가? 이에 대한 답은 비교적 쉽게 내릴 수 있다. '엉터리'와 자주 어울려 쓰이는 '없다'의 영향으로부터 생겨난 의미이기 때문이다. '없다'가 지니는 부정적 가치가, 이것과 빈번히 접촉하여 나타나는 '엉터리'에 파고들어 '엉터리'까지도 부정적 의미로 만든 것이다. 언어에 보이는 '도미노' 현상이다.

부정어 '없다'에 영향을 받아 본래의 의미를 잃은 단어는 '엉터리' 뿐만이 아니다. '주책없다'의 '주책', '체신없다'의 '체신', '별수 없다'의 '별수' 등도 마찬가지이다. 즉, '주책'은 본래 '주착(主着)'으로 '일정하게 자리잡힌 생각'을 뜻하고, '체신'은 본래 '처신(處身)'으로 '몸가짐이나 행동'을 뜻하며, '별수'는 '별수(別手)'로 '특별한 수단'이라는 뜻이다. 그러나 이들 단어는 모두 후행하는 '없다'에 영향을 받아 각기 '줏대 없이 하는 짓', '가벼운 몸가짐이나 행동', '아무런 수도 아닌 것'이라는 부정적 의미를 덤으로 얻은 것이다.

'엉터리'의 경우, '없다'는 '엉터리'의 의미를 부정적인 쪽으로 몰아가는 데 그치지 않고, '엉터리없다(이치에 닿지 않다)'라는 신조어까지 만들어 아주 그것으로부터 자유로울 수 없게 만들었다. 말하자면 '엉터리없다'가 부정적 의미의 '엉터리'와 같은 의미를 지니게 된 것이다. 이것은 정녕 '엉터리'의 비애(悲哀)라고나 할까.

그러나 아무리 '엉터리'의 의미가 그야말로 '엉터리'가 되었어도 언중은 그 본래의 아름다운 의미를 쉽게 잊거나 버리지 않는다. '엉터리 보쌈'이나 '엉터리 숯불갈비'라는 상호가 자주 눈에 띄는 것은 바로 그 때문이라고 볼 수 있다. '엉터리 보쌈'은 '속이 꽉 찬 보쌈', '엉터리 숯불갈비'는 '고기가 실한 갈비'라는 의미를 부각시키기 위한 의도적 표현이다.

2. 독도

일본의 독도 망언은 그야말로 억지 떼거리여서 대꾸할 가치도 없지만, 그 저의가 괘씸하여 불쾌한 마음을 지울 수 없다. 그러나 흥분을 조금 가라앉히고 평소 우리가 얼마나 '독도'에 애정을 가지고 있는가를 반문해 보면, 스스로 부끄러운 사람들이 많을 것이다.

'독도'라는 지명 자체가 본래의 이름이 아니고 엉뚱하게 붙여진 이름이라는 사실을 알게 되면 그 자괴심은 더 커질지도 모른다. '독도'와 관련된 명칭은 시대에 따라 문헌에 아주 다양하게 나온다. 성종 때의 '삼봉도(三峰島)', 정조 때의 '가지도(可支島)', 19세기 말 이후의 '석도(石島)', '독도(獨島)' 등이 그들이다.

그런데 지금 울릉도 현지 주민들은 '독섬'(즉, '돌섬')이라는 조금은 색다른 명칭에 익숙하다고 한다. 이 '독섬'은 '돌[石]'을 뜻하는 '독'과 '섬[島]'이 결합된 순수한 고유어이다. 지금도 전라도 지역에서는 '돌'을 '독'이라 말하고 또 이 지역에서는 '독섬'이라는 섬까지 실제로 존재한다. 조선조 말(1883년) 울릉도에 대한 재개척 사업이 본격적으로 추진되었을 때 전라도 사람들이 대부분 이주하였다는 점에서, 울릉도와 밀접한 돌로 된 섬을 자기 지역 말로 '독섬'이라고 불렀을 가능성이 높다.

문헌에 보이는 '석도(石島)'는 바로 우리말 '독섬(돌섬)'을 한자로 표기한 것에 불과하다. 그리고 또 다른 한자어 '독도(獨島)'는 '독섬'을 한자화하는 과정에서 '독'의 정체가 무엇인지 몰라 발음이 같은 '독(獨)'을 이용하여 만든 엉뚱한 명칭이다. 이로 보면 '독도'는 '외로운 섬'이 아니고 '돌로 된 섬'일 뿐이다.

한편, 일본 사람들은 17세기 이후 '울릉도'를 '죽도(竹島, 다케시마)', '독도'를 '송도(松島, 마츠시마)'라고 불러왔다고 한다. 아마 울릉도에는 대나무가 많아서, 독도에는 소나무가 많아서 그러한 명칭을 부여한 것일 터인데, 지금도 울릉도에는 대나무가 많기에 그런 명칭이 제대로 어울리지만, 독도에는 소나무는커녕 어떤 나무도 없어 '송도(松島)'라는 명칭이 무색하다. 그러나 독도 여러 곳에서 나무 그루터기가 발견되는 것으로 미루어 그러한 명칭이 아주 근거가 없는 것은 아닌 듯하다.

그런데 19세기 말 이후 일본에서는 울릉도와 독도에 대한 명칭에 아주 심한 혼란이 일어났다. 울릉도를 '죽도' 또는 '송도'라고도 하고 독도를 '송도' 또는 '리앙쿠르島'라고도 하다가, 1905년 이후에는 독도를 '죽도'로, 울릉도를 지금과 같이 '울릉도'로 부르게 되었다. 즉, 울릉도를 가리키던 '죽도'가 돌연 독도를 가리키게 되어 실제 독도에 대한 명칭이 사라지게 된 것이다. '독도'에 대한 자기네 이름(즉, '송도')도 잃어버린 사람들이 그 땅이 자기네 땅이라고 우기니 역사적 사실까지 들추지 않더라도 그네들의 주장이 얼마나 억지인가를 알 수 있지 않은가!

3. 갈매기살

이문이 남기로는 먹는 장사가 으뜸이어서인지는 몰라도 늘어만 가는 것이 음식점이다. 새로 생겨난 음식점을 보면 쇠고기, 돼지고기를 파는 고깃집이 유난히 많다. 그것도 정육점을 끼고 있다. 정육점에서 신선한 고기를 직접 공급하겠다는 주인의 숨은 의도가 담겨 있는 것이다. 고깃집에서는 고기를 불에 구워 먹는다. 불고기같이 양념한 것을 구워 먹기도 하고 생고기를 직접 불판 위에서 구워 먹기도 한다.

이때 고기는 손님의 입맛에 따라 얼마든지 고를 수 있다. 쇠고기를 먹을 것인가, 돼지고기를 먹을 것인가는 물론이고 쇠고기나 돼지고기의 어느 부위를 먹을 것인가에 이르기까지 지정하여 주문할 수 있다. 그만큼 고깃집을 찾는 사람들의 입맛이 까다로워진 것이다.

쇠고기와 돼지고기의 부위는 아주 다양하다. 쇠고기는 '머리', '목정', '업진', '등심', '꾸리', '사태', '우족', '안심', '채끝', '갈비', '양지머리', '홍두깨', '대접살', '도가니', '우둔', '설빗', '꼬리' 등의 17개 부위로 나누어진다. 우리가 즐겨 먹는 것은 '등심', '사태', '안심', '갈비', '양지머리', '도가니' 등이다.

한편, 돼지고기는 '머리', '어깨살', '앞다리', '등심', '갈비', '삼겹살', '방아실', '뒷다리' 등의 8개 부위로 나누어진다. 이 중에서 우리가 즐겨 먹는 것은 '갈비'와 '삼겹살'이다.

그런데 얼마 전부터 고깃집에 가면 이들 여러 부위의 고기 말고도 '갈매기살'이라는 아주 특이한 고기를 맛볼 수 있게 되었다. '갈매기살'이라는 고기가 고깃집에 처음 등장하자 쇠고기나 돼지고기를 파는 고깃집에서 웬 '갈매기'와 같은 새고기를 파느냐고 쑤군거렸다. 어떤 사람들은 한술 더 떠서 '갈매기'도 먹는 새냐고 묻기까지 했다. 이에 대한 고깃집 주인의 설명을 듣고 나서야 사람들은 고개를 끄덕였던 것이다.

'갈매기살'은 바다에 날아다니는 '갈매기'의 고기가 아니다. 이것은 돼지 내장의 한 부위, 즉 '횡격막'에 붙어 있는 고기이다. '횡격막'은 포유류의 배와 가슴 사이에 있는 근육성의 막인데 수축과 이완을 거듭하면서 폐의 호흡 운동을 돕는다. 이 '횡격막'을 우리말로는 '가로막'이라고 한다. 뱃속을 가로로 막고 있는 막이라 해서 붙여진 이름이다. 이 '가로막'에 붙어 있는 살을 '가로막살' 또는 '안창고기'라고 한다. '가로막살'은 얇은 껍질로 뒤덮여 있는 근육질의 힘살이다. 그러니 다른 부위의 고기보다 질길 수밖에 없다. 이 고기를 기피한 이유를 알 만하다. 그런데 어느 날 누군가가 거들떠보지도 않던 이 '가로막살'을 모아 껍질을 벗긴 뒤 팔기 시작했다. 그 담백한 맛과 저렴한 가격으로 갑자기 인기가 올랐다. 그러자 '가로막살'만 전문으로 취급하는 고깃집이 이곳저곳에 생겨났고 급기야 집단을 이루게 되었다. 경기도 성남시 여수도 일대와 마포 등이 그 대표적인 지역이다.

그런데 '가로막살'을 팔면서 이 고기를 '가로막살'이라고 하지 않고 이상하게도 '갈매기살'이라고 불렀다. 이 '갈매기살'이라는 명칭은 '가로막살'이라는 본래의 명칭이 변형되어 나온 것이다. '가로막살'로부터 '갈매기살'까지의 변화 과정은 어렵지 않게 설명될 수 있다. 먼저 '가로막살'이 '가로마기살'로 변하였을 것이다. 제3음절 '막'에 접미사 '-이'가 붙은 것이다. 다음으로 '이' 모음 역행동화에 의해 '가로마기살'이 '가로매기살'로 변하였을 것이다. 이어서 '가로매기살'이 '갈매기살'로 변한 것으로 보인다. 결과적으로 '가로매기'가 '갈매기'로 바뀌었다는 것이다. 이러한 변화가 가능했던 것은, 단지 '가로매기'가 '갈매기'와 비슷한 음상을 가지고 있었기 때문이다. '가로매기'의 어원은 잘 알 수 없는 상황에서 이것과 음이 비슷한 '갈매기'를 연상하여 엉뚱하게 만들어낸 단어가 바로 '갈매기살'인 것이다.

결국, 지금의 '갈매기살'은 '가로막살'이 '가로마기살'로 변하고 이어서 '가로매기살'로 변한 뒤에, '갈매기'와의 연상 작용을 거쳐 변형된 단어임을 알 수 있다.

4. 가시버시

번잡한 거리를 지나다가 무심히 고개를 들어 보면 수많은 간판이 눈에 들어온다. 뜻도 알 수 없는 외래어 간판이 대다수이지만, 개중에는 우리말 간판도 눈에 띄어 신선한 느낌을 준다. '아가방', '다사랑', '이바디', '다솜' 등이 그것들인데 신선감과 더불어 친근감까지 준다.

그런데 이들 우리말 간판 중에는 우리말은 우리말인 듯한데 그 의미가 잘 떠오르지 않아 고개를 갸우뚱하게 하는 간판도 있다. '가시버시'라는 간판도 그러한 예 중의 하나이다. '가시버시'라는 간판은 주로 서양 식당이나 고급 찻집에 달려 있다. 편안한 느낌을 주는 휴식 공간에 이 간판이 달려 있는 것이다.

그러면 '가시버시'는 어떤 의미를 지닌 단어인가? 사전을 보면, '가시버시'에 남편과 아내, 즉 '부부(夫婦)'라는 의미가 달려 있다. 그러나 이 단어는 잘 쓰이는 편이 아니다. 이것보다는 '부부'라는 한자어가 훨씬 더 우세하게 쓰이고 있다. 그리고 '부처(夫妻)'나 '이인(二人)', '항배(伉配)' 등과 같은 한자어도 제한적이나마 쓰이고 있다.

그런데 '가시버시'라는 단어는 아주 이른 시기부터 쓰인 단어는 아닌 듯싶다. 15세기 문헌에는 '부부'를 뜻하는 단어로 '가시버시'는 보이지 않고, '갓시' 또는 '남진겨집'이라는 단어만 보인다. '갓시'는 15세기의 『삼강행실도』에 한 예가 나온다. 이것은 '여자'나 '아내'를 뜻하는 '갓'과 모종의 관련성이 있는 것처럼 보이지만, '시'의 정체가 분명하지 않아 그 어원을 밝히기가 쉽지 않다. '남진겨집'은 '夫婦'라는 한자어를 우리말로 직역한 번역어로 추정된다. '남진'은 '男人'의 중국어 발음 '남신'이 변한 것으로 '남편'을 뜻하고, '겨집'은 '아내'를 뜻하므로 두 단어가 모아지면 '夫婦'라는 의미가 분명해진다. 그러나 '남진겨집'은 '남진'이 '남편'에 밀려 사라지고, '겨집'이 비칭화되면서 덩달아 단어로서의 생명력을 잃고 말았다.

'갓시'나 '남진겨집'에 뒤이어 나타난 것이 '가시버시'가 아닐까 한다. 소설 『임꺽정』에 나오는 "같이 살면 가시버시지 어째 명색이 없느냐?"의 '가시버시'가 바로 그것이다. 그런데 이 단어가 언제부터 쓰였는지는 잘 알 수 없다. 그리고 그 단어 구조도 분석하기가 어렵다.

'가시버시'의 '가시'는 '가시어미', '가시아비', '가시할미' 등의 '가시'를 연상하게 한다. '가시어미'류의 '가시'는 '갓[妻]'과 '-의(속격조사)'로 분석되는 '가싀'로부터 '가싀'를 거쳐 정착한 것으로 '아내의'라는 의미를 가진다. 그렇기 때문에 '아내'라는 명사적 의미로 해석할 수밖에 없는 '가시버시'의 '가시'와는 그 성격이 좀 다르다고 볼 수 있다. '가시버시'의 '가시'는 아마도 '가시어미'류의 '가시'에 근거해서 잘못 해석된 명사가 아닌가 한다. '가시어미'류의 '가시'를 '아내'를 뜻하는 명사로 오인한 결과, '夫婦'를 뜻하는 단어를 만드는 데 '가시'를 명사처럼 이용했다고 볼 수 있다.

'가시버시'의 '버시'는 '가시'보다 그 정체가 더욱 묘연하다. 이것은 단순히 '가시'에 운(韻)을 맞추기 위해 대응된 말로 볼 수 있지 않을까 한다. '미주알고주알'의 '고주알'이라든가, '눈치코치'의 '코치' 등과 유사한 성격이라는 것이다. 그러나 '버시'는 곧 '남편'이라는 의미를 획득한다. '버시아비(시아버지)', '버시어미(시어머니)' 등에 보이는 '버시'가 바로 '남편'이라는 의미로 쓰인 것이다.

어쨌든 '가시버시' 자체만 놓고 보면 '가시'는 '아내'로, '버시'는 '남편'으로 해석하여 '夫婦'가 아닌 '婦夫'라는 의미를 부여할 수 있다. 그러니 '가시버시'라는 공간은 다정한 '아내'와 '남편'이 함께 찾아와 음식도 먹고 차도 마시며 한가롭게 담소하는 휴식 공간이라는 뜻을 담고 있다고 하겠다.

5. 단골

대부분의 사전에는 '단골'이라는 단어에 다음과 같은 의미를 차례로 부여해 놓고 있다.

① 늘 정해 놓고 거래하는 집이나 사람.

② '단골무당'의 준말.

③ '단골집'의 준말.

이들 세 가지 의미의 관계는 '단골'이라는 단어의 의미 변천 과정을 살펴보면 쉽게 드러난다. 무엇보다 '단골'이 '무당'이라는 의미로 쓰인다는 사실에 주목할 필요가 있다. 잘 알다시피 '무당'에는 크게 신이 내려서 된 '강신무(降神巫)'와 신내림과는 무관한 채 대를 물려서 내려온 '세습무(世襲巫)'의 두 부류가 있다. '강신무'는 북부지방에서, '세습무'는 남부지방에서 흔하다.

전라도에서는 그 세습무당을 '단골', '단골레', '당골레' 등으로 부르고 있다. 사전적 풀이로 볼 때, '단골'은 바로 이 세습무당을 뜻하는 '단골'에서 유래된 것이다. 이 '단골'을 '丹骨(단골)'로 이해하기도 하나, 이것은 취음자에 불과하여 믿을 수 없다. 우리 겨레의 시조인 '단군(檀君)'을 이 '단골'과 관련시켜 이해하기도 하는데, 그렇다면 '단골'의 역사는 아주 오래 되었다고 볼 수 있다. 전라도의 '단골'은 특정 지역에 거주하면서 찾아오는 사람들을 상대로 길흉화복을 점치기도 하고, 또 자리를 옮겨 굿판에 초빙되기도 한다. 그런데 점을 치거나 굿판을 벌이거나 간에 '단골'을 찾는 사람들은 특정 '단골'을 정해 놓고 늘 그 '단골'만 찾는 것이 일반적이다. 그리하여 '늘 정해 놓고 찾는 무당'이라는 의미가 '단골'에 부여된 것이다.

이러한 의미를 바탕으로 '늘 정해 놓고 찾는 사람' 또는 '늘 정해 놓고 찾는 곳'이라는 좀더 확대된 의미가 생겨난 것이다. '단골 무당(굿을 할 때마다 늘 정해 놓고 찾는 무당)', '단골 서리(벼슬아치가 늘 단골로 관아의 일을 부탁하여 시켰던 이조[吏曹] 또는 병조[兵曹]의 서리)' 등의 '단골'이 전자의 의미라면, '단골집', '단골가게' 등의 '단골'은 후자의 의미라고 할 수 있다.

'단골'은 '늘 정해 놓고 찾는 사람이나 장소'라는 의미에서 좀더 확대되어 '늘 정해 놓은 것'이라는 보편적이고 일반화된 의미로도 변하였다. '단골말(늘 정해 놓고 하는 말)', '단골메뉴'의 '단골'이 바로 그것이다.

한편, '단골'은 '늘 찾는 사람'과 의미의 적용 방향으로 볼 때 정반대가 되는 '늘 찾아오는 사람'이라는 의미로도 쓰인다. 이것은 '늘 찾아오는 사람'이라는 의미와 처지가 서로 뒤바뀐 상황에서 갖는 의미이다. '단골손님', '단골섬김(무당이 단골을 위해 치성 드리는 일)' 등의 '단골'이 바로 이것이라고 할 수 있다.

이렇게 보면 '단골'이라는 단어는 다음과 같은 의미를 차례로 지닌다고 볼 수 있다.

① 늘 정해 놓고 찾는 무당.
② 늘 정해 놓고 찾는 사람이나 장소.
③ 늘 정해 놓은 것.
④ 늘 찾아오는 사람.

따라서 앞에서 제시한 '단골'에 대한 사전의 풀이도 이에 따라 새롭게 조정되어야 할 것이다.

6. 까치설

설날의 전날, 즉 섣달 그믐날을 '까치설'이라고 한다. 이 '까치설'이 그 해의 마지막날을 가리키니, '작은설'이라고도 할 수 있다. 설날의 바로 전날을 '작은설'이라고 하는 것은 쉽게 이해가 가지만, 이 날을 '까치설'이라고 하는 것은 일순 이해가 가지 않는다. "까치, 까치 설날은 어저께고요, 우리, 우리 설날은 오늘이래요."라는 동요에 따라 '까치설'을 '까치가 맞는 설'이라고 해석하기도 어렵다. 사실, '까치'와 '설'은 그렇게 큰 관련이 없다. 따라서 '까치설'의 '까치'는 다른 어떤 단어 요소의 변형일 가능성이 높다. '까치설'을 '작은설'이라고 한다는 사실에 유념하고, '작은설'을 뜻하는 옛말이 '아촌설' 또는 '아촌설날'이었다는 사실을 참고하면, '까치'가 어떤 단어의 변형인지를 어렵지 않게 추정할 수 있다. '까치설'의 '까치'는 '아치'의 변형이라고 볼 수 있다. '아치'는 '小(작을 소), 微(작을 미)'라는 뜻을 지니는 옛말 어간 '앛-'과 관련된 어형이다.

그런데 문헌에 '작은설'이라는 뜻으로 '아촌설' 또는 '아촌설날'은 보이지만, '아치설'은 보이지 않는다. '아촌설'은 '앛-'의 관형사형 '아촌'과 '설'이 결합된 것이고, '아춘설날'은 이것에 '날[日]'이 하나 더 첨가된 것이다. 따라서 이들은 각기 '작은설'과 '작은설날'이라는 어원적 의미를 갖는다.

'아춘설날'은 16세기의 『벽온신방』에 '아촌설날'로 변해 나온다. '아춘설'에 대한 용례는 보이지 않으나, 이것도 한동안 '아촌설'로 쓰였을 것이다. 그러나 '아촌설'이나 '아촌설날'은 17세기 이후의 문헌에서는 잘 확인이 되지 않는다. '아촌설(날)'을 이어 분명히 확인되는 것은 '아츠설(날)'도 아니고 '아치설(날)'도 아닌 '까치설(날)' 뿐이다.

'까치설(날)'이 나오려면 '아치설(날)'이 있어야 하는데, 이 '아치설(날)'의 '아치'에 대해서는 다음 두 가지 견해가 유력하다.

그 하나는 '아촌설(날)'의 '아촌'으로부터 변한 '아츠'의 변화형이라는 것이고, 다른 하나는 '앚-'에 접미사 '-이'가 붙은 파생명사라는 것이다. '앚-'과 쌍형어로 존재한 '앗-'이라는 어간으로부터 파생된 '아지'라는 단어가 있기 때문에 후자일 가능성이 훨씬 높지 않나 생각된다. '아치'의 정체가 어떤 것이든 '작은설(날)'이라는 의미는 동일하다.

그러면 어째서 '아치설(날)'이 '까치설(날)'로 변하였는가? 그 이유는 언중이 '아치설(날)'의 '아치'의 본래 뜻을 잊어버리고 나서 그 의미를 찾고자 하는 노력에서 그것과 우연하게도 음상이 유사한 '까치'라는 단어를 임의적으로 결부시켰기 때문일 것이다. 마침, '까치'는 지혜와 부지런함을 갖춘 동물로서 '설날'이 지향하는 이미지와 맞아떨어지기에 '아치설'을 '까치설'로 바꾸어 부르는 데 큰 저항이 없었던 것으로 볼 수 있다.

'아치'가 '까치'로 변한 단어에는 '까치설' 말고도 '까치내', '까치산', '까치발', '까치고개' 등과 같은 지명이 있다. 이들 지명은 '까치[鵲]'가 많이 살아서 붙여진 명칭이 아니다. 작은 지역이어서 '小(소)'라는 의미의 '아치'가 붙은 것인데, 이것이 우연히 음이 비슷한 '까치'로 변한 것에 불과하다.

한편, '작은설(날)'에 대해 '설날'은 '한설날', '한첫날'이라고 했다. 16세기의 『분문온역이해방』에 '한설날'과 '한첫날'이 함께 나온다. 그러나 이들 단어는 모두 사라져 쓰이지 않는다. 지금에 와서 '까치설'을 '아치설'로 복원하여 쓰기는 어렵다고 해도 '한설날', '한첫날'이라는 단어는 살려 쓸 수도 있지 않을까 한다.

7. 사랑

우리가 매일 쓰는 말 중에서 가장 소중하게 생각하는 단어 하나를 떠올리라면, 그 대답은 아마도 '사랑'이 아닐까 싶다. '사랑'은 아름답고 고귀하며 성스럽기까지 하다. 그런데 이 '사랑'이라는 말이 처음부터 그렇게 고상한 의미를 함축하고 있었던 것은 아니다.

이 말은 15세기 문헌에 'ᄉᆞ랑'으로 나오는데, '사랑[愛]'이라는 의미와 더불어 '생각[思]'이라는 의미를 함께 가지고 있었다. 두 의미 중에서 '생각'이라는 의미가 그 본래의 의미였다. 15세기의 'ᄉᆞ랑'은 한자어 '사량(思量)'과 관련된다. 이에 따르면 'ᄉᆞ랑'은 '생각하여 헤아리는 것'이라는 의미를 가진다. 'ᄉᆞ랑'이 '사량'에서 나왔다는 사실은, 한자 '사(思)'를 'ᄉᆞ량 ᄉᆞ'라고 풀이한 『광주판 천자문』의 용례를 통해 암시를 얻을 수 있다. 이 『광주판 천자문』은 여러 천자문 중에서도 아주 오래된 새김이나 글자의 독음을 반영하고 있는 것으로 유명한 책이다. 그렇기 때문에 '사(思)'에 대한 'ᄉᆞ랑'을 아주 오래된 새김인 동시에 글자의 독음으로 보아 틀림이 없다. 'ᄉᆞ랑'이 아주 오래된 발음이라면 '사(思)'와 관련해서 무엇보다 먼저 떠올릴 수 있는 단어는 앞서 언급한 '사량(思量)'이다. 이 한자어 '사량'은 『광주판 천자문』이 나온 16세기와 그 이전의 얼마 동안 전라도 광주를 중심으로 한 지역에서 'ᄉᆞ량'으로 발음되었던 것으로 추정된다. 그리고 'ᄉᆞ량'이 특정 한자에 대한 새김으로 이용된 것을 보면, 이것이 아주 오래 전부터 고유어로 인식되어 왔음을 알 수 있다.

15세기의 일반 문헌에서는 'ᄉᆞ랑'이라는 표기가 나온다. 이것은 물론 'ᄉᆞ량'의 변화형이다. 15세기의 'ᄉᆞ랑'은 '사랑[愛]'이라는 새로운 의미를 갖고 나타난다. '사랑'이라는 의미는 '생각[思]'이라는 의미에서 변한 것이다. '생각'이라는 의미에서 '사랑'이라는 의미로의 변화는 아주 자연스럽다. 오래 생각하여 애틋한 마음이 들면 그리워지기 마련인데, 그것이 바로 '사랑'이기 때문이다. 'ᄉᆞ랑'은 15세기까지만 해도 '사랑'과 '생각'이라는 의미로 왕성하게 쓰였지만, 16세기 이후 변화를 보이기 시작한다. '사랑'이라는 의미 쪽으로 기울어지는 추세를 보이다가 급기야 17세기 이후에는 그러한 의미만으로 적용 범위가 축소되기 때문이다. 이러한 의미 축소는 '생각'이라는 의미를 'ᄉᆡᆼ각'이라는 단어에 빼앗긴 결과로 설명된다. 18세기 이후 'ᄉᆞ랑'은 '사랑'으로 변하여 오늘에 이르고 있다.

현대국어 사전에 '사랑'과 같은 의미를 지니는 단어로 '굄'이라는 어휘도 실려 있다. 그러나 이 단어는 실제 잘 사용되지 않는다. '굄'은 'ᄉᆞ랑ᄒᆞ-'와 같은 의미를 지니던 '괴-'에서 파생된 명사이다. 이 '굄'보다 오히려 '다솜'이라는 단어가 더 많이 쓰이고 있다. '다솜'은 'ᄃᆞᆺ-'이라는 동사를 근거로 하여 만들어진 동명사형이다. 'ᄃᆞᆺ-'은 'ᄉᆞ랑ᄒᆞ-'나 '괴-' 등과 약간의 의미 차이가 있었다. 'ᄉᆞ랑ᄒᆞ-'나 '괴-'가 주로 남녀 간의 애정, 인륜과 인정의 감정[愛]에 공통으로 쓰인 반면, 'ᄃᆞᆺ-'은 남녀 간의 애정에는 쓰이지 않은 것으로 보인다. '다솜'은 단어의 성질이 완전히 바뀐 파생명사가 아니라 문장 안에서 임시로 명사 역할을 하는 동명사형이어서 현대국어 사전에 표제어로 올라와 있지는 않다. 그러나 이 말이 주는 어감이 다정다감해서 그런지 몰라도 상호에 쓰인 예가 종종 눈에 띈다.

출전: 『다시 쓴 우리말 어원 이야기』(한국문원, 1997)

한국어의 한자어 어휘 _ 김형태

동아시아 각국에서는 필수한자를 지정해놓고 아직까지도 한자를 사용하고 있기 때문에 넓은 의미로 볼 때, 한자는 한자문화권(漢字文化圈)인 동아시아의 공통문자라고 정의 내릴 수 있다. 한국어에서 사용되는 한자어의 중요성이 바로 여기에 있다. 한자어에 대한 명확한 의미를 알고 사용한다는 것은 유서(由緖) 깊은 동아시아 문화의 보편성을 확인할 수 있는 계기가 되며, 우리 언어생활을 윤택하게 할 뿐만 아니라, 어렵게만 여겨지는 한자 및 한문 학습에도 큰 도움을 받게 할 수 있을 것이다.

"안녕하세요.", "감사합니다." 우리가 늘 사용하는 인사말이다. 이 가운데 '안녕'과 '감사'는 우리말 '-하세요', '-합니다'와 결합된 한자어로서 두 문장은 한자어와 우리말이 합해진 일종의 복합어인 것이다. '안녕(安寧)'은 탈 없이 무사(無事)한 상태를 나타내는 말이며, '감사(感謝)'는 고맙게 여긴다는 의미를 담고 있다. 이처럼 우리말에는 의미를 생각하지 않고 일상생활에서 빈번하게 사용하는 한자어가 적지 않다.

한국어 가운데 한자어가 차지하는 비중은 매우 크다. 그 원인은 여러 가지가 있겠지만, 한글의 창제(創製·1443)[11]와 반포(頒布·1446)[12] 이전부터 한자를 차용(借用)[13]해왔던 특수한 우리 언어 관습에서 기인한 바가 크다. 한자어가 오래

---

11. 창제(創製): 새로운 물건이나 제도 등을 처음으로 고안하여 만들거나 제정함.
12. 반포(頒布): 왕이나 국가에 의하여 세상에 널리 펴져 알려짐.
13. 차용(借用): 다른 곳으로부터 빌려 씀. 다른 언어로부터 받아들여져서 자신의 언어나 문자로 쓰임.

전 우리말 속에 유입된 후, 긴 세월 동안 사용되면서 한국어 체계에 흡수되어 본래의 중국음을 잃어버리고, 한국식 한자음으로 사용된 것이다. 따라서 한자어는 우리말과 자연스럽게 섞여 쓰였기 때문에 지금까지도 별다른 거부감 없이 대다수 언중(言衆)들이 사용하고 있으며, 이러한 현상은 앞으로도 지속될 것이다.

한자(漢字)의 협의(狹義)[14]는 중국 한(漢)나라 때(기원전206~220) 체계화된 문자로서 한족(漢族)[15]의 문자라고 할 수 있다. 지금까지 만들어진 한자의 수는 8만자가 넘는데, 현재의 언어생활에 필수적인 한자의 수를 동아시아 각국은 다음과 같이 정해놓고 있다.

- 한국: 한문교육용 기초한자 1,800자 (중학 900자, 고교 900자)
- 중국: 상용(常用)한자 3,500자 (상용한자 2,500자 / 차(次)상용한자 1,000자)
간체자(簡體字) 2,235자
- 일본: 교육한자 1,945자 / 인명용 한자 284자
- 대만: 표준자(標準字) 4,808자
- 북한: 교육한자 3,000자

이와 같이 동아시아 각국에서는 필수한자를 지정해놓고 아직까지도 한자를 사용하고 있기 때문에 넓은 의미로 볼 때, 한자는 한자문화권(漢字文化圈)인 동아시아의 공통문자라고 정의 내릴 수 있다. 한국어에서 사용되는 한자어의 중요성이 바로 여기에 있다. 한자어에 대한 명확한 의미를 알고 사용한다는 것은 유서(由緖)[16] 깊은 동아시아 문화의 보편성을 확인할 수 있는 계기가 되며, 우리 언어생활을 윤택하게 할 뿐만 아니라, 어렵게만 여겨지는 한자 및 한문 학습에도 큰 도움을 받게 할 수 있을 것이다.

---

14. 협의(俠義): 좁은 뜻. 어떤 말의 개념을 좁은 범위로 한정해서 정의할 때 쓰는 말.
15. 한족(漢族): 중국 본토에서 예로부터 살아온 종족으로, 중국의 중심이 되는 민족. 황색 인종으로 한어(漢語)를 언어로 하고, 중국 전인구의 90% 이상을 차지함.
16. 유서(由緖): 예로부터 전해 내려오는 까닭과 내력.

한국어의 특성상 한자어는 명사(名詞)[17]와 부사(副詞)[18]에서 비교적 다양한 예를 찾아볼 수 있다. 따라서 이 글에서는 한자어가 한국어 어휘체계 안에서 하나의 낱말처럼 사용되는 경우를 명사(名詞)와 부사(副詞)의 사례(事例)로 나누어 살펴보고, 우리 고유어와 복합어를 이루어 사용되는 경우까지 한자어가 우리말처럼 사용되는 몇 가지 사례를 살펴보도록 한다.

1. 한자어 명사(名詞)의 경우

1.1. 감기(感氣)

'감(感)'은 '느끼다'의 뜻이고, '기(氣)'는 '기운', '공기', '숨'을 가리키는 한자이므로 굳이 우리말로 옮기자면 '-기운을 느끼다'의 뜻인데, 지금은 '코나 목구멍, 기관지(氣管支) 등의 호흡기(呼吸器) 계통(系統)에 생기는 질병(疾病)'을 통틀어 일컫는 말이다. 원래 우리말로는 '고뿔'이라고 했는데, 이는 '코'와 '불'의 합성어로서 감기가 들면 코에서 불이 나는 것처럼 더운 김이 나온다고 해서 붙여진 말이다. 중국과 일본에서는 한의학(漢醫學) 용어에서 영향 받은 '감모(感冒)'나 '풍사(風邪)'라는 용어를 사용하는데, '감모'는 본래 '밖으로부터 자극을 받아 느끼다'라는 의미이고, '풍사'는 '외부의 사기(邪氣) 때문에 생기는 풍한(風寒)·풍열(風熱)·풍습(風濕) 등의 병증을 일컫는 말'이다.

1.2. 경상도(慶尙道)

'경상남도(慶尙南道)와 경상북도(慶尙北道)를 아울러 이르는 말'이다. 옛날 한반도(韓半島) 동남(東南) 지방(地方)의 주(州)와 군(郡) 중에서 경주(慶州)가 가장

17. 명사(名詞): 사물의 이름을 나타내는 품사.

18. 부사(副詞): 품사(品詞)의 하나. 동사(動詞)나 형용사(形容詞), 다른 부사 앞에서 그 뜻을 한정하는 말.

켰고, 상주(尙州)가 그 다음이었던 데서 경주와 상주를 중심으로 한 지역을 일컬었던 데서 유래된 어휘이다. 지금은 동쪽으로는 동해(東海), 서쪽으로는 지리산(智異山), 남쪽으로는 남해(南海), 북쪽으로는 조령(鳥嶺)을 경계로 삼는 우리나라 동남 지역을 가리키는 행정(行政) 지명(地名)이다. 우리나라 도(道) 이름의 대부분은 이와 같은 유래를 지니고 있다.

1. 3. 공부(工夫)

원래 불교(佛敎) 용어 '주공부(做工夫)'에서 유래한 말인데, 이는 '열심히 불도(佛道)를 닦는다'는 뜻이다. 특히 '공부'는 참선(參禪)[19]에 힘을 다하는 것을 가리킨다. 불가(佛家)의 선어록(禪語錄)에는 공부 관련 기록이 많은데, 다음과 같은 마음가짐이 필요하다. 공부는 간절하게 해야 하고, 다른 생각을 하지 말아야 하며, 앉으나 서나 오로지 의심하던 것에 집중해야 한다. 한편, 유가(儒家)의 경전(經典)인 『대학(大學)』이나 『근사록(近思錄)』 등을 참고하면, 공부는 '방법과 수단을 강구하다', '품성(稟性)의 수양(修養)과 의지의 단련을 위해 노력하다'라는 의미를 담고 있기도 하다. 지금은 학문(學文)을 배워 익히는 일 모두를 의미한다.

1.4. 모자(帽子)

'예의를 차리거나 추위·더위·먼지 등을 막기 위해 머리에 쓰는 쓰개'를 통틀어 이르는 말이다. '모(帽)'는 머리에 쓰는 '쓰개'를 가리키는 한자이고, '자(子)'는 원래 한문에서 '자식(아들)', '열매', '스승(선생)', 2인칭대명사 '당신(그대)' 등의 뜻으로 사용되지만, 이 경우에는 '모'와 결합해 '모자'라는 단어를 만드는 명사화접미사(名詞化接尾辭)[20]의 역할을 한다. 이와 같은 우리말 어휘에는 '과자(菓

---

19. 참선(參禪): 선법(禪法)을 닦아 구함. 좌선(坐禪)을 통해 스스로 수행(修行)을 하거나 자신이 흠모(欽慕)하는 선지식을 찾아가서 선(禪)을 묻고 배우는 일 따위를 말함.

子)', '상자(箱子)', '액자(額子)', '주전자(酒煎子)', '탁자(卓子)' 등이 있다.

1.5. 부탁(付託)

'어떤 일을 해 달라고 당부하거나 맡기다'라는 의미를 지니고 있다. '부(付)'는 '주다', '맡기다', '의지하다'의 뜻이고, '탁(託)'은 '의지하다', '맡기다'라는 의미를 담고 있는 한자이다. 따라서 '부탁'은 '의뢰(依賴)'라는 어휘와 그 의미가 유사하다. 또한 '신신(申申)부탁'이라는 표현이 있는데, '신(申)'은 '펴다', '거듭'의 의미를 지니고 있으므로 이는 '여러 번 되풀이하여 간곡(懇曲)하게 하는 부탁'을 일컫는다. 이처럼 한문에서는 같은 한자가 반복되어 쓰이면, 흔히 반복·강조의 의미를 갖게 된다.

1.6. 서민(庶民)

원래 '아무 벼슬하지 않은 일반 백성'을 가리키던 어휘이다. 지금은 사회적 특권이나 경제적 부(富)를 많이 누리지 못하는 일반 사람을 뜻한다. 즉, 살림이 넉넉지 못한 중산층(中産層) 이하의 사람들을 일컫는 경제적 어휘로 바뀐 것이다. '평민(平民)'이나 '서인(庶人)'도 같은 의미이다. '서(庶)'는 '여러', '많다', '무리(많은 사람)'의 뜻을 지닌 한자로서 한자 '중(衆)'과 뜻이 통하고, '민(民)'은 '백성'을 가리킨다.

1.7. 수고(受苦)

본래 '받다'의 의미인 '수(受)'와 '쓰다', '괴롭다'의 의미인 '고(苦)'가 합해져 '고통을 받다'라는 뜻이었는데, 지금은 '일을 하느라고 힘들이고 애를 쓰다'라는 의미로 사용하고 있다. 이러한 의미 변화의 시기는 명확히 알 수 없다. 특히 현대 한국어에서 이 어휘는 아랫사람이 윗사람에게 쓸 수 없는 특별한 제약이

---

20. 접미사(接尾辭): 접사의 하나로 어기 뒤에 붙어서 새로운 단어를 만드는 형태소.

있는데, 이는 본래 이 어휘가 '고통을 받다'라는 부정적 의미를 지니고 있었던 데서 기인한다고 할 수 있다

1.8. 식구(食口)

'한 집안에서 함께 살며 끼니를 같이 하는 사람' 또는 '한 단체나 기관에 속해 함께 일하는 사람을 비유적으로 이르는 말'이다. 한편 한문에서는 특이하게 '일하지 않고, 공밥을 먹는 사람'을 가리키기도 한다. '가족(家族)'과 비슷한 말이지만, '가족'은 '부부(夫婦)·부모(父母)·자녀(子女) 등 혈연적(血緣的) 관계로 이루어진 권솔(眷率)'이라는 의미가 강하다. '식(食)'은 '음식', '먹다'의 의미인데, '밥'의 뜻으로 쓰일 때는 '사'로 읽어야 한다. 예컨대, 가난한 중에도 도(道)를 즐기는 소박한 삶을 가리키는 '일단사일표음(一簞食一瓢飮, 한 대그릇의 밥과 한 표주박의 물)'이 대표적이다. '구(口)'는 '입', '말', '사람'을 의미하는 한자이다.

1.9. 총각(總角)

원래 '미성년(未成年)' 또는 '어린 시절'을 가리키는 어휘이지만, 우리나라에서는 '결혼하지 않은 성년(成年) 남자'를 이르는 말이다. '결혼하지 않은 성년 여자'는 '처녀(處女)'라고 하는데, 한자 '처(處)'가 '시집가지 않고 친정에 있다'는 의미를 지니고 있기 때문이다. '총(總)'은 '거느리다', '모아서 묶다'의 의미를 지녔고, '각(角)'은 뿔을 가리키는 한자이다. 고대(古代)에는 성년이 되지 않은 남녀의 머리를 양쪽으로 갈라 귀 뒤에서 뿔같이 동여매었는데, 이 풍습에서 유래된 어휘이다.

1.10. 화장실(化粧室)

'대소변(大小便)을 배설(排泄)하고 손을 씻거나 화장 따위를 고칠 수 있도록 만들어 놓은 곳'이다. '화(化)'는 '되다', '모양이 바뀌다', '고치다'의 뜻이고, '장

(粧)'은 '단장하다', '꾸미다'의 뜻이며, '실(室)'은 '집', '건물', '방'을 가리키는 한자이다. 예전에는 우리말과 한자어의 복합어인 '뒷간(-間)'이나, '변소(便所)'라는 어휘를 사용하기도 했다. '변(便)'은 똥·오줌을 가리키는 한자인데, '편'으로 발음하면 '편하다'의 뜻으로 쓰이며, '소(所)'는 '장소', '-것'을 가리키는 한자이다.

2. 한자어 부사(副詞)의 경우

2.1. "우리 반이 급기야 꼴찌가 되다."

'급기야(及其也)'는 '마침내', '마지막에는', '결말(結末)에 가서는'이라는 뜻을 지닌 한자어이다. '급(及)'은 '미치다', '이르다'라는 뜻을 지닌 한자로서 한문에서는 '-와(과)'처럼 접속사로 쓰이기도 한다. 즉, '국가급민족(國家及民族)'의 우리말 번역은 '국가 및 민족'이나 '국가와 민족'이 가능한데, 이때 '및'이나 '와'에 해당하는 것이다. 또한 '기(其)'는 지시대명사 '그'에 해당하며, '야(也)'는 한문에서 문장을 끝맺을 때 사용하는 대표적인 종결어조사(終結語助辭)[21]이다.

2.2. "너는 도대체 알 수가 없어."

'도대체(都大體)'는 '도무지'와 비슷한 말이다. 주로 의문문에 쓰여서 놀람, 걱정, 궁금한 마음 등을 나타내는 말인데, '본질(本質)'이나 '요점(要點)'의 의미를 지닌 '대체(大體)'를 강조해 이르는 말이다. 또한 '모르다', '않다', '안되다' 등과 함께 쓰이면, '유감스럽게도 전혀'라는 의미를 갖는다. 한자 '도(都)'는 '도읍(都邑)'을 가리키는 명사이지만, 한문에서는 부사로서 '모두'라는 의미로 쓰이기도 한다. '대(大)'는 '크다', '넓다'의 뜻을 지녔고, '체(體)'는 '몸', '모양'의 의미

21. 어조사(語助辭): 한문에서 실질적인 의미가 없이 다른 한자를 보조하여 우리말의 조사, 어미, 의존 명사 같은 역할을 하는 한자.

이다.

2.3. "성공하기까지 무려 10년을 기다렸다."

'무려(無慮)'의 원래 뜻은 '근심이 없다', '염려하지 않다', '깊고 원대(遠大)한 생각이 없다' 등이다. 그러나 한국어에서는 큰 수효 앞에 붙여서 그만큼 많다는 뜻이나 강조하는 뜻으로 쓰는 어휘이다. 즉, '자그마치', '엄청나게도'라는 뜻을 갖는다. '무(無)'는 '없다', '아니다'의 뜻이고, '려(慮)'는 '생각하다', '근심하다'의 의미를 지닌 한자이다.

2.4. "아무렴 물론 그렇지."

'물론(勿論)'은 '추궁(追窮)[22]하지 않다', '논하지 않다'라는 의미를 지닌 한자어인데, 한국어에서는 '더 말할 것도 없이'라는 의미로 사용된다. '물(勿)'은 부정이나 금지(禁止)를 나타내는 한자로서 '없다', '말다', '아니다' 등의 뜻을 지녔고, '론(論)'은 '말하다', '헤아리다'의 의미를 지니고 있는 한자이다.

2.5. "하늘에서 별안간 소나기가 쏟아지더군."

'별안간(瞥眼間)'은 '눈 깜박할 동안', '아주 짧은 동안', '갑자기' 등의 의미로 사용되는 한자어이다. 이는 '눈을 한 번 깜짝하거나 숨을 한 번 쉴 만한 극히 짧은 동안'을 뜻하는 순식간(瞬息間)이나 '뜻밖에 갑작스러운 상황'을 의미하는 '졸지(猝地)에'와도 그 의미가 통한다. 한자 '별(瞥)'은 '언뜻 보다', '갑자기'의 뜻으로 쓰이고, '안(眼)'은 '눈'을 의미하는 한자이며, '간(間)'은 '사이'의 뜻을 지닌다.

---

22. 추궁(追窮): 잘못한 일에 대하여 엄하게 따져 밝힘.

2.6. "장소 때문에 부득이 출입을 제한합니다."

'부득이(不得已)'는 '마지못해 어쩔 수 없이', '하는 수 없이'의 뜻으로 쓰이며, '부득불(不得不)', '불획이(不獲已)' 등과 그 의미가 통한다. '부·불(不)'은 '아니다'라는 뜻을 지녔는데, 한문에서 서술어 앞에 쓰이는 대표적 부정어이다. '득(得)'은 '얻다'라는 기본 의미를 지니고 있지만, 동사 앞에 붙는 조동사로서 '-할 수 있다', '-할 만하다'의 의미로 많이 사용된다. 이러한 한자에는 '가(可)', '능(能)', '족(足)' 등이 있다. '이(已)'는 한문에서 부사 '이미'와 '그치다'의 뜻으로 사용되는데, 자기를 가리키는 '기(己)'자나 여섯째지지(地支)[23]를 가리키는 '사(巳)'자와 혼동하기 쉬우므로 주의가 필요하다.

2.7. "얼음을 좋아해서 심지어 겨울에도 먹는다."

'심지어(甚至於)'는 '심하게는', '심하다 못해 나중에는'이라는 의미를 갖는다. 즉, 앞 내용이 뒤에서 더욱 심해질 때나, 앞 내용이 심화(深化)되어 그 결과가 뒤 내용에서 나올 때 쓰여서 앞뒤 어구나 문장을 이어 준다. 또는 주로 '-까지', '-도', '-마저', '-조차' 등과 함께 쓰여서 관련 없거나 기대하지 않는 사물이 관련되었음을 나타내는 말이기도 하다. 한자 '심(甚)'은 '매우', '몹시', '대단히'의 뜻을 지니고 있는데, 보통 우리말에서 '심하다'의 형태로 쓰인다. '지(至)'는 '이르다', '도달하다', '지극(至極)하다' 등의 뜻을 지니며, '어(於)'는 한문의 어조사로 '-에', '-에서'(장소격), '-보다'(비교격) 등의 의미로 많이 쓰인다.

2.8. "승부는 어차피 기울어졌어."

'어차피(於此彼)'는 한자어 '어차어피(於此於彼)'에서 온 말로 '이렇게 하든지 저렇게 하든지'라는 의미를 지니고 있다. 한자 '차(此)'와 '피(彼)'는 모두 지시대

23. 지지(地支): 육십갑자(六十甲子)에서 아래 단위를 이루는 요소. 곧, 자(子), 축(丑), 인(寅), 묘(卯), 진(辰), 사(巳), 오(午), 미(未), 신(申), 유(酉), 술(戌), 해(亥)임.

명사로서 각각 '이(것)'과 '저(것)'의 뜻을 담고 있다. 두 한자가 결합되어 '피차(彼此)'라는 어휘로 사용되기도 하는데, 이는 '이쪽과 저쪽의 양쪽'을 가리키는 말이다.

2.9. "하여간 그 사람은 중요할 때 사라진다니까."

'하여간(何如間)'은 '어찌하였든지', '어쨌든', '하여튼', '(모양·형편·정도·조건 등이) 어떻게 되어 있든지 간에'의 뜻으로 쓰인다. 즉, 앞 내용을 막론하고 뒤 내용을 말할 때 쓰여서 앞뒤 문장을 이어 주는 말이다. 또한 '-이란'이 붙은 명사와 함께 쓰이면, 누구를 막론하고 '어쩔 수 없다' 또는 '차이가 없다'는 등의 의미로 쓰인다. '하여(何如)'는 한문에서 '어떻게 하면', '어떠하냐?', '어떤가?' 등의 뜻을 지닌 의문사이다.

2.10. "넌 하필 지금 외출하니?"

'하필(何必)'은 '어찌하여 반드시', '어째서 꼭', '무슨 필요가 있어서'라는 의미를 담고 있다. 진행되는 일이나 이미 결정된 일이 못마땅해서 되묻거나 꼭 그래야 하는 이유를 진지하게 물을 때 사용한다. 한자 '하(何)'는 대표적 의문사로서 '어찌', '어째서', '왜', '어느', '어떤', '얼마' 등의 의미로 사용된다. 이와 같은 한문의 의문사에는 '갈(曷)', '해(奚)', '호(胡)' 등이 있다. '필(必)'은 '반드시'라는 의미를 갖는다.

3. 고유어와 한자어의 복합어

3.1. 가관이다

한자어 '가관(可觀)'과 우리말 '-이다'가 합해진 말이다. '가(可)'는 '할 만하다', '할 수 있다'의 뜻이고, '관(觀)'은 '보다'의 뜻을 지닌 한자이다. 따라서 '가관'은 본래 '경치나 어떤 모습 따위가 좋아서 꽤 볼만하다'는 의미이다. 그런데 이와 같은 감탄의 뜻이 '꼴이 볼만하다'는 뜻으로 바뀌어서 '꼴보기 좋다' 또는 '구경거리가 될 정도로 우습고 격식에 맞지 않는 아니꼬운 언행이나 상태'를 놀림조로 이르는 말로 많이 쓰인다.

3.2. 난장판

한자어 '난장(亂場)'과 우리말 '판'이 합해진 말이다. 옛날 과거시험장(科擧試驗場)은 수많은 선비들이 전국 각지에서 모였기 때문에 질서(秩序) 없이 들끓고 떠들어대서 뒤죽박죽 정신이 없었다. 이처럼 어지러운 곳을 '난장'이라고 한다. '판'은 '처해 있는 상황이나 형편'을 의미하는 말이다. 따라서 '여러 사람이 뒤엉켜 함부로 어지럽게 떠들거나 덤벼들어 뒤죽박죽이 된 곳'을 '난장판'이라고 한다.

3.3 별수 없다

한자어 '별수(別數)'와 우리말 '-없다'가 합해진 말이다. '별(別)'은 '나누다', '헤어지다', '다르다'의 뜻을 지녔고, '수(數)'는 '세다', '계산하다', '운수', '방법'의 뜻이다. '별수'는 '특별히 좋은 운수', '특별한 방법', '여러 방법'을 의미한다. 따라서 '특별히 좋은 운수나 방법이 없다'는 것은 지금 상황에서 그대로 해결할 수밖에 없다는 말이다. 즉, '달리 어떻게 할 방법이 없다', '문제를 해결할 뾰족한 수가 없다', '손쓸 도리가 없어 되가는 대로 맡기는 수밖에 없다'는 뜻이다. 한편, '수(數)'가 '자주' 또는 '빠르다'의 뜻으로 사용될 때에는 '삭'으로 읽는다. 이는 한의학에서 '빠르게 자주 뛰는 맥(脈)'을 '삭맥(數脈)'이라고 하는 데서 확인할 수 있다. 또한 『맹자(孟子)』 「양혜왕(梁惠王)」 상편(上篇)에서 '그물눈이 촘촘한 그물'을 '촉고(數罟)'라고 했는데, 이때는 '촘촘하다'의 의미이고 '촉'으로 읽는다.

3.4. 솔직하다

한자어 '솔직(率直)'과 우리말 '-하다'가 합해진 말이다. '거짓이나 꾸밈이 없고 바르다', '있는 그대로이다'라는 의미로 사용된다. '솔(率)'은 '거느리다', '따르다', '모범', '앞장서다'의 뜻을 지녔는데, '비율(比率)'이나 '셈하다'의 뜻으로 쓰일 때는 '율'로 읽는다. '직(直)'은 '곧다', '바르다'는 의미를 지니고 있다.

3.5. 아귀다툼

한자어 '아귀(餓鬼)'와 우리말 '다툼'이 합해진 말이다. '아(餓)'는 '굶주리다'의 뜻이고, '귀(鬼)'는 '귀신'을 가리키는 한자이다. '아귀'는 '아귀도(餓鬼道)'라고도 하는데, 악업(惡業)을 짓고 탐욕(貪慾)을 부린 자(者)가 가는 곳인 육도(六道)의 하나로, 늘 굶주림의 고통 속에 사는 곳이다. 또는 이 아귀도에 빠져 탐하고 질투하는 마음만을 가진 귀신을 가리킨다. 아귀에는 36종이 있다고 하는데, 모두 그 외모(外貌)가 끔찍하다. 아귀의 일반적 형상은 집채만한 몸에 작은 입과 가늘고 긴 목구멍을 지니고 있어 늘 주린 배를 채우기 위해 음식을 탐낸다. 이들은 서로 만나기만 하면 음식물을 차지하기 위해 한 치의 양보도 없이 싸우기만 하는데, 그 모습이 흡사(恰似) 지옥도(地獄道)와 같기 때문에 자신의 이익을 위해서 필사적(必死的)으로 싸우는 사람들을 가리켜 '아귀다툼'이라고 한다. 이 어휘는 본래 말다툼을 일컫는 속어(俗語)로 쓰였는데, 지금은 '염치(廉恥)를 돌아보지 않고 먹을 것이나 이익에 굶주려 죽을 듯이 싸우는 일'을 비유적으로 일컫는 데 쓰인다.

3.6. 악착같다

한자어 '악착(齷齪)'과 우리말 '-같다'가 합해진 말이다. '악착'은 작은 '이가 꽉 맞물린 상태'. 즉, '이를 앙다문 상태'라는 뜻으로, '아주 끈질기고 모진 데가 있다'는 의미이다. '악(齷)'은 '도량(度量)이 좁다', '더럽다'의 뜻이고, '착(齪)'은 '입천장'이나 '잇몸'을 가리키는 한자이다. '악착같다'는 말은 결국 '아득바득기를 쓰고 덤벼들거나 끈덕지고 모질게 달려들어 해내는 태도'를 비유적으로 일컫는 말이다.

3.7. 양담배

한자어 '양(洋)'과 우리말 '담배'가 합해진 말로서 '서양(西洋)에서 만든 담배'라는 뜻이다. '양(洋)'은 '큰 바다'를 의미하는 한자인데, 보통 우리말과 합해 복합어를 이루면, 그 안에서 '서양'의 의미를 갖는다. '서양에서 들어온 버선'이라는 의미의 '양말(洋襪)', '수산화나트륨(水酸化Natrium·NaOH)'을 뜻하는 '양잿물', 이외에도 '양복(洋服)', '양주(洋酒)', '양철(洋鐵)' 등이 대표적 어휘이다. '담배'는 포르투갈(Portugal)어의 'tabaco'가 일본어에 유입되어 'tabako'가 되었고, 이것이 다시 우리말에 차용(借用)되어 '담바고'로 쓰이다가 '담배'가 되었다는 설이 가장 일반적이다.

3.8. 완벽하다

한자어 '완벽(完璧)'과 우리말 '-하다'가 합해진 말인데, '완(完)'은 '완전하다', '보전하다'의 뜻이고, '벽(璧)'은 아름다운 '옥(玉)'의 일종이다. '흠이 없는 옥구슬'이라는 뜻으로, '결점(缺點)이 없이 완전무결(完全無缺)한 사람이나 사물의 상태를 비유해서 이르는 말'이다. 이는 '빌린 물건을 손상(損傷)하지 않고 본래의 주인에게 돌려줌'을 뜻하는 고사성어(故事成語) '완벽귀조(完璧歸趙)'에서 유래했다. 즉, 중국 전국시대(戰國時代) 때 조(趙)나라의 인상여(藺相如)가 화씨벽(和氏璧)을 지니고 진(秦)나라에 사신(使臣)으로 갔다가 옥을 빼앗기지 않고 온전하게 자기 나라로 가지고 왔다는 옛이야기가 모태(母胎)이다.

3.9. 인색하다

'체면(體面)을 돌아보지 않고 재물 따위를 지나치게 아끼다' 또는 '어떤 일을 지나치게 박하게 하다'의 뜻을 지닌 한자어 '인색(吝嗇)'과 우리말 '-하다'가 합해진 말이다. '인(吝)'과 '색(嗇)'은 모두 '아끼다', '탐하다'의 뜻을 지닌 한자이다. 인색한 사람을 흔히 우리말로는 '구두쇠'라 하고, 한자어로는 '수전노(守錢奴)', '자린고비(玼吝考妣)'라고 한다. '자린고비'에서 '자린'은 원래 '잘못', '결점', '더러운 마음씨', '인색한 마음'의 뜻을 지닌 한자어이고, '고비'는 '돌아가신 부모님'을 가리키는 말이다. 혹은 '자린'이 '기름에 절인 종이'에서 '절인'의 소리만 취한 것이거나 '잘다' 또는 '매우 잘다'는 뜻의 '잗다랗다' 또는 '잘다랗다'에서 온 말이고, '고비'는 '부모님의 지방(紙榜)'을 뜻한다는 견해도 있다. 이 견해는 옛날 충주 지방에 한 부자가 살았는데, 부모님 기제사(忌祭祀) 때마다 쓰는 지방을 매년 새 종이에 쓰는 것이 아까워서 한번 썼던 지방을 기름에 절여두었다가 매년 같은 지방을 썼다는 민담(民譚)에서 유래했다.

3.10. 호랑이

'포유류(哺乳類) 고양잇과에 속한 짐승'인데, 비유적으로 '매우 무섭고 사나운 사람'을 이르는 말'이기도 하다. 한자어 '호랑(虎狼)'과 우리말 '-이'가 합해진 말이다. '호랑'은 짐승인 호랑이와 이리를 뜻하며, 욕심이 많고 잔인한 사람의 비유로도 사용된다. 흔히 '호랑이'를 우리말로 오해하기 쉬운데, '하룻강아지 범 무서운 줄 모른다'는 속담(俗談)에서 보듯 '범'이 우리말이다.

이상에서 평소 우리말처럼 사용되는 한자어의 사례와 의미를 간략하게 살펴보았다. 그런데 이 글에서 다룬 어휘들이 우리말 한자어 중에서 중요하거나 그 대부분이라고 생각한다면 큰 오산(誤算)이다. 이것은 빙산(氷山)의 일각(一角)에 불과하다. 이외에도 면(綿), 비단(緋緞), 귤(橘), 죽(粥), 주택(住宅), 가구(家具) 등 우리 의식주(衣食住) 생활과 밀접하게 관련된 한자어 명사부터 내일(來日), 방금(方今), 잠시(暫時), 지금(只今) 등 시간적 상황을 미세(微細)하게 표현하는 어휘들까지 일일이 열거할 수 없을 정도로 수많은 한자어들이 우리 곁에 존재하기 때문이다. 단지 여기에서는 독자들이 흥미를 느낄 수 있고, 한자나 한문 학습에 도움이 될 수 있는 몇 가지 예들을 제시했을 뿐이다.

한자어를 대체(代替)할 수 있는 우리 고유어를 살려 쓰거나 새로운 순우리말 어휘를 지속적으로 만들어 낼 수 있다면, 생소한 한자어를 익히지 않아도 되겠지만, 이는 현실적으로 불가능하다. 한자어가 익숙하게 우리 주변에 널리 퍼져있을 만큼 우리 언어의 역사는 매우 오래되었고, 이를 계속해서 사용해왔기 때문이다. 따라서 어려운 한자어 학습에 대한 선입견만 키울 것이 아니라, 잘 모르거나 생소한 한자어를 접했을 때마다 각종 사전(事典)과 매체(媒體)를 활용해 정확한 의미를 알고 익히는 수밖에 없다. 이와 같이 한자어에 대한 적극적인 관심과 학습은 아름다운 우리 언어와 언어생활을 더욱 윤택하게 할 것이다.

연습문제

1. 본문에서 사례로 들었던 30개 어휘 이외에 우리말처럼 쓰이는 한자어를 조사해 보자.
2. 본문에 사용된 한자어를 모두 골라 그 의미를 조사해보고, 우리 고유어로 바꿀 수 있는 어휘들을 정리해 보자.
3. 본문에 인용된 인물(人物)과 서적(書籍) 등에 대해 조사해 보자.

제4부 _ 한국어의 이해

남한말과 북한말 _ 김형철

이제 남북한의 통일 문제는 추상적인 소망의 차원에서 구체적인 준비의 차원으로 바뀌어 가고 있다. 말의 통일은 어느 분야의 통일보다 근원적이며 필수적인 사항이다. 필자는 남한말과 북한말이 달라진 원인을 먼저 찾아보고, 어휘를 중심으로 남한말과 북한말이 어느 정도 차이가 나는지를 구체적인 예를 들어 설명하고 있다. 그리고 이러한 이질화를 극복하는 방안으로 "언어 규범의 통일, 고유어 사용 확대, 방언어휘의 적극적인 활용, 다양한 사전 편찬" 등을 제시하고 있으며, 이러한 방안들을 실천하는 일은 단일민족이라는 신뢰를 바탕으로 꾸준히 추진되어야 성과를 거둘 수 있음을 지적하고 있다.

1.

1945년 해방과 동시에 맞이한 분단상황은 단순한 국토의 분단에 그치는 것이 아니라 분단지역 각각에 상이한 정치·문화체제가 형성됨으로 인해 언어에도 많은 변화가 생겨 정치·경제분야의 일부 어휘들에서는 심한 이질감을 느끼게 되었다. 그러나 이러한 이질화는 '언어의 이질화'라기보다는 '언어 규범의 이질화'라는 성격이 강하다. 어휘는 음운, 문법 등 언어의 다른 요소에 비해 사회 변화에 가장 민감하며, 일상언어 생활에 가장 많은 영향을 미친다. 따라서 이 글에서는 분단 이후의 남북한에서의 어휘 규범의 이질화 현상을 중심으로 이에 따른 어휘의 이질화 양상을 몇 가지 요인으로 나누어 살펴보고 그 극복 방안에 대해서도 살펴 보고자 한다.

2.

어떤 현상의 이질화를 논의한다는 것은 앞선 어느 시기에 동질적인 상태가 있었음을 전제하게 된다. 여기서는 일단 분단 이전을 동질적인 상태로 상정하기로 하는데, 방언을 고려한다면 분단 이전의 시기를 동질적인 상태로 상정하는 데 의문이 생기지만, 적어도 어휘 규범의 측면에서는 동질적인 상태라 할 수 있다. 동일한 어휘 규범이 각각 상이하게 바뀌면 거기에 따라 어휘들도 이질화되게 마련이다. 먼저, 어휘 규범이 남북한에서 어떻게 바뀌었는가를 살펴보고 거기에 따른 어휘의 이질화 요인과 양상을 "어휘 정리, 방언어휘, 새말(신어휘), 새 의미를 갖게 된 어휘" 등에 관련된 차이로 살펴 보고자 한다.

2.1. 어휘 규범의 상이한 변화

〈북한의 경우〉

1954년에 개정된 조선어 철자법에서는 "표준어는 조선 인민사이에서 사용되는 공통성이 가장 많은 현대어 가운데서 이를 정한다"로 규정하여, 한글맞춤법 통일안의 표준어 규정에서 '중류사회와 서울말'을 빼버렸다. 1966년에 발표된 김일성 교시 '조선어의 민족적 특성을 옳게 살려 나갈데 대하여'를 계기로 하여, '서울 중심의 표준말'을 '평양 중심의 문화어'로 대체하는 작업이 국가적 차원에서 대대적으로 진행되면서 남북한의 어휘 이질화는 급속도로 이루어지게 된다.

〈남한의 경우〉

문교부는 1988년 '표준어 규정'을 확정 고시하였는데, 여기서는 표준어 사정 원칙을 '표준어는 교양있는 사람들이 두루 쓰는 현대 서울말로 정함을 원칙으로 한다'(총칙 1항)로 규정하였다.

다음은 표준어 규정을 바꾸어야 할 요인으로 제시된 것들이다.

첫째, 생활의 급격한 변화로 당시 사정한 말 중에는 현재 쓰이지 않는 말이다수 있고, 말소리의 변화로 현대 국어에서 그대로 표준어로 할 수 없는 말도 많다.

둘째, 현재 출판된 시중의 여러 국어 사전들은 '조선어 표준말 모음'을 그대로 따르지 않고 각 사전 나름대로 표준어를 잡고 있어서, 각 국어 사전의 표준어가 일치되지 않는 수가 많다.

셋째, 표준어 사정 원칙이 체계적으로 정리되어 있지 않고, '한글 맞춤법 통일안'의 한 항과 부록으로 되어 있어 일관된 체제를 갖추고 있지 않으며 표준 발음법이 없다.

북한의 경우 어휘 규범의 변화가 어휘 변화에 절대적인 영향을 미쳤다고 할 수 있는 데 반해, 남한의 경우 어휘 규범의 변화가 어휘 변화에 영향을 미쳤다기보다 어휘 변화를 수용하기 위해 어휘 규범을 바꾸었다고 하는 것이 더 타당할 것이다. 그러나 남북한 어휘의 이질화 양상은 어휘 규범의 변화를 기준으로 살피는 것이 바람직할 것이다.

2.2. 어휘 정리와 관련된 차이

남한에서의 어휘정리는 한글전용운동에서 시작하여 국어순화운동으로 발전하는데, 관주도(문교부) - 민간주도(한글학회, 국어순화추진회 등) - 관주도(국어연구소)로 진행되었으며 정리 결과는 단행본으로 발간되는 데 그치고 사전편찬에는 일부만 반영된다(쉬운말 사전).

정리 대상 어휘는 한자어(특히 일본식 한자어)와 외래어인데, "알아보기 어렵거나 부자연스러운 한자어나 외래어들은 쉬운 우리말로 고친다."(한글전용특별심의회 세칙)에서와 같이 그 대상을 소극적으로 정하였다.

북한에서의 어휘정리는 문맹퇴치운동에서 시작하여 1964년 김일성 교시를 기점으로 말다듬기 운동, 어휘정리, 문화어운동으로 발전한다. 이러한 운동은 처음부터 관주도로 진행하였으며 정리 결과를 단행본으로 발간하거나 사전편찬에 적극적으로 반영하였다. 어휘 정리의 대상어휘는 모든 한자어와 외래어였는데, 1966년의 김일성 교시에서는 "한자어나 외래어 가운데서 대중에게 확고하게 인식된 것(학교, 방, 법칙, 갱도)은 그대로 둔다."라 하여 정리 대상을 적극적으로 정하였다. 그러나 최정후의 '친애하는 지도자 김정일 동지의 언어리론연구'에서는 "고유어라 하여 덮어 놓고 새말창조의 수단으로 사용하지 말고 우리말로 굳어진 한자말과 외래어는 어휘 정리의 대상으로 삼지 않는다"고 언급하고 있어 대상 어휘의 선정기준이 다소 완화된 느낌을 받게 된다.

어휘규범화의 기준은 다르지만 어려운 한자어나 외래어 대신 알기 쉬운 우리말을 씀으로써 의사소통을 원활히 하고 민족어의 주체성을 추구하려는 것은 일치한다.

2.2.1 한자어 정리

문화어 운동의 일환으로 추진된 말다듬기 과정에서 과거에 한자어로 된 공통 어휘였던 것이 고유어 또는 대중화된 한자 어휘로 바뀌면서 서로 달라진 것이 많이 나타난다. 이에 해당하는 것은 전문 용어인 것이 대부분이다. 그런데 북한의 말다듬기의 결과와 남한의 국어순화의 결과가 동일한 어형으로 나타나는 경우가 많은데, 이러한 사실은 남북한 언어의 동질화를 이루는 데 매우 긍정적인 측면이기도 하다.

(가) 남북한이 동일한 형태로 다듬은 어휘
가축→집짐승, 괘도→걸그림, 도장→헛자라기, 대사→왕모래,
인성→질김성, 선별→골라내기, 제법→나누기, 색인→찾아보기

(나) 남북한이 다른 형태로 다듬은 어휘
누선→눈물샘/눈물선,[1] 종모돈→씨수퇘지/종자수퇘지,
유근→어린뿌리/싹뿌리,
채두→강남콩/나물당콩, 백혈구→흰피톨/흰피알,
객토→흙들이기/흙깔이

1. '눈물샘/눈물선'에서 '/' 앞부분은 남한 어휘, 뒷부분은 북한 어휘를 나타낸다.

(다) 북한에서만 다듬은 어휘

경작지→부침땅, 산란지→알낳이못,알쓸이못, 급출발→갑작달리기,
구좌→돈자리, 가공선→공중줄, 가해자→해친자

2.2.2 외래어 정리

외래어 수용에 있어서는 남한에서는 적극적인 반면, 북한에서는 민족어의 주체적 입장에서 고유어로 다듬어 수용하였다.

(가) 남북한 동일 형태로 다듬은 어휘

가솔린→휘발유, 로프→밧줄/바줄, 노크→손기척, 슬리퍼→끌신

(나) 남북한 다른 형태로 다듬은 어휘

뎀뿌라→튀기/기름튀기, 원피스→통옷/달린옷

(다) 북한에서만 다듬은 어휘

네트→그물, 카바→덮개, 코너킥→구석차기,
콜드크림→기름크림, 아이스케키→얼음과자, 포스터→선전화

2.3. 방언 어휘와 관련된 차이

1966년의 김일성 교시에서 "방언을 포함하여 인민들 속에 묻혀 있는 좋은 말을 찾아 쓰는 것을 조선어 단어체계 발전의 중요한 방도의 하나로 보고 있다."고 언급한 이래 북한 지역의 방언에 해당되던 어휘 중에 많은 수가 북한의 문화어에 포함되었다. 그리고 남한에서도 1989년의 표준어 규정 23항과 24항에 의해 많은 방언 어휘들이 표준어로 사정되었다.[2] 이렇게 됨으로써 남북한의 표준어와 문화어에는 다른 어휘 부류를 형성했다.

---

2. 표준어 규정 제23항: 방언이던 단어가 표준어보다 더 널리 쓰이게 된 것은, 그것을 표준어로 삼는다. 이 경우, 원래의 표준어는 그대로 표준어로 남겨 두는 것을 원칙으로 한다.
제24항: 방언이던 단어가 널리 쓰이게 됨에 따라 표준어이던 단어가 안 쓰이게 된 것은, 방언이던 단어를 표준어로 삼는다.

〈남한〉

1 표준어로 사정된 방언 어휘

게(우렁쉥이), 물방개(선두리), 애순(어린순).

귀밑머리, 생인손, 빈대떡, 코주부, 막상, 까뭉개다, 상추

※ ( ) 안의 어휘는 원래 표준어인데, 표준어로 그대로 존속시킨 것들이다.

2 표준어에서 밀려난 어휘

귓머리(→귀밑머리),[3] 빈자떡(→빈대떡), 생안손(→생인손),

코보(→코주부), 마기(→막상), 까무느다(→까뭉개다), 상치(→상추)

〈북한〉

1 문화어로 받아들인 방언 어휘

(가) 표준말에 대응관계를 가지지 않는 방언어휘가 문화어에 들어온 경우

① 다른 지방에 없는 대상 현상을 나타내는 방언어휘

옹버치(동북지방): 옴폭하게 만든 작은 버치.

꼬장떡(함경도): 무르지 않고 꼿꼿하게 만든 떡.

오그랑죽(함경도): 새알심을 넣고 쑨 죽.

노치(평안도): 찹쌀, 기장, 차조 등의 가루를 쪄서 길금에 삭혀 지진 떡.

② 다른 지방에도 있는 대상, 현상을 특별히 개념화한 방언어휘

가다귀(평북): 잔가지로 된 땔나무

가래기(평북): 떨어져 쌓인 마른 나뭇잎

가지(평북): 금방. 또는 처음으로

나지다(함경): 잃어졌던 것이나 보이지 않던 것이 나타나는 것.

둥글소(함경): 다 자란 수소. 집난이(함경도, 평안도): 시집간 딸

비제비(평안도, 자강도): 국수 같은 것을 누를 때에 분통에서 공이뒤로 반죽이 삐여져 나오는 것

3. '귓머리(→귀밑머리)'와 같은 표시는 원래 표준어이던 '귓머리'가 표준어에서 제외되고 대신 비표준어이거나 방언이던 '귀밑머리'가 표준어로 받아들여진 경우를 나타낸다.

쓰겁다(함북): ① 쓴맛이 있다. ② 마음에 달갑지 않고 언짢다
적은이: 시동생벌 되거나 허물없이 지내는 사이에서 나이가 아래인 사람.

(나) 의미폭의 차이로 문화어에 들어온 경우

표준말과 의미폭이 다른 방언 어휘는 표준말과 동의어를 이루면서 표준말에 없는 새로운 의미를 더 가지거나 덜 가짐으로써 어휘를 양적, 질적으로 풍부하게 한다.

① 표준말보다 의미폭이 큰 방언어휘

방치>다듬이방망이: 방언어휘 '방치'는 '다듬이방망이 + 빨래방망이'의 의미를 지닌다.

사등이>등골뼈: 방언어휘 '사등이'는 '등골뼈 또는 등골뼈가 있는 두두룩한 자리'의 의미를 지닌다.

생둥이>풋내기: 방언어휘 '생둥이'는 '경험이 없거나 어리어 일에 서투른 사람을 홀하게 이르는 말 + 채 익지 않고 아직 선 것'의 의미를 지닌다.

아우성>아부재기: 방언어휘 '아우성'은 '요란스럽게 부르짖거나 소리 치는 것 또는 그 소리 + 아픔이나 어려움을 억지로 꾸미거나 과장하여 나타내는 태도나 말'의 의미를 지닌다.

가마목>부뚜막: 방언어휘 '가마목'은 '부뚜막 + 아랫목'의 의미를 지니다.

② 표준말보다 의미폭이 작은 방언어휘

즘즉하다<잠적하다: 표준말 '잠적하다'는 '조용하다 + 호젓하다'의 의미를 지닌다.

옹노<올가미: 표준말 '올가미'는 '새나 짐승을 잡기 위해 끈이나 줄 같은 것으로 고를 내여서 걸리면 홀쳐지게 만든 것 + 남을 걸려들게 하여 얽어매는 수단이나 술책을 비겨 이르는 말'의 의미를 지닌다.

패리다<여위다: 표준말 '여위다'는 '몸이 마르고 핼쓱하다 + 살림살이가 매우 가난하고 구차하게 되다'의 의미를 지닌다.

(다) 방언어휘가 표준말과 잠정적으로 동의어를 이루는 경우

가락엿=가래엿, 간해=지난해, 강냉=옥수수, 검정콩=검은콩
당반=선반, 당콩=강남콩, 돌망=망돌, 동그랭이=새알심,
무당골뱅이=달팽이, 무리=우박, 장병아리=수평아리
(부호 '='의 앞에 것은 원래의 방언 어휘임)

[2] 문화어에서 밀려난 어휘

일부 방언어휘와 비표준적인 어휘가 표준말보다 더 적극적으로 쓰임에 따라 일부 표준말이 문화어에서 밀려나게 되었다.

갈치(→칼치), 거북(→거부기), 귀리(→귀밀), 맹아주(→능쟁이)
생안손(→생손앓이, 생손), 엿기름(→엿질금), 질경이(→길짱구)

2.4. 신어휘와 관련된 차이

남한과 북한은 현재 자본주의와 사회주의라는 전혀 다른 사회 체제를 대전제로 삼고 있다. 그러므로 이념적이고 가치지향적인 부분은 당연히 서로 다른 어휘를 사용하게 된다. 북한에서는 사회주의적 이념이나 사회주의 사회의 일반적인 또는 북한 특유의 제도와 풍물을 가리키는 경우가 많으며, 남한에서는 자본주의 특유의 어휘가 많이 등장하게 되는데, 이러한 어휘들은 상호간에 혐오감을 느끼는 대상이 된다. 그러나 이러한 현상은 어휘의 차이라기보다는 제도상의 차이가 어휘론 또는 조어법에 영향을 미쳤다고 보아야 할 것이다. 적어도 양쪽의 조어과정에서 사용된 형태소들은 누가 보든지 본질적인 차이나 이질감을 느낄 수 없다.

아래 예에서 볼 수 있듯이 남북한의 어휘는 상호간에 이해하지 못할 것이 많은 것이 사실이나, 이러한 차이는 동일한 언어 공동체 안에서도 얼마든지 나타날 수 있다.

〈북한〉

정치: 수령, 혁명전적지, 노농적위대, 선동사업, 반동분자, 대남사업, 인민무력부

경제: 밥공장, 협동농장, 직업동맹, 강냉이쌀, 닭공장, 공작기계새끼치기운동

문화·예술: 인민배우, 인민체육원, 민주선전실, 혁명가극, 예술소조, 사상전선

일반: 눈맛, 돌눈, 바다나물, 깝치다, 아침때기물 등

〈남한〉

정치: 빨갱이, 공비, 간첩, 북한괴뢰군, 예비군, 여당, 야당, 선거전, 정치경찰

경제: 부동산 거래, 복덕방, 블록경제, 암시장, 금융실명제

문화·예술: 뉴스센터, 오프셋인쇄, 프로야구, 코리안시리즈

일반: 반상회, 과외공부, 블랙커피, 특례입학 등

2.5. 새 의미를 갖게 된 어휘와 관련된 차이

남한 사전의 뜻풀이는 되도록 어휘 내적인 의미를 중심으로 하는 반면, 북한의 사전에서는 그 어휘의 역사적·사회적 요인을 대단히 중요하게 다루면서 어휘 내적인 의미는 부차적으로 다루는 점이 다르다.

● 선동

남: 남을 추기어 어떤 일을 일으키게 함.

북: ① 혁명과업을 잘 수행하도록 대중에게 호소하여 그들의 혁명적 기세를 돋구어 주며 당정책 관철에로 직접 불러일으키는 정치사상사업의 한 형태. ② 어떤 행동에 나서도록 부추겨 움직이는 것.

● 자본가

남: ① 자본금을 대부하여 이자를 받는 사람. ② 기업을 경영하여 노동자

를 고용 · 사역하는 사람. 화폐 자본가와 기능 자본가의 구별이 있음.

북: 자본주의 사회에서(근로인민대중을 착취하고 남을 략탈하여 번) 많은 자본을 가지고 임금로동자를 고용하여 그들이 창조하는 잉여가치를 착취하는자. 지주와 함께 자본착취 계급을 이룬다.

● 경관

남: 경찰 공무원의 총칭.

북: 자본주의사회에서(착취계급의 리익을 옹호하고 인민을 감시, 탄압하는 경찰기관에 근무하는 관리)를 통털어 이르는 말.

● 사냥개

남: ① 사냥할 때 쓰는 개. 엽견. ② (속)염탐꾼

북: ① 사냥할 때 쓰도록 길들인 개. ② (원쑤놈의 개노릇을 하는 앞잡이)를 비겨 이르는 말.

● 어버이

남: 아버지와 어머니를 아울러 일컫는 말.

북: ① (아버지와 어머니)를 아울러 이르는 말. ② (인민대중에게 가장 고귀한 정치적 생명을 안겨주시고 친부모도 미치지 못할 뜨거운 사랑과 두터운 배려를 베풀어 주시는 분)을 끝없이 흠모하는 마음으로 친근하게 높여 이르는 말.

3.

서로 달라진 어휘들을 그 원인별로 또 유형별로 갈라 보면 그 가운데는 심각하게 받아들여야 하는 부분이 있는가 하면 반대로 안심해도 될 부분도 있다. 그리고 북한의 언어 정책에 대해 비판적으로 보아야 할 점도 있으며, 동시에 우리 언어 현실에 대해 반성해야 할 점도 있다고 생각한다. 결국 어휘의 이질화를 극복하기 위해서는 이질화 원인과 양상을 정확히 파악하여 문제점을 개선하는 방향으로 나가야 할 것이다.

3.1. 언어 규범의 통일

남북한의 언어 규범과 표준어나 문화어가 각각 그 지역의 정치 사회 문화 체제를 가장 효과적으로 유지 발전시키고, 국민들의 언어생활을 원활하게 하는 방향으로 변화되어 온 것이 사실이다. 그렇다면 정치적인 통일은 그 구성원들의 발전 방향에 따라 언어 규범의 통일을 요구하게 될 것이고, 한편으로 언어 규범의 통일은 정치적 사회적 통일을 효과적으로 수행하기 위한 유효한 방편이 될 것이다. 언어 규범의 통일은 언어의 이질화를 극복하는 가장 확실한 기초가 됨은 두말할 나위가 없다.

3.2. 고유어 사용의 확대

남북한이 공유하고 있는 자질은 분단 이전의 공통의 역사와 공통어 사용의 경험 등이다. 단일 민족으로서 한민족이 사용하고 있는 고유어의 사용 확대는 이질성 극복의 가장 확실한 방법이다. 여기서 고유어 사용 확대란 어려운 한자어와 생소한 외래어 대신에 쉬운 고유어를 많이 사용하자는 의미이다. 말다듬기 작업과 외래어 번역 작업이 끊임없이 이루어져야 한다.

3.3. 방언 어휘의 표준어화 확대

방언 어휘는 우리 민족의 얼과 역사가 생생하게 보관되어 있는 일반 민중의 생활도구이다. 이러한 방언 어휘들의 표준어화를 통하여 민중의 에너지를 역사에 동참시키는 작업을 하여야 한다. 남북한 어휘 이질화에 가장 큰 몫을 담당하고 있는 것이 남북한 간 방언 어휘의 표준어화의 차이이다. 따라서 남한에서의 방언 어휘의 표준어화 확대는 이질화를 극복하는 데 기여할 뿐만 아니라, 국어의 어휘를 풍부하게 할 것이다.

3.4. 다양한 사전 편찬

사전편찬자의 입장에서 보면 이론적인 면에서 어휘의 이질화를 극복하기 위한 구체적인 방안이 연구될 것이고, 사전이용자의 입장에서는 상대방 어휘에 관한 지식을 활용하여 의사소통을 원활히 해 냄으로써 이질화 극복에 일익을 담당하게 될 것이다. 남북한의 모든 어휘들을 최대한 수록하는 통일사전의 편찬은 물론이고, 방언사전, 동의어 사전, 갈래 사전 등 다양한 사전과 특히 '남한인을 위한 북한어 사전'이나 '북한인을 위한 남한어 사전' 같은 특수사전들을 편찬해 내야 한다.

4.

표준어나 문화어 어느 쪽에도 민족 분단을 정당화하거나 굳혀 버리려는 탈민족적 색채가 없으며, 양쪽의 언어 모두가 그 사회 체제를 가장 효과적으로 운영하고, 국민들의 언어생활을 쉽게 하게 하려는 목적에서는 동일한 것이라 할 수 있다. 이런 관점에서 본다면 남북한의 언어와 문자 사이에는 이질적인 측면보다 동질적인 측면이 더 많다고 할 수 있다. 현재 아무리 한반도의 언어 중심지가 두 군데라 할지라도 분화의 연대는 아직 반세기를 넘지 않았다. 그 사이 생긴 이질화된 어휘들은 상호접촉이나 사전편찬 등을 통해 극복할 수 있다. 다행히 조선말 규범집은 조선어신철자법에 비해, 그리고 말다듬기의 경우 최정후의 '친애하는 지도자 김정일 동지의 언어리론연구'에서는 김일성교시에 비해 이질적인 요소가 상당히 해소되었다는 사실을 알 수 있다. 언어이론적으로도 남한에서의 언어 능력과 북한에서의 언어 능력이 질적인 차이를 갖고 있지 않다고 본다. 오히려 서로의 이념과 사회 제도에 대한 철두철미한 몰이해, 거부, 무지 등으로 말미암은 이질감이 더 큰 문제라 할 수 있다.

지금까지 북한의 언어정책이 '주체사상 확립'이라는 정치적 목적에 너무 얽매여 획일적이고 통제적인 기획, 추진이라는 약점을 지니고 있는 반면, 남한의 언어정책은 너무 미온적이고 소극적이었던 것도 사실이다. 자연이나 인간 생활에 지나치게 인위적인 요소가 가미되는 것은 바람직하지 않지만, 통일 언어를 준비하는 마당에서는 좀더 계획적이고 적극적인 언어정책이 필요할 것이다.

어려운 과제이긴 하지만, 남북한 언어학자들이 이마를 맞대고 연구한다면 남북한 어휘의 장점들을 살려 즉 고유어와 방언 사용의 확대, 한자어와 외래어의 사용의 축소 등을 통하여 일반 국민들이 의사소통을 쉽게 할 수 있는 방안의 창출이 가능할 것이다. 이러한 작업은 단일민족이라는 신뢰를 바탕으로 시간을 요하는 작업이다.

연습문제

1. 표준어와 문화어에 대해서 더 자세하게 알아보자.
2. 남북한 말에서 방언이 차지하는 비중에 대해서 알아보고, 통일을 대비하여 방언을 어떻게 활용하는 것이 바람직한가를 생각해 보자.
3. 남북한 말의 이질화를 극복하는 방안에는 이 글에 제시한 것들 외에 어떠한 것이 있는지 알아보자.

방언과 표준어 _ 김정대

●
우리의 실제 언어생활을 보면 표준어와 방언의 경계를 아슬아슬하게 넘나드는 경우가 많다. 그렇다면 그 정확한 경계선은 어디이며, 이를 가늠하는 기준은 무엇인가?

이 글은 이러한 문제에 대하여 방언의 개념과 방언의 분화, 방언의 중요성, 표준어의 개념 등을 하나하나 풀어서 설명해주고 있다.

1. 방언이란 무엇인가

현재 지구 위에는 수천에 이르는 언어가 있는 것으로 알려져 있다. 그런데 한 언어라고 해도 그 언어를 사용하는 사람들의 말이 다 같은 것은 아니다. 지역에 따라 말이 다르고, 사회 계층·성별·세대차 등 사회적인 요인에 따라 말이 달라질 수 있기 때문이다.

이와 같이, 지역이나 사회적 요인의 다름으로 말미암아 차이나는 말을 한 언어의 방언(方言. dialect)이라 하는데, 전자의 차이에 의한 방언을 지역 방언(regional dialect)이라 부르고, 후자의 차이로 말미암은 방언을 사회 방언(social dialect)이라 부른다. 그러나 사회적 요인에 의한 언어 분화는 지역 간의 언어 분화만큼 선명하거나 일반적인 것이 아니어서, 보통 방언이라고 하면 지역 방언을 가리키게 된다. 여기에서도 지역 방언을 그냥 방언이라고 부르면서 그에 관련된 몇 가지 사항을 정리하고자 한다.

방언(지역 방언)에도 두 가지 의미가 있다. 하나는 그것을 비표준어, 표준어보다 격이 떨어지는 지역어로 이해하는 경우이다. 우리는 흔히, 경상도 사투리니 전라도 사투리니 하는 말을 듣게 되거니와, 이와 같이 어느 지역의 말을 '사투리'라고 했을 때 그것은 방언의 첫째 의미와 관련이 되는 것이다. 그리고 이 경우의 방언은 어느 지역어에만 존재하는 특수한 말이라는 뉘앙스가 강하다. 경상도 지역이나 함경도 지역에서 사용하는 '자부럼(졸음), 말기다(말리다)'나 전라도 지역에서 사용하는 '눈껍탁(눈꺼풀), 지아(기와)'와 같은 말만을 방언이라고 하는 경우가 여기에 해당하는 것이다.

방언(지역 방언)의 다른 한 의미는, 한 언어를 형성하고 있는 하위 단위로서의 언어 체계 전반을 가리키는 것이다. 한국어는 함경도 방언(동북 방언), 평안도 방언(서북 방언), 중부 방언, 전라도 방언(서남 방언), 경상도 방언(동남 방언), 제주도 방언 등 모든 방언들의 총체를 가리키는 말인데, 이때 어느 한 방언은 한국어의 한 하위 단위로서의 자격을 갖게 된다. 방언이 이런 뜻으로 사용되면, 격이 떨어진다거나 표준이 아니라거나 하는 표현은 할 수 없게 되는데, 방언의 이런 의미를 흔히 언어학적 의미라고 한다. 우리는 중부 방언 중 서울 지역어를 오늘날 표준어로 사용하고 있지만, 이런 의미로 말하면, 서울 지역어도 한국어의 한 하위 방언에 지나지 않을 뿐이다.

2. 방언 분화의 원인

한 언어에 여러 방언이 존재하는 까닭은, 오랫동안 언어 사용자끼리의 접촉이 잘 이루어지지 않았기 때문이라고 할 수 있는데, 접촉을 어렵게 하는 대표적인 경우는 다음과 같이 정리된다.

첫째, 두 지역 사이에 장애물이 있는 경우이다. 바다, 큰 산이나 강과 같은 자연적인 장애물이 있으면, 양쪽 지역 주민들 사이의 왕래가 어려워지고, 따라서 두 지역의 언어도 점차 달라져 갈 것이라고 생각하기란 어렵지 않다. 제주도 방언이 독자적인 방언권을 형성한 것은, 제주도가 바다 멀리 떨어져 있기 때문이다. 또 경상남도와 전라남북도 사이에 있는 지리산과 섬진강은, 두 지역민들 간의 교류를 상대적으로 소원하게 하여 오늘날 꽤 현저한 언어 차이를 태동시켰다고 할 수 있다. 이런 사정은 한 방언권 안에서도 마찬가지다. 중부 방언의 하나인 강원도 방언은 영동 지역어와 영서 지역어로 분화되는데, 그것은 태백산맥을 중심으로 해서였던 것이다.

둘째, 지리적으로 멀리 떨어져 있는 경우이다. 그 사이에 별반 장애물이 없다 하더라도, 지리적으로 멀리 있으면 지역민들 사이의 왕래가 상대적으로 뜸해지고, 그에 비례하여 언어도 다른 방향으로 발전해 가는 것이다. 같은 경남 방언이라고 해도 동부 지역의 김해 지역어가 서부 지역의 진양 지역어와는 유의미한 차이가 있는 것은 그 대표적인 예가 된다.

셋째, 행정 구역이 다르거나 시장권·통학권 등이 다르거나 해도 방언 분화가 일어난다. 오늘날 전남 광양시와 경남 하동군 사이에는 섬진강을 가로지르는 다리가 놓여 있어, 광양 주민들이 지리적으로 가깝고 교통 등 여러 가지로 편리하기도 한 하동 시장을 이용할 법도 한데, 구례나 곡성 지역과 교역권을 형성하고 있는 것은 그 좋은 보기가 된다.

이 밖에도 혼례·제례 등 문화권의 차이, 외지인에 대한 배타성 등도 방언 분화를 일으키는 요인으로 꼽히고 있다.

3. 방언의 중요성

앞에서 우리는 방언을 분화시키는 요인을 몇 가지로 나누어 살펴 보았다. 그러나 오늘날 한국어 방언들은 급속히 사라져 가고 있다. 그것은 방언 분화의 요인들이 거의 사라졌기 때문이라고 할 수 있다. 교통이 편리해져 지역적인 거리의 문제는 사라진 지 오래 되었다. 교육열이 높아 표준어를 몸소 향유하게 되었다는 것도 방언을 소멸시키는 중요한 원인의 하나이다. 그리고 문화 수준의 향상으로 각 가정마다 TV 등을 보유하게 된 것도 빼놓을 수 없는 방언 소멸의 원인으로 꼽히고 있다. TV만 켜면 바로 표준어를 들을 수 있으니, 산

간 벽지에서도 순수 방언을 접하기는 쉽지 않게 된 것이다.

이처럼 방언이 사라지면서, 한국어가 표준어 쪽으로 통일되어 가는 것을 두고 바람직한 현상이라고 할 사람들도 있을 것이다. 물론, 언어의 통일이 가져오는 긍정적인 측면이 없는 것은 아니지만(후술 참조), 방언이 사라지면 얻는 것보다 잃는 것이 더 많다는 사실을 알아야 한다. 이제, 방언의 중요성에 대해 언급하기로 하자.

첫째, 방언은 한국어 어휘를 다양하게 하고, 폭넓게 하는 데 이바지한다. 서울말을 중심으로 하는 표준어만으로는, 우리말 모든 영역의 표현, 즉 농업·어업·광업 용어 등을 포괄할 수 없을 뿐만 아니라, 아름다운 우리말의 맛을 담아내기에 역부족이기 때문이다. 일찍이 스칸디나비아에서는 토속적인 정감이 있는 방언을 표준어로 승격시켜 우리의 귀감이 되고 있고, 최근 북한에서도 중요한 방언을 모두 문화어(우리의 표준어에 해당)로 승격시킨 것을 참조할 일이다.

따라서, 표준어에는 없고 경남 방언에 존재하는 '꼼밥(달걀을 한 부분만 깨고 자위를 들어 낸 다음, 거기에 쌀과 물을 적당히 넣고 구워서 익혀 만든 밥), 늑삼(주위의 관심에 편승한 과장된 행위), 단불(매우 다급한 일), 모름(일을 처리한 데 있어서의 힘든 고비), 오그랑사리(식물의 잎이 병충해 따위로 말미암아 끝부분부터 오그라지는 현상)' 등등을 표준어로 사정한다면, 우리말은 훨씬 더 감칠맛나고 다양한 표현을 할 수 있는 언어가 될 것이다. 1988년에 개정된 표준어 규정에서는 '멍게, 물방개, 애순' 등 방언을 표준어로 삼았는데, 이러한 노력은 앞으로도 계속되어야 할 것이다.

둘째, 방언은 국어사 연구에 크게 이바지한다. 국어의 역사에 관심을 갖는 많은 학자들은 예외없이, 문헌 자료가 만족스럽지 못한 우리의 실정에서 볼 때, 방언의 연구가 국어사 연구를 더욱 생생하게 한다는 견해를 피력하고 있다. 특히, 문헌 자료에 의지하기 어려운 고대 국어의 재구나 공통 조어를 찾기 위한 기초 작업 등에는 방언 자료가 큰 역할을 할 수밖에 없다는 점은 다시 강조할 필요가 없을 것이다. 소중한 한 예를 경남 방언에서 보기로 한다.

오늘날 서울 지역을 비롯한 중부 방언 등에서는 '먹느냐'라는 형식의 의문형

어미 외에 이와 비슷한 '먹냐'라는 형식의 의문형 어미도 있어, '-느냐'와 '-냐' 사이의 관계성이 문제되곤 했다. 그런데 현재 경남 방언에는 '묵나'라는 일반적인 의문형 어미가 있으면서도, 진주·사천 등 일부 서부 경남 지역에는 '묵느나'라는 고형도 함께 존재하고 있어 '-느냐, -냐' 사이의 관계성을 설명해 줄 수 있는 결정적인 자료로 활용되기에 이르렀다. 즉, 경남 방언 '-느나'에 해당하는 중부 방언 '-느냐'는 '-냐'에 비해 상대적인 고형이고, 경남 방언 '-나'에 해당하는 중부 방언 '-냐'는 신형이라는 설명이 가능하게 되었던 것이다.

방언이 국어사 연구에 이바지하는 또 다른 한 예를 제주도 방언에서 찾아보기로 하자. 15세기 중세 한국어에는 'ᄯᅥᆨ, ᄯᅩᆼ, ᄯᆞᆯ' 등 이른바 'ㅅ'계 합용 병서로 표기된 예들이 많다. 이들은 오늘날 대부분 지역에서 각각 '떡, 똥, 딸' 등 된소리로 발음되기 때문에, 그것의 15세기 당시의 발음도 된소리였을 것이라는 게 학계의 중요한 한 주장이다. 'ㅅ'계 합용 병서는 된소리 표기였다는 것이다. 그런데 제주도에서는 아직도 노인들이 '떡, 똥, 딸'을 '시떡, 시똥, 시똘년' 으로 발음하고 있어, 'ㅅ'계 합용 병서도 애초에는 된소리 표기가 아니라 제 소리를 그대로 가지고 있었던 어두 자음군에 대한 표기였음을 알게 해 주는 것이다. 즉, 'ᄯᅥᆨ, ᄯᅩᆼ, ᄯᆞᆯ' 등은 애초에 각각 [stək, stoŋ, stʌl] 등으로 발음되었던 것이다.

셋째, 방언은 국어 정책 수립에도 이바지한다. 우리 나라의 모든 방언들을 모아 놓고 비교해 보면, 방언 사이의 공통점과 차이점을 명확히 인식하게 되고, 그런 인식은 국어 정책 수립에 지대한 공헌을 하게 되는 것이다.

넷째, 실용적인 측면에서 볼 때도 방언의 존재는 필요한 것이다. 우리는 문학 작품이나 영화·연극 등에서, 필요한 경우 방언으로 된 대사를 어렵잖게 접하게 되는데, 그 작품들의 배경이 지방일 때 방언의 사용은 작 품의 생동감을 한층 더해주는 것이라는 점은 두말할 필요가 없을 것이다.

다섯째, 방언은 지역민들의 정서를 이어주는 매개체라는 점에서도 소중한 의의를 지닌다. 낯선 외국에서 한국어를 말하는 사람을 만나면 반갑기부터 하듯이, 우리나라 안의 낯선 고장에서 같은 고향 말을 하는 사람을 만나면 역시 반가움이 앞선다. 텔레비전 등 매체에서도 내 고향 말을 하는 사람이 나오면 다시 한 번 시선을 집중하게 되는 것도 같은 현상이다. 이것은 언어가 같은 겨레, 같은 고향 사람임을 확인해 주는 매개체라는 움직일 수 없는 증거이다. 오랜 동안의 객지 생활로 다른 지역의 언어로 말할 수도 있겠지만, 명절과 같은 날 고향 사람들이 함께 모였을 때는 고향 말로써 대화를 주고받을 때 더 정감이 가기 마련이다. 어쭙잖은 서울말을 썼다가는 대화의 분위기를 망쳐 버리는 것은 물론, 정다운 사람들 사이에 눈에 보이지 않는 '벽'까지 생기게 됨을 우리는 체험을 통해 알고 있는 것이다. 방언이 갖는 이 같은 정서적 기능은 방언이 갖는 기능 중 가장 중요한 것일지도 모른다. 다음 예를 보기로 하자.

> 부산에서 서울로 '유학' 온 한 대학생이 오랜만에 부산에 살고 있는 한 여고 동창의 전화를 받는다. 그런데 부산말로 얘기를 걸어오는 그 친구에게 무엇에 홀렸는지 서울말로 대답하기 시작한다. 도중에 갑자기 말투를 바꾸기도 쉽지 않아 부산말과 서울말이 교차하는 둘 사이의 대화엔 어색한 기류가 흐른다. 전화를 끊고 나니 문득 그 친구에게 어설픈 서울 티를 낸 자신에 대한 혐오감과 후회가 밀려온다. "어휴, 내가 미쳤지, 미쳤어!"
>
> - 정진웅(2004), "서울과 지방: 그 중심 지향의 문화를 넘어서", 『당대비평』 26, 생각의 나무, 53쪽.

여섯 번째로, 방언은 우리로 하여금 절대적 사고에서 벗어나 상대적인 사고를 할 수 있도록 한다는 점에서도 소중한 존재이다. '줍다'의 표준어는 '줍다' 하나밖에 없어, '줍고, 줍지, 주우니, 주웠다'처럼 이른바 'ㅂ 불규칙' 활용을 하는 동사로만 생각하기 쉽다. 그러나 '줍다'의 경남방언에는 '줗다'(거제 거창 고성 김해 남해 마산 부산 사천 산청 양산 의령 진주 진해 창원 통영 하동 함안 함양 합천), '쫗다'(고성 마산 산청 진해 창원), '좋다'(밀양 울산 창녕), '줏다'(마산(삼진) 진주 하동) 등 다양한 어형으로 실현된다. 표준어적인 발상으로 보면, '줍다'는 'ㅂ 불규칙' 하나밖에 없다는 '절대적 사고'를 강요하지만, 경남방언을 보면 '줗다, 쫗다, 좋다, 줏다' 등 여러 가지 경우를 염두에 두는 '상대적인 사고'를 하게 해 주는 것이다.

이상에서 우리는 방언의 필요성을 네 가지 측면으로 나누어 살펴보았다. 오늘날처럼 방언이 급속도로 사라져 가는 추세라면, 앞으로 얼마 가지 않아서 방언은 방언 사전 속에서나 구경할 날이 올지도 모른다. 따라서 방언학을 전공한 학자들은 방언 자료의 수집과 보존 대책 수립에 최선의 노력을 다할 필요가 있고, 방언학을 전공하지 않은 일반 교양인들도 자기 고장의 말에 애정과 관심을 가져야 할 것이다.

4. 표준어의 개념 및 그 선정 기준

한 나라가 법으로 정해 놓은 언어 규범을 표준어라 한다. 표준어를 정하는 까닭은, 방언 등 변종된 말 때문에 국민들 간의 의사 소통에 불편이 생기고, 한 국가로서의 통일성을 유지하는 일에 방해가 되는 일을 막기 위한 데 있다. 표준어가 하는 이러한 일을 표준어의 기능이라고 하거니와, 이를 좀 더 세분화하여 정리하면 다음과 같다.

표준어가 갖는 첫째 기능은 '통일의 기능'(unifying function)이다. 이는 지역 방언을 써서는 원활하지 않은 의사 소통을 표준어를 씀으로써 가능케 해 주는 기능으로, 한 개인이나 소수 집단을 보다 큰 집단에 이어 주는 역할을 담당하는 것이다. 둘째는 '독립의 기능'(separating function)이다. 통일된 한 언어를 씀으로 해서 다른 나라, 다른 민족과 구별되는 자기 나라, 자기 민족을 깨닫게 해 주는 기능이다. 한 민족이라는 소속감을 언어보다 더 강하게 해 주는 것은 달리 없을 것이다. 셋째는 '우월의 기능'(prestige function)이다. 이 기능은, 표준어를 구사할 능력을 갖는 사람은 그렇지 못한 사람보다 우위의 사람이라는 자부심을 갖게 된다는 데서 비롯된 것이다. 넷째는 '준거의 기능'(frame-of-reference function)이다. 표준어를 어느 정도 정확하게 구사하느냐에 따라 그 사람이 표준어라는 규범(norm)에 얼마나 잘 순응하였는가를 재는 척도의 기능을 표준어가 가진다는 것이다.

그러면 표준어는 무엇을 기준으로 하여 정하게 되는가. 그 기준은 일반적으로 다음과 같은 세 가지로 정리된다. 첫째는 '효용성'(efficiency) — 배우기 쉽고 쓰기 쉬울 것 — , 둘째는 '적절성'(adequacy) — 의사 전달을 잘 해 줄 수 있을 것 — , 셋째는 '수용성'(acceptability) — 여러 사람이 좋아하고 따르는 말일 것 — . 이것을 설명하기 위해서는 '한국어'의 범위에 대해 올바르게 이해해야 할 필요가 있다.

한국어는 세 가지 종류의 범주를 포괄하는 말인데, 그 하나는 시간적인 범주이고, 그 둘은 공간적인 범주이며, 그 셋은 사회적인 범주이다. 시간적으로 말하면, 까마득한 고대로부터 오늘날에 이르기까지 우리 조상이 써 왔고 지금 우리가 쓰고 있는 언어가 다 한국어의 범주에 들어 간다. 공간적으로 말하면, 우리 조상이 살았거나 지금 우리가 살고 있는 모든 지역의 언어가 역시 한국어의 범주에 들게 된다. 오늘날로 말하면, 대체로 한반도에서 사용되는 언어가 한국어이지만, 중국의 연변 등지나 옛 소련의 고려인 집단 거주지 등에서 사용하는 한인들의 언어 역시 한국어일 수밖에 없다.

그리고 한국어를 사회적으로 규정하면, 모든 계층의 남녀노소가 쓰는 말 전부가 한국어이다. 오늘날 배운 사람들이 쓰는 말만이 한국어가 아니고, 제대로 배우지 못한 사람들이 쓰는 말도 한국어이며, 의사·심마니·거지·깡패 등과 같은 특수 집단에서 쓰는 말 모두가 한국어의 범주에 드는 것이다. 역사적으로 말하면, 궁중어도 한국어이고, 양반 사회에서 쓰던 말도 한국어이며, 상민 사회·천민 집단에서 사용하던 말도 역시 한국어라는 것이다.

이와 같이, 한국어의 범위가 넓기 때문에, 우리는 한국어에 어떤 제한을 두고 그것으로써 표준어를 삼아야 할 필요성을 느낀다. 표준어 선정의 삼대 원칙을 효용성, 적절성, 수용성이라고 할 때, 지나간 시대의 한국어보다는 현재의 한국어, 정치·경제·행정·문화의 주변 지역의 언어보다는 그 중심지의 언어, 특수 집단의 언어보다는 보편적인 국민들의 언어가 보다 이에 합당하리라는 것은 분명한 사실이다. 그리하여 우리의 표준어 사정은, 시간적으로는 '현대', 공간적으로는 '서울', 사회적으로는 '교양 있는 사람들'이라는 제한을 바탕으로 하여 이루어졌던 것이다.("표준어는 교양 있는 사람들이 두루 쓰는 현대 서울말로 정함을 원칙으로 한다." — 표준어 사정 원칙 제1항(1988. 1. 19.))

5. 마무리 — 바람직한 언어생활

앞에서 우리는 방언의 개념, 방언 분화의 원인, 방언의 중요성, 그리고 표준어 개념 및 선정 기준 등에 대해 알아 보았다. 거기에서 확인할 수 있었던 가장 중요한 것은, 방언도 소중한 존재이고 표준어도 필요한 존재라는 점이었다. 그러나 이 둘은 양립 불가능한 존재인 것처럼 보이기 때문에, 우리의 언어 생활은 어떠해야 할 것인가 하는 의문점이 남는다.

이제, 우리의 바람직한 언어 생활에 대해 언급함으로써 이 글을 마무리하기로 하자.

결론을 미리 말하면, 우리는 방언과 표준어의 소중함과 필요성을 잘 알고, 이것을 아끼고 가꾸는 데 힘써야 한다는 것이다. 이것은 모순인 것처럼 들릴지 모르지만 사실은 그렇지 않다. 방언을 쓸 자리와 표준어를 쓸 자리를 구별하여 그것을 사용하라는 것이다(서울 지방 사람은 굳이 그럴 필요가 없겠지만). 예컨대, 고향 사람들이 모인 사적인 자리에서 내가 서울에서 오래 살았다 하여 서울말(표준어)을 썼다고 하면, 그 오순도순한 분위기는 깨지기 십상이다. 혼자 똑똑하고 잘났구나 하는 인상을 주위 사람들에게 주게 되고, 그와 같은 느낌은 진정한 대화의 장을 만들지 못하게 되기 때문이다.

반면에, 공적인 자리에서 방언을 써 버리면 공적인 분위기가 흐려지면서 그 사람의 교양 수준마저 의심 받게 된다. 교육·방송·정책 설명회·토론회 등 공석에서는 표준어를 구사함으로써 한 민족으로서의 일체감을 조성해 나가야 할 것이다.

한 언어권에서 이와 같이 두 가지 말을 사용하는 것도 일종의 이중 언어 사용(bilingualism)이 되겠지만, 현실적으로 가장 바람직한 것은 방언과 표준어를 쓸 자리를 가릴 줄 알고, 그 가려 쓸 자리에서는 방언이나 표준어 중 어느 하나를 잘 사용하는 일이라는 점을 새겨 둘 필요가 있을 것이다.

연습문제

1. 가정에서 흔히 사용하는 방언을 채집해 보자. 이 자료를 표준어와 비교해서 목록을 만들어 보자.
2. 일상 언어생활에서 방언을 사용해도 좋은 경우를 생각해 보자.

번역투 표현이 우리말 망친다 _ 김정우

우리말이 위기를 맞고 있다. 글이 없는 상태에서도 근 2천 년을 버텨온 우리말이, 더욱이 그토록 우수하다는 한글을 표기의 수단으로 사용하고 있는 오늘 이 시점에서 오히려 최대의 위기를 맞고 있다는 것이다. 어느 정도인가? 몇 가지만 사례를 들어보자.

[장면 1]

"오전에 메이커에 인스펙션하러 가고, 오후에 팀미팅이 잡혀 있어서 스케줄이 풀이야."

어떤 종합상사 직원이 구내식당에서 친구와 전화 통화를 하는 내용의 일부이다. 우리말은 우리말인데, 어딘지 좀 이상한 느낌이 든다. 그도 그럴 것이 중요한 부분은 거의 전부가 영어 단어로 도배가 되어 있고, 기껏 토씨(조사)나 씨끝(어미) 정도만 우리말로 되어 있으니, 이쯤 되면 우리 글자가 없던 시절에 이웃 나라의 글자인 한자를 빌려서 우리말을 표기하던 방식이 자연스럽게 연상된다. 가히 현대판 이두(吏讀)라 할 만하다. 지금 이 시간에도 이런 기형적인 한국어는 다른 곳이 아닌 특히 대학 강의실에서 어렵지 않게 보고 들을 수 있다. 제대로 된 우리말로 번역되지 않은 정보가 과연 우리 것이 될 수 있을까?

[장면 2]

"그래도 내가 왕년에는 한 당구 했다."

십수 년 전부터 주변에서 심심찮게 들리는 이른바 관형사 '한'을 붙인 용법인데, 근래에 들어와 번성하게 된 확산의 저변을 한번 생각해 보자. 물론 전통적인 우리말의 용법에서도 고승(高僧)이 도를 깨우친 경우를 가리켜 '한 소식 했다'고 한다거나, 이미 전성기를 지난 운동선수나 유행을 두고 '한 물 갔다'고 하는 용례가 없지는 않았다. 하지만 적어도 널리 통용되어 세력을 얻게 된 것은 최근의 조류라고 할 수 있다. 왜 그랬을까? 필자는 중학교부터 이루어진 영어 교육에 혐의를 두고 싶다. 우리말에 없는 부정관사의 용법에 일찌감치 혼이 난 학생들은 'a/an'만 나오면 진저리를 치면서도 이 놈을 '한'으로 해석해야 한다는 공식을 머릿속에 꼭꼭 갈무리해 두었던 것이다. 욕하면서 배우는 격이라고 할까? (예전에는 그래도 집에 돌아오면 잘못된 어법을 바로잡아 줄 교사가 있었다. 바로 우리의 부모님이었다. 하지만 지금의 젊은 세대는 부모들도 중등교육을 통해 영어를 체계적으로 잘(?) 배우셨으니, 자동 교정 장치도 이제는 기대할 수 없게 된 셈이다.) 그런 배경에서 어떤 발상의 재주꾼이 익살스럽게 '한 당구'를 외치자 모든 젊은이들이 그 낯익은 '한'의 용법에 나도 알고 있다는 식으로 환호를 보내기 시작하고, 그리하여 이 '한'이 젊은이들의 언어생활 영역에 당당히 입성하게 되지 않았을까, 하는 것이 필자의 생각이다. "오늘 점심으로 한 라면 어떠신지요?"

[장면 3]

"여의도 가는 길에 마포까지만 좀 실어주면 좋겠어."

차를 태워 달라고 부탁하면서 미안한 마음에서 겸손하게 자기를 비하(?)하는 말인지 모르겠지만, '사람'은 '태워주고' '짐짝'은 '실어주는' 것인데, 그래도 스스로를 짐짝 취급한 처사는 너무하지 않았나 싶다. (우리말 동사는 사람처럼 생명이 있는 생물과 나무나 돌처럼 생명이 없는 무생물을 문법적으로 달리 대우하는 특징을 갖는다. 예를 들어 '꽃에 물을 주다.'와 '영선이에게 선물을 주다.'에서 여격조사 '-에'와 '-에게'를 비교해 보라.) 이 동사의 용법도 '사람'과 '짐짝'을 동일하게 목적어로 받아들이는 영어의 동사 'carry'가 퍼뜨린 병원균에서 비롯되었다고 한다면, 지나친 피해의식일까?

이상의 세 장면을 잘 보면, 영어의 영향이 외래어 남용이라는 단어 차원을 넘어서 문장 용법(문법)에까지 침투해 들어왔음을 알 수 있다. 한 언어가 다른 언어를 만나서 언어의 치환이 일어나더라도 잘 바뀌지 않는 핵심부가 문법이라고 한다면, 우리말의 문법 부분에 미치는 영어의 영향은 결코 간과할 수 없는 문제이다. 비유컨대 고름이 뼛속으로 스며들기 시작한 단계라고나 할까?

이와 같이 우리말에 남은 외국어의 흔적을 번역학에서는 번역투(translationese)라고 부른다(cf: journal*ese*, legal*ese*, official*ese*). 그러니까 어떤 글이 원본(original text)이 아닌 번역본(translated text)이라는 흔적이 일정하게 반복적으로 출현하는 글의 특성이 바로 번역투라는 것이다(여기서는 일단 문어와 구어의 차이는 논외로 하고, 번역투의 논의 대상도 영어 번역투로 한정하기로 한다). 그렇다면 이러한 번역투는 과연 일반 대중의 언어생활에 어떤 영향을 얼마나 미칠까? 다음에서 번역투에 관해 좀더 알아보면서 우리 언어생활과의 관련성을 생각해보기로 한다.

번역투를 누구보다 제일 먼저 그것도 자주 만나게 되는 사람들은 번역서의 독자이다. 그런데 번역서 독자가 번역투를 접하는 과정에서 주목해야 할 부분은 원천언어(외국어)의 구체적인 간섭을 모르는 가운데 번역본만을 본다는 사실이다. 이 점은 대단히 중요하다. 원천언어(원본)의 존재가 있어야만 번역의 잘잘못을 따질 수 있기 때문에, 번역투는 일단 오역의 굴레에서 면제되고, 따라서 이러한 인식, 곧 '번역투가 오역은 아니다'라는 인식이 바탕이 되어 번역투의 확산을 불러오게 되는 것이다. 우선 번역투의 확산 요인부터 짚어보자.

영어 번역투의 발생 내지 확산의 요인은 다음의 세 가지 관점에서 접근할 수 있다.

첫째는 사회문화적 요인이다. 일제 강점기의 말기는 주지하다시피 민족문화 말살정책으로 인해 우리 국어를 사용할 수 없는 모국어의 공백기였다. 그런 상황에서 미국에 의한 군정이 실시되고, 뒤이어 한국전쟁이 발발하여 미군이 연합군의 주력으로 참전하게 되었다. 미국의 힘이 우리 사회에 커진다는 것은 곧 영어의 힘이 커진다는 것과 동의어였다.

둘째는 교육적 요인이다. 학교 교육은 일반 대중의 언어생활을 좌우하며, 이러한 학교 교육의 핵심은 교과서라고 할 수 있다. 성인이 되기 이전에 학교에서 사용하는 교과서는 해당 공동체의 언어생활에 커다란 영향을 미친다. 특히 언어에 대한 감수성이 예민한 시기에 국어 교과서에서 우리가 접하는 문장 표현은 평생 동안 기억에 저장되어 거의 그대로 유지될 가능성이 높기 때문이다. 우리의 언어생활에 중요한 길라잡이 역할을 하는 만큼, 국어 교과서의 문장은 당연히 여러 가지 기준에서 '모범적'이지 않으면 안 된다. 그런데도 실제로 교과서의 문장을 살펴보면 번역투의 시각에서 적잖은 문제가 발견된다. 아래에 몇 가지 사례를 제시한다.

(1) 사랑하는 처자를 가진 가장은 부지런할 수밖에 없다. (*처자가 있는* 가장은)
(2) 수업에서의 나의 발표는 ...... (수업 *중에 내가 하는* 발표는...)
(3) 함부로 약속을 하지 말 것을 충고한다. (약속*하지 말라고*)
(4) 사후에 신의 보상이 있음을 생각하라고 권한다. (보상이 *있다는 생각을 하라*고)
(5) 잘못된 정보도 많아 주의가 요구된다. (*주의해야 한다*)
(6) 의사소통을 함에 있어 전혀 후각을 이용하지 않는다는 ...... (의사소통을 *할 때*)
(7) 그 곳에는 커다란 돌들을 쌓아 만든 화덕이 놓여 있었다. (커다란 *돌을* 쌓아)
(8) 웃음의 유일한 기능은 '긴장으로부터의 해방'이다. (긴장*에서 벗어나는* 해방)
(9) 삶에 대한 지혜를 얻기도 하였다. (*삶의* 지혜를)

중·고등학교 국어 교과서에서 뽑은 위의 자료를 보면, 구문 형식에서부터 곡용이나 관용구 표현에 이르기까지 다양한 번역투 문장이 나타나고 있다. 앞으로 교과서의 집필자나 감수자는 이런 부분에 각별한 관심을 기울여야 할 것이다.

셋째는 매스컴의 요인이다. 신문과 방송에서 적절치 못한 외래어가 남용되고 있다는 것은 이미 상식이 된 이야기이지만, 번역투와 관련하여 특히 외신 기사를 다루는 국제부 담당자들의 인식이 중요하다. 아래의 예문은 인터넷 사이트(2005년 12월 10일 D포탈사이트)의 국제면 기사에서 뽑은 텍스트인데, 조금만 신경을 쓰면 번역투라는 꼬리표를 떼어낼 수 있다. (밑줄 그은 부분이 어색한 구문이고, 괄호 안에 이탤릭체로 된 부분이 이를 자연스러운 구문으로 고친 것이다.)

(1) 뉴욕타임스는 맥먼처럼 결혼할 때까지 순결을 지킬 것을 약속하고 이를 상징하는 반지를 낀 청소년이 수십만 명에 달하고 있다면서 절제 운동의 일환으로 보급되고 있는 순결 반지가 점점 더 주류가 되고 있다고 전했다. (*순결을 지킨다는 약속을 하고*)

(2) 동양 고유의 풍수사상이 적용된 옛집은 단순한 건물 이상의 가치를 지니고 있다고 서구 부유층은 믿고 있다.[1] (*서구 부유층의 믿음은 ...(중략) 옛집이 ... 있다는 것이다*)

(3) 조사에 참가한 북아일랜드 출신 소아과 의사 니겔 윌리엄스는 가장 중요한 것은 정부가 현실을 돌이켜보고 정부 대책에 어떤 문제점이 있는지 스스로 깨닫는 것이라고 지적했다. (... *윌리엄스는 정부가 현실을 돌이켜보고 ... 깨닫는 것이 가장 중요하다고 지적했다*)

(4) 외국의 한 미디어 분석 사이트는 미국에서 판매되는 자켓 사진들과 사우디에서 판매되는 사진들이 얼마나 어떻게 다른지 비교 사진들을 올렸다.[2] (*사진과 ...*)

---

1. 주어와 술어의 적정 거리 유지를 위해 전체 주어(서구 부유층)를 뒤로 돌렸지만, 종속절의 주제 표시 조사 '은'과 주절의 주제 표시 조사 '은'이 중첩되어 읽기가 거북하다. 순차번역의 기법이 여기에도 활용될 수 있다.

2. '들'을 전부 생략해도 무난하게 읽힌다.

(5) 터키의 한 남자가 아내를 뺏긴 친구에게 (중략) 황당한 제안을 했다고 8일(현지시간) 로이터통신이 보도했다. (*로이터통신의 보도에 따르면 ... 했다고 한다*)

(6) 힐러리는 2000년 상원의원에 선출됨으로써 '힐러리 브랜드'란 그녀의 새로운 이미지를 구축, 백악관 탈환을 위한 대장정을 시작하는 데 필요한 전국적인 기반을 마련해 주었다고 저자들은 말했다.[3] (*저자들의 말에 따르면, 힐러리는 ... 선출되면서 '힐러리 브랜드'란 자신의 새로운 이미지를 ... 마련했다고 한다*)

(7) 싱가포르 당국은 포승줄로 묶어 사형수를 교수대로 호송하는 게 관례였으나 응우옌이 스스로 걸어가 교수대에 서는 게 마지막 소원이라는 뜻을 밝힘에 따라 이를 허용했던 것으로 알려졌다.[4] (*알려진 바에 따르면, 포승줄로 ...밝힘에 따라 싱가포르 당국이 이를 허용했다고 한다*)

(8) 진보층으로부터 철군 압력을 받아온 조지 부시 행정부 내에서 구체적인 철군 검토설이 나온 것은 이번이 처음이어서 불과 1주일 앞으로 다가온 이라크 총선 결과와 맞물려 주목된다. (*진보층의 철군 압력을*)

다음으로 번역투의 문제를 몇 가지 짚어보자. 번역투는 친숙한 모국어 구조를 왜곡하므로 일단 읽기가 힘들어진다. 낯선 구조란 신선감이나 이국적 취향의 음미에 앞서 일단은 해독의 고통을 강요하는 존재이기 때문이다. 또한 모국어에 존재하는 다양한 표현 기회를 번역투로 생성된 기형적 표현이 원천봉쇄해 버린다는 점이다. 예를 들어, 흔히 사용되는 접속 표현의 관용구 'as soon as'는 거의 모든 영한사전과 영어 참고서에 '...하자마자'로 소개되어 있는데, 영문 텍스트를 대할 때마다 이 구문을 '...하자마자'로 옮기게 되면 맥락에 따라 다양하게 표현될 여지가 영영 사라지고 말게 되는 것이다. 이 구문은 '...하

3. '선출됨으로써'는 'by ...ing' 구문의 전이인데, '선출되면서'로 충분하다.

4. 이 예문은 어법에 맞지 않는 비문이다. 원문에 안긴문장이 많아서 발생한 현상이다. 순차 번역 기법의 활용이 유효하다. '알려진 바에 따르면...' 정도의 개선이 가능하다.

기가 무섭게', '...하는 것과 동시에', '...하려는 찰나에', '...하기를 기다렸다는 듯이' 등 얼마든지 자연스럽고 다채로운 표현이 가능하다. 마치 다양한 고유어종이 사라지고 외래종인 블루길과 황소개구리만 남은 연못 생태계와 유사한 상황이라고 하겠다.

물론 번역투가 전부 부정적인 측면만을 갖는 것은 아니다. 간혹 우리말의 어휘와 구문을 풍부하게 채워주는 긍정적인 역할을 수행하기도 하기 때문이다. 예컨대 전형적인 영어 구문으로 알고 있는 관용구 '*it goes without saying*' 등도 사실 프랑스어 구문의 단어 대 단어 모방 번역에서 비롯된 것이라고 한다. 이 경우의 프랑스어 번역투는 영어의 구문을 풍요롭게 하는 데 일조한 셈이다. 이러한 관점에 선다면, 번역투에 대해 지나친 경계심을 보일 필요가 없을 것으로 생각되지만, 번역투가 목표언어의 언어 사정을 감안해서 들어오는 것이 아니니만큼 쉽게 생각할 문제는 아니다. 핵심은 번역투가 모국어의 우연한 빈칸을 채워주는 경우에만 그 긍정적 기능을 인정할 수 있다는 점이다. 다시 말해서 기존에 있는 모국어의 표현 수단이 새로 발생된 모종의 표현 수요를 충족시키지 못했을 때 이를 번역투가 대신해서 채워준다면 이러한 경우가 바로 번역투의 긍정적인 기능에 해당한다. 예컨대 영어의 'be noteworthy of' 구문의 일본어 중역(重譯)으로 알려진 '주목에 값하다' 정도의 번역은 '꼴값하다'라는 유사 구문의 존재로 미루어 우리말의 기본 구조에 그다지 피해를 주지 않을 것으로 생각된다.

무분별한 번역투의 확산을 막으려면 무엇보다 모국어를 지키려는 번역가의 주체 의식이 확고하게 정립되어야 한다. 조건반사적인 번역 작업 방식을 지양하고, 항상 상황 문맥을 고려한 번역을 내놓아야 한다. 양적으로 가장 많이 발견되는 번역투 자료가 전치사와 관련된 구문이라는 것은 아직도 조건반사적인 번역 작업을 수행하는 번역자가 적지 않다는 사실을 방증하는 결과이다. 이와 함께 번역서를 읽는 독자들도 엄중한 감시자가 되어 불필요한 번역투가 넘쳐나는 텍스트를 추방하자는 사회문화적인 공감대를 이루는 데 기여해야 한다.

언어는 한 나라가 가진 고유한 문화유산의 가장 핵심적인 알맹이이다. 우리는 이 언어로 이룩된 고유한 정신을 온전하게 보전해서 후손에게 물려줄 의무가 있다. 그래야 예전 시대 동북아시아 최고의 문명국이던 중국의 문화와 한자의 압력에도 굴하지 않고 (그 한자로 한동안 문자 생활을 하면서도) 우리말을 의연하게 지켜낸 우리 선조들에 대한 최소한의 예의라도 차릴 수 있을 것이기 때문이다.

『주간조선』 2006년 4월 10일자, 1899호

마산의 지명과 유래 _ 김혜영

마산의 지명은 마산만이 가지고 있는 고유하고 독특한 역사와 생활양식, 문화에 의해 형성되었다. 이렇듯 지명은 자의적으로 붙여진 이름이 아니라 우리가 살아온 역사와 더불어 삶의 흔적이 고스란히 담겨져 있고 그 지명의 유래와 이야기를 통해서 우리의 옛말과 음운, 사투리 등 언어적 가치와 문화적으로도 소중한 의미를 되새겨 볼 수 있는 고유한 이름이다. 우리가 살고 있는 동네의 이름과 길 이름에도 관심을 가져보고 지역의 지명을 통해서 향토심과 유래의 의미를 되새길 수 있는 계기를 마련해 보자.

지명의 가치는 사회성과 역사성도 부여되어, 지명이 만들어지는 데에는 역사적인 배경이나 사회적 배경이 있게 마련이다. 지리적 위치, 생김새, 유물이나 유적, 건물, 동·식물과 관련되며 풍습, 풍수지리, 여러 가지 전설과도 관련되어 만들어진다. 또한 체계성을 지닌 언어적 사실로 존립하기도 한다. 지명은 지명의 유래와 함께 그 지명의 이유이며 의미가 생성되어 발생되는데 원초적 형태를 유지하려는 보수적인 측면과, 때로는 변화의 획기적인 흐름에 순응할 때도 있으며 언어학적 변화나 규칙에 지배되어 발생하는 현상을 보이기도 한다. 지명에 대한 관심은 그 유래와 의미를 살펴보고 그 변천상을 관찰하는 분야이며 언어적 현상뿐만 아니라 보조적 연계 분야인 지리, 민속, 역사 등 인접학문의 배경지식도 함께 요청된다. 특정지명에 대한 전설과 신화, 민속 등의 지식이 겸비된다면 지명을 이해하는데 더없이 유익할 것이다.

이러한 지명은 단순한 지역의 이름이라기보다는 지명 속에 우리 조상들의 생활양식과 사고의식 또는 언어, 풍속, 종교, 행정 및 경제생활에 걸쳐 다양한 모습이 담겨 있음은 물론이다. 우리가 살고 있는 마산 지역의 지명과 그 유래를 통해서 마산만의 고유하고 독특한 역사와 언어유산이며 문화인 지명을 느껴보고 그 의미를 음미해 보자.

1. 마산(馬山)

마산은 삼한시대 가야국의 골포현으로 시작하여 신라시대에는 합포현, 고려시대에는 회원현으로 불렸으며, 조선시대에 이르러 항구도시로 중요한 역할을 했다. 마산이라는 지명이 언제 만들어져서 쓰였는지 정확히 밝힐 수는 없지만 지금까지 조사에 의해 알려진 것은 다음과 같다. 신라 35대 경덕왕 이전에는 마산항을 골포(骨浦), 마산을 골포현(骨浦懸)이라 불러 굴자군(屈自郡)에 영속시켰는데 골포현 당시의 성지는 지금도 시내 환주산에 그 유적이 남아 있다. 신라 경덕왕이 즉위하여 전국의 지명을 고치고 행정구역을 새로이 정할 때 굴자군은 의안군(義安郡)으로 하고 골포를 합포 또는 합포현(合浦懸)으로 고쳐서 의안군에 영속시켰으며 동남 도병마절도사를 두었다. 그후 고려 때에 즉, 1274년 25대 충렬왕시대 원나라와 함께 일본을 정벌하려던 동정군의 근거지가 되고 나서 의안을 의창현으로 합포현을 회원현으로 독립시켰으며 정동행성을 현 합성동에 축성하여 설치하고 창원포에 의창현을 분치하였다. 조선시대에 이르러 3대 태종 때 1400년에 의창현과 회현현을 합쳐서 창원군을 설치하고 도호부를 두었다. 부성은 고려 정동영이 자리 잡고 있던 현재의 합성동이었으나 그후 11대 중종 때 부성을 오늘날의 창원시 의창동으로 옮겼다.

마산이라는 지명이 처음 문헌에 등장한 것은 조선 초기의 일이다. 조선 세종 7년(1425)에 편찬 발간된 경상도 지리지(慶尙道地理志)에 마산포(馬山浦)와 마산창(馬山倉)이 확인된다. 경상도 지리지는 도에 통첩한 규격, 각 읍의 연혁, 산천, 경영, 성곽, 교통, 목장, 토산물, 고적, 민속, 인물 등에 대한 내용이 편찬되어 자세히 기술되어 있다. 사료들을 통해 알 수 있는 것은 마산이 원래 한 포구의 이름이었고 1910년 공식적인 행정구역 명칭이 되었다는 것이다.

마산의 유래에 관련하여서는 여러 가지 설들이 알려지고 있지만 가장 일반화된 근거로는 말(馬)에서 유래했다는 설이다. 마산과 말의 관계는 고려시대 여원연합군의 일본정벌에서 연합군의 발진기지 역할을 한 곳이 마산 합포였고, 마산은 원나라 군대의 중심인 기마병이 주둔하고 있었으며 원나라 군사들의 말을 관리하는 목마장도 있었다. 그 당시 정동행성이 차려졌던 환주산에 있는 동(洞)이름이 말에 여물을 주는 사람이라는 뜻의 추(騶)자를 써서 추산동이라고 하는 것도 엿볼 수 있겠다. 말과 마산 지역의 지명과의 개연성을 찾아볼 수 있는 대목이다.

다른 유래는 조창(漕倉)과 두척산(斗尺山)에서 유래된 내용인데 고려 초기 정부는 전국 12곳에 조창을 설치하였는데 마산에도 조창이 설치되었다. 오늘날의 마산포가 출현된 것은 조선 중기 이후의 일이다 18대 현종 4년 1663년 대동법이 시행됨에 따라 낙동강 하류 유역 13군의 조공미를 서울로 조운하는 격납고인 조창이 설치됨으로써 공관과 민가가 순식간에 형성되었고 그 결과 이 일대에 6개리가 형성되면서 오늘날의 마산의 기반이 이루어졌으며 이에 따라 종래의 마산포는 창원항(昌原港) 또는 구강(舊江)이라 부르게 되었다. 이때부터 조운선의 입출항이 빈번해졌으며 합포만에 들어서면 먼저 두척산이 보이고, 석두창(石頭倉) 앞에 여러 지역에서 납부한 쌀들은 조운선에 실어 나르기 위해 쌓여졌다. 이때 석두창 앞에 쌓여 있는 쌀이 두척산 어디만큼 오는지 재어보고 얼마만큼 세금이 거두어졌는지 하역 운송작업은 얼마나 걸릴지 짐작하였다고 한다. 두척산이란 이름은 쌀을 재는 말의 의미인 斗(두)자에 尺(척)으로써 바로 쌀을 재는 자이다. 말재 혹은 쌀재, 마재 등으로 불리던 것이 나중에 한자 표기 과정에서 뜻은 다르지만 소리를 따서 '마'로 옮겨지며 마산이 되었다는 것이다.

또 마산의 유래는 전해오는 전설과도 관련이 있는데, 한편 조창 설치 이후 관공과 민가가 번성을 이루어 옛날에는 지금의 용마산을 오산(午山)이라 불렀고 그 아래 오산진이란 마을이 있었다. 산호포 일명 오산진이라 불리운 그 마을에서 어느 해 전염병이 번지자 이 마을에는 한때 전염병이 만연되어 희생이 많았던 관계로 이 재해를 면하기 위하여 마을 사람들이 점쟁이에게 그 이유를 알아보니 마을 이름인 오산의 午(오)자가 그 해의 태세와 상충되어 생긴 병고라 하여 오산의 午자는 馬자와 글자는 다르나 뜻은 같다 하여 午(오)글자와 같은 뜻의 말 馬(마) 글자로 바꾸어 마산이라 개칭하였는데 이것이 오늘날 마산의 유래라 하기도 하며 마산이라는 지명이 나왔다고 회자되고 있다.

2. 무학산(舞鶴山)

무학산이란 지명의 유래는 산의 형상이 날아가는 학을 닮았다 하여 이름 붙여졌다. 전국의 명산 중 하나로 알려진 무학산은 해발 767m에 마산 시가의 서쪽을 병풍처럼 둘러싸고 있으며, 낙남정맥의 기둥 줄기로 남북으로 길게 흘러 동쪽으로는 마산시를 끌어안고 있으며 발치 아래는 호수 같은 마산만과 어울려 한 폭의 수채화를 그려놓은 듯하다. 세 개의 산줄기가 모여 이루어진 삼각뿔의 무학산은 마산의 진산이다. 무학산이란 이 이름은 최치원이 붙인 것이라 전해진다. 무학산의 옛 이름은 두척산이었다고 하는데 무학산이란 이름은 옛날 신라 말기의 대학자인 고운 최치원이 멀리서 이 산을 바라보고 그 모습이 마치 학이 춤추는 것과 같다 하여 춤출 무(舞), 학(鶴)이라 이름 붙였다고 전해지고 있다. 근대 말기까지의 문헌에는 무학산이라는 명칭이 보이지 않는다.

3. 돝섬

돝섬은 마산 앞바다에 떠 있는 조그마한 섬으로 월영도(月影島)라 부르기도 하는데 월영동에서 동쪽으로 1 킬로미터 지점에 위치하는 돼지 모양의 섬이다. 돝이란 돼지의 옛 이름이다. 돝섬이란 지명은 전설과 관련 있는데 거기에 얽힌 전설은 다음과 같다. 옛날 김해 가락왕 시대에 금관가야 왕의 후궁인 미희가 있었다. 미희는 심성이 곱고 글과 그림 재주 또한 뛰어나 왕이 늘 아끼고 곁에 두어 궁을 함께 거닐며 즐거운 시간을 보냈으나 미희는 고향을 그리워하고 있었다. 그러던 어느 날 미희가 홀연히 사라지자 낙담한 왕은 사방으로 사람을 보내 미희를 찾아 나섰고 홀연히 사라져 찾던 중 고기잡이 하던 한 어부가 골포 앞바다의 조그만 한 섬에서 절세미인을 봤다고 왕에게 고하였다. 왕은 급히 신하들을 파견하였더니 미희가 그 섬에서 배회하기에 신하들이 환국을 재촉하자 미희는 금빛의 돼지로 변하여 두척산 큰 바위 틈으로 사라졌다. 이후 사람들이 까닭없이 사라지는 일이 자주 발생한다는 신하의 보고를 받은 왕은 인성을 잃은 금빛 돼지가 백성을 괴롭힌다는 것을 깨닫고 군사를 동원하여 활과 창을 비켜들고 두척산을 포위하였다. 금빛 돼지를 활과 창으로 내리치자 두척산 바위 밑으로 굴러 떨어지는데 한 줄기 요상한 기운이 미희가 배회하던 섬으로 뻗어 사라지고 섬은 돼지가 누운 형상으로 변하여 돝섬으로 불리게 되었다. 이후 이 섬에 밤마다 돼지 우는 소리와 함께 괴이한 광채가 일어났는데 어느 날 밤 이를 본 신라 최치원이 활을 쏘아 굉채를 사라지게 하였다. 그리고 이튿날 섬에 건너가 제를 올리니 이러한 현상이 없어졌다고 전해진다. 이에 사람들이 이 섬을 '돝섬'이라고 부르게 되었다고 한다.

4. 만날 고개

만날 고개는 합포구 월영동에서 내서읍 감천골로 통하는 오솔길에 위치한 곳으로 예부터 많은 사람들이 다니는 고개이다. 만날 고개란 지명도 옛이야기와 관련이 있다. 고려 말엽 마산포의 이 씨 가문 중 편모 슬하에 삼남매가 사는 집이 있었는데, 이 집은 어머니의 삯바느질로 생계를 유지하였다. 어느 날 어머니가 고질병에 걸려 눕게 되자 17세인 맏딸이 어머니의 반대에도 불구하고 가세의 회복을 위해 감천골에 사는 윤진사의 외아들에게 시집가면서 땅 얼마를 받아 친정에 넘겨주었다. 신랑은 반신불수에다 벙어리였고 사내구실도 못하였다. 그런데도 시부모는 애를 못 낳는다고 학대가 심했으나 며느리는 시부모와 남편을 극진히 섬겼다. 시집살이 3년 만에 근친을 청했으나 허락을 받지 못하였다. 이를 눈치 챈 남편이 함께 만날 고개까지 와서 빨리 친정에 다녀오라 하고 기다렸다. 아내는 친정의 가세와 어머니의 병환이 회복된 것을 보고 안심하면서 시집에 가지 않겠다고 하였다. 그러나 어머니의 호령으로 만날 고개에 돌아와 보니 남편은 신체적 열등감을 이기지 못해 바위에 머리를 부딪쳐 피투성이가 되어 있었다, 남편은 아내에게 딴 곳으로 도망쳐 살라고 유언한 뒤 죽었다. 며느리는 20세에 청상과부가 되어 고된 시집살이를 하였다. 그러던 어느 해 음력 팔월 열이렛날 친정 소식이나 혹 들을까 하여 만날 고개에 갔는데 친정어머니와 동생들도 같은 심정으로 고개에 마침 와 있다가 만나게 되었다. 지금도 음력 팔월 열이렛날에는 만날 고개에 수백 명씩 사람들이 모여들어 보고 싶은 사람들은 만나는 풍습이 남아 있다.

5. 불종거리

불종거리는 마산 오동동 갈림길에 있는 거리 이름인데 이 거리에는 마산 시민을 위한 불종이 있었다하여 불종거리라 불리워지는 거리 이름이다. 불종의 유래는 이 갈림길에 있는 네거리에 불종대가 있었는데 일제 시대에 불이 나거나 위급한 일이 발생하였을 때 비상시에 불종대에 올라가 설치된 종을 쳐서 시민들에게 알리는 수단으로 사용하였다고 한다. 그리고 일제 말기에 도로 확장으로 인해 철거되었는데 불종의 유래에 기인하여 이 거리를 불종거리라 하고 마산에서는 그 뜻을 살리고자 마산 개항 100주년을 맞아 새로 불종을 건립하여 설치하였다. 종각의 규모는 $50m^2$으로 하고 종의 무게는 11.81t(3·15의거를 기념하여 3150관)으로 했으며 종각의 지붕모양은 팔작지붕을 선택했다. 종의 문양과 디자인도 마산의 상징성을 담으려 하였다. 복원한 불종의 높이는 1.49m, 폭 0.82m의 대형 규모이며 청동으로 만들어졌다. 마산을 상징하는 괭

이갈매기의 비상하는 모습을 담은 상대와 마산의 상징마크가 조각된 당좌 및 장미 문양을 조각해 조화로운 시민 정신을 나타내는 하대 등으로 구분되어 있다. 불종의 중앙부분에는 마산시민들의 불굴의 기상을 상징하는 3·15 기념탑이 넣어져 민주정신의 함성도 고조시키고 있다. 이 거리의 이름은 불종의 유래에 의해 생겨났지만 마산의 문화를 상징하는 뜻을 잘 살리고 있다.

6. 몽고정(蒙古井)

몽고정은 몽고군이 일본 정벌 때 마시던 우물로 마산 자산동에 위치해 있다. 몽고정의 유래는 유럽과 아시아까지 영토를 확장한 원이 세조 때 두 번에 걸쳐 일본 원정을 시도한다는 데서 시작된다. 고려 충렬왕 7년 원나라는 고려와 합세하여 일본을 정벌하려고 할 때 당시 합포라고 부르던 마산에 정동행성을 설치하고 군함을 건조하고 군대를 조련하였다. 고려시대 말 1281년에 중국 원나라의 세조가 2차례의 일본정벌에 실패한 뒤, 같은 해 10월에 남해안의 방어를 위해 지금 마산시 정수장 일대의 환주산에 군사를 배치하고 진(鎭)을 설치하였다. 몽고정은 이곳에 주둔한 군사들에게 마실 물을 공급하기 위해 만든 우물로 추정되고 있다. 이 우물은 당시 군인들과 말의 음료수로 사용되었다고 한다. 우물 옆에는 당시 몽고군의 전차 수레바퀴라고 전해지는 석물이 남아있다. 우물 앞에 몽고정이라 쓰인 비석은 1932년에 일본인 단체인 고적보존회가 세운 것으로 본래 전에는 고려정(高麗井)이라고 불리었으나 일본인들이 몽고정으로 이름을 바꾸었다고 한다.

7. 용마산(龍馬山)

마산 합포구 산호동에는 높이 180m의 낮은 산이 있는데 이 산을 용마산이라 하고 옛날에는 오산이라고도 하였다. 용마산은 산 모습이 말과 같이 생겼

다하여 그 이름이 생겨났고 산 앞 동쪽에 조그마한 못이 있었는데 그 못을 말구유라고 했다. 용마산의 동남쪽에는 구강마을이 있고 동쪽이 말의 머리부분이다. 지금의 시비들이 세워져 있는 곳이 말의 안장을 얹는 곳 잔등이며 말의 꼬리부문은 노비산(노비는 말을 끄는 노비라는 뜻) 방향이 된다. 말의 여물 죽통은 앞 도로변이고 말의 물통은 옛 연못터이다. 원래의 용마산은 노비산(제비산)과 이어져 있었으나 일제 강점기에 철도가 가설되어서 그 맥이 끊겼다. 구강의 원래 지명은 신라 때 의창현의 굴강(의창현의 조창인 굴강)에서 구강(舊江)으로 변천하였다는 설이 전해져 온다. 옛적에는 구강이 마산의 발상지이고 중심이었으며 이 산 위에 오르면 마산 전역과 마산 앞바다가 한 눈에 바라보였다고 한다.

또한 용마산은 지명과 관련된 전설이 있는데 다음과 같다. 옛날에 부부가 자식을 못 낳아 자식을 얻기 위해 산 위 큰 바위에 지성껏 공을 드려 자식을 얻었는데 그 아이가 출생한 지 일주일도 채 못 되어 방 선반 위에 오르고 또 올라앉아 비범한 행동을 하기도 하였다. 그런데 아이가 성장할수록 밤이 되면 보이질 않고 해서 하루 밤에는 뒤를 쫓아 가 보니 바위 사이로 들어가는 것을 보고는 마을 사람들에게 비밀로 했는데 어찌된 일인지 그 아이가 장수라는 소문이 나 돌았다. 관가에서 이를 알고 그 아이를 잡으러 왔다. 아이의 행적을 관원이 추달하였는데 부모는 할 수 없이 추달에 못 이겨 아이가 들어간 바위를 가르쳐 주었다. 관원들이 그 바위를 부수고 들어가니 아이는 장수가 되어 대군을 거느리고 방금 말을 타고 나오려는 때 이 장수를 죽였다고 한다.

8. 팔용산(盤龍山)

천연의 경관과 신화적 전설을 담고 있는 산인 팔용산은 그 지명 유래에 대해서는 정설이 없으나 다음 두가지 설이 알려지고 있다. 첫째, 현재 팔용산을 지도에서 찾아보면 반룡으로 표기되어 있다. 그리고 옛날 죽전과 평산, 사화와 용산 사이로 흐르는 개울을 반계라고 하였다. 한자로 반(盤)은 서릴반, 소반

반 등의 뜻으로 쓰이고 소반을 경상도에서는 판 즉 작은 반상기를 뜻한다. 이것을 우리 발음 그대로 읽으면 판룡이 되고 판룡이 세월이 흐름에 따라 발음하기 쉬운 팔용으로 바뀌었다고 보는 설이다.

둘째, 팔룡산이란 지명이 전설과 관련된 유래인데 옛날 하늘에서 여덟 마리의 용이 내려 앉았다 하여 붙여진 이름으로 팔용산으로 불리고 있는 내력이다. 사람들은 신성스러운 가상의 동물 용(龍)을 경외하였는데 옛날 옛적에 팔용산 저수지에서 용이 여덟 마리가 살다가 승천했다는 전설이 있어 팔룡이라는 지명이 생겨나게 되었다는 것이다. 도심에 자리 잡은 팔룡산의 산자락에는 일제강점기에 만들어져 팔룡산 주변에 오랫동안 마산 시민의 식수를 공급해 온 봉암 저수지가 있으며 수원지에 이르는 길은 침엽수림이 울창하여 경관이 뛰어나다. 그러나 반룡은 처음에 우리말에서 동쪽을 뜻하는 반과, 산이나 꼭대기를 뜻하는 마루, 또는 머리를 표기하는 룡이 조합된 말이다. 이는 마산의 중심산인 용마산의 동쪽산이라는 의미로 창원도호부가 중심이 되기 이전 마산 당시 골포가 이 지역의 중심이었던 가야시대에 이미 형성된 지명이라고 보는 견해도 있다.

9. 월영대(月影臺)

마산의 명물 돝섬이 바라보이는 해운동에 있는 월영대 또한 최치원이 소요하며 제자들을 기른 곳이라고 한다. 월영대는 원래 바로 아래에 백사장과 바다가 펼쳐져 보이는 해안가였으나 일제 강점기에 이미 대대적인 매립이 있었으며 지금은 간척되어 해안가에서 조금 떨어지게 되었다. 높이 약 2m의 자연석에 월영대(月影臺)라는 한자가 해서체로 쓰여 있는데, 글자 한자가 약 25cm에 이른다. 최치원이 쓴 것이라 전하나 확인되지는 않았다. 현재는 보호각이 씌워져 있으며 경상남도 문화재 자료 제1호이다. 월영대는 달 그림자를 뜻하는 月影(월영)이라는 말이다. 신라의 대학자이자 문장가인 최치원이 해인사로 들어가기 전에 말년을 보내면서 제자를 가르치던 장소인 월영대에서 유래했다고 한다. 최치원 선생이 돌아가시고 그의 학문과 인격을 흠모한 고려, 조선조 때 많은 선비들이 이곳을 찾게 되니 선비들의 순례지가 되었고 조선조 숙종 17년에 최위가 창원도호부사로 부임하여 '천세만세에 유린되지 말라'고 한 유허비를 동편 중앙에, 서편에는 1930년경에 최 씨 문중에 추모비를 세워 팔작지붕 비각 안에 안치했다. 월영대에 관한 읍지의 기록은 '회원현 서쪽 강변에 있고 최치원 선생이 유유자적 하던 곳으로 돌에 각자(刻字)가 되어있는 것'으로 기록되어 있다. 삼국사기, 보한집, 신증동국여지승람 등 많은 기록을 상고해 보면 그 경관이 아름답고 고려 조선조에 이르는 천여 년 동안 많은 시문학의 대가들이 최치원 선생의 학덕을 흠모하여 끊임없이 찾아온 아름다운 곳이었다.

10. 관해정(觀海亭)

바다를 바라볼 수 있는 경치 좋은 곳에 지어진 정자라는 뜻의 관해정은 회원서원이 있었다고 해서 서원곡(書院谷)이라 부르는 무학산 계곡 일대에 자리잡고 있는 곳이다. 정자가 있는 교방동 서원곡은 무학산 계곡에서 바다를 바라볼 수 있는 풍치가 뛰어난 곳으로 조선 중기의 학자 한강(寒岡) 정구(鄭逑) 선생을 추모하는 뜻으로 그의 제자들이 세웠던 곳인데 조선 고종 때 흥선대원군의 서원 철폐령으로 없어지고 지금은 관해정만 남아 있다. 건물 규모는 앞면 4칸, 옆면 2칸이며 지붕은 여덟 팔자 모양의 팔작지붕이다. 앞에는 440년 묵은 은행나무가 있는데 정구 선생이 손수 심은 것으로 전해진다. 경상남도 문화재자료 제 2호인 관해정은 임진왜란이 끝난 후에 지금으로부터 약 370여 년 전에 정구의 수제자 장문재 등이 지금의 정자 옆에 '회원서원'을 세웠는데 이때부터 서원곡이란 이름이 붙었다 한다.

정구 선생은 당시 영남의 대표적인 학자인 퇴계(退溪) 이황(李滉)과 남명(南

冥) 조식(曺植)의 가르침을 받았으며 이들에게 학문을 배워 자신도 뛰어난 학자로서 많은 제자들을 가르쳤으며 그 학덕이 높았던 사람이다. 임진왜란 때에는 격문을 돌려 의병을 일으키는 데에 많은 공을 세웠으며 직접 전투에 참가하기도 하였다. 그리고 임진왜란 후에 벼슬길에 나갔으나 내직보다는 외직을 고집했다. 한강 선생은 벼슬이 대사헌에 이르렀는데 한때는 인근에 있는 함안군의 군수로 6년간 벼슬살이를 한 적이 있었다. 선생이 그 곳에 재직했을 때 이 곳에 수석이 좋다는 말을 듣고 틈나는 대로 산책을 나오자 그 제자 장문재(예조참판을 13년간 지냈음.)가 스승을 위해 이 서원을 지었다는 것이다. 그러나 이후 그는 벼슬길에 나가지 않고 학문에만 전념하였다. 이는 권모술수가 판치는 정치판보다는 민중을 직접 대면하여 성리학의 이상을 실현하고자 했던 그의 학문관에서 비롯된 것이다.

현재 관해정은 고종 23년 1885년 5월 1일에 중수한 건물인데 울창한 수림 속에 토담을 두른 기와집으로 되어 있고 건물 외에 재실로 쓰였던 별채가 하나 더 있다. 이곳에는 관해정과 취자당(聚自堂)이라는 현판이 걸려 있는데 취자당은 '뛰어난 사람을 모으는 전당'이란 뜻으로 인재를 발굴해 내려는 선현들의 뜻을 느낄 수 있다. 관해정은 지정 문화재 외에도 문화재 건조물 4호로도 지정되어 있다.

이상에서 살펴 본 것처럼 마산의 지명은 마산만이 가지고 있는 고유하고 독특한 역사와 생활양식, 문화에 의해 형성되었다. 이렇듯 지명은 자의적으로 붙여진 이름이 아니라 우리가 살아온 역사와 더불어 삶의 흔적이 고스란히 담겨져 있고 그 지명의 유래와 이야기를 통해서 우리의 옛말과 음운, 사투리 등 언어적 가치와 문화적으로도 소중한 의미를 되새겨 볼 수 있는 고유한 이름이다. 우리가 살고 있는 동네의 이름과 길 이름에도 관심을 가져보고 지역의 지명을 통해서 향토심과 유래의 의미를 되새길 수 있는 계기를 마련해 보자.

연습문제

1. 경남대학교 앞에 있는 거리의 이름을 '댓거리'라고 하는데 '댓거리'란 이름이 어떻게 유래되었는지 살펴보자.
2. 자기가 살고 있는 지역 또는 마을의 이름을 조사하여 그 유래나 전설 등을 수업시간에 발표해 보자.
3. 문학작품이나 다른 예술 작품에 나타나는 마산과 관련된 지명 자료를 찾아 보자.
4. 마산에는 한자어로 된 지명들이 많은데 이를 순수한 토박이말로 바꾼다면 어떻게 바꿀 수 있을까 생각해 보자.

찾아보기 _ 언어와 언어생활 [개정 증보판]